中国旅游业普通高等教育应用型规划教材

酒店管理综合实训指导

大理大学经济与管理学院 编

中国旅游出版社

《酒店管理综合实训指导》
编 委 会

主　任：廖望科　赵建军

主　编：龙肖毅

副主编：杨晓坚　刘　蓉

编　委：杨灿和　赵雨洁　贾　英　张丹泓
　　　　罗　璇　杨倩琼　高　杰

前　言

在旅游的大背景下，酒店数量也急剧上升。尽管进入21世纪，整个酒店行业发展水平与酒店规模也取得了长足的进步，但同时一直与酒店人力资源极度短缺的情况共存。随着“一带一路”的潮涌及西部大开发战略的推进，当前国内高星级酒店的发展在地区上正逐步呈现出“中心辐射、热点西移”的趋势。然而酒店人才与管理的低水平与全域旅游发展爆热的现实需求不相适应，这对酒店教育及学生培养模式提出了现实而紧迫的要求。酒店管理专业技能性与应用性极强，应改变传统理论与实践相脱节的状况，探索实践教学的新模式，通过实践实训教学环节的科学设计，使学生成为适应各类现代酒店经营管理需要，熟练掌握酒店管理基本理论、基础知识和基本技能，具备现代酒店服务与管理的标准化职业素养、经营管理理念和创新精神，具备较高酒店业服务技能与管理水平，具备较高企业基层管理人员管理能力、社交能力，熟练掌握酒店、餐饮、康乐及旅游相关企业服务管理知识技能及运作方式的高素质应用型专门人才。

本书从我国高校酒店管理本科专业人才培养的现状及其存在问题的分析入手，尝试构建符合酒店业发展需要的高校酒店管理本科专业实践教学体系。教材分为三大模块：“意识篇”“技能篇”和“管理篇”，形成一个实训体系，以有别于高职高专仅重视技能的状态。采用任务驱动式结构，每一次实训围绕一个任务单元的完成来设计。每一任务至少包括实训要求、实训准备、实训方法、实训内容、实训步骤、注意事项等其中的三种，以便给予学生简洁明确的指导，有助于学生自我练习。在撰写过程中，本实训手册以综合性、系统性、实用性及针对性为目标，吸收了前人有益的研究成果的相关资料之精粹，经多次反复研讨与修改，终于成稿。本书适用于普通高校应用型酒店管理专业本科学生，同时也可作为住宿业职业技能的培训教材，对新入职的酒店、客栈民宿、度假村等的从业者都具有一定的参考价值。

本书在编写过程中参考了大量相关文献与资料，包括最新的微信公众号的相关信息，借鉴与吸收了国内本科及高职院校开展酒店综合实训的成果与经验，在此向有关作者及给予我们帮助的有关人员表示诚挚的感谢！

本书得以问世，是集体努力的结果，本书的大纲拟定由龙肖毅完成，全书由龙肖毅、杨晓坚、刘蓉负责统稿和最后定稿。本书具体撰写工作如下：

编写人员工作任务列表

篇	单元	内容	完成人
	前言	前言	龙肖毅
第一篇	第一单元	酒店实训的目的与意义	龙肖毅、张丹泓
	第二单元	服务意识实训	罗　璇、龙肖毅
	第三单元	酒店服务礼仪实训	刘　蓉
第二篇	第四单元	前厅服务实训	杨晓坚
	第五单元	客房技能实训	张丹泓、龙肖毅
	第六单元	餐饮服务技能综合实训	杨灿和
	第七单元	插花艺术实训	贾　英
	第八单元	酒水技能实训	杨晓坚、龙肖毅、赵雨洁
	第九单元	酒店康乐实训	杨倩琼、龙肖毅
第三篇	第十单元	酒店活动策划实务	刘　蓉

由于时间仓促，编者水平有限，难免挂一漏万，不妥之处，恳请各界提出宝贵意见，以便我们在今后的工作中加以更新与修订，以切实促进酒店管理行业的实训与实践教学工作。

龙肖毅

2020 年 10 月

目　录

第一篇　意识篇

第二篇　技能篇

第三篇　管理篇

第一篇

意 识 篇

意识是物质世界长期进化的结果，对实践有着巨大的能动作用，它能影响、支配、规范人们的言行，作用于客观世界。酒店的竞争越来越表现为服务质量的竞争，提高服务质量关键在于提高员工的服务意识，因此，酒店服务意识的训练与养成非常重要。

第一单元

酒店实训的目的与意义

为巩固所学专业的基础理论知识，掌握酒店管理服务工作的综合性的基本技能，在实训过程中找到理论知识与实际操作的结合点，明确实训的目的与意义，首先要对本行业及就业情况有一个基本认识。

任务一　认识酒店管理行业前景

一、酒店管理专业的发展前景

（一）酒店发展规模

随着全球经济的复苏与快速发展，旅游与酒店行业在全球的发展速度与就业率将远远超出传统型行业。高星级酒店管理人才在全球一直都很紧缺。酒店管理人员在中国十大百万年薪职业中排名第六，随着生活方式的改变，旅游已经成为生活的一部分，酒店数量随之逐年上升，反映出对酒店从业人员需求的增加。2005—2016 年十多年的时间内，五星级酒店从 281 家发展到 796 家，四星级酒店从 1146 家发展到 2512 家，五星级酒店增长了 2.83 倍，四星级酒店增长了 2.19 倍，高星级酒店发展速度是非常迅猛的，其中 2005—2010 年是五星级酒店数量增长最快的阶段，2013 年以后增涨幅度有所放缓[①]。而国际跨国旅游酒店管理集团和酒店投资商纷纷看好中国市场，国际上排在前 10 位的跨国连锁旅游酒店集团在中国已全部挂牌，从高档酒店向低档酒店扩展，从大中城

① 数据来源：蒋欣然：我国五星级酒店发展现状及前景研究［J］. 中国市场 . 2017（22）：73-74.

市向中小城市、从东部逐渐向西部扩张伸展，并且形式也更加多样化。越来越多的度假酒店、高尔夫度假村、山地度假村、休闲别墅等给酒店行业带来了更广阔的发展契机。无论在国际还是在国内人才市场上，酒店管理人才都出现了供不应求的局面。随着酒店管理行业人员紧缺，该专业就业形势十分看好。

（二）酒店发展前景

随着社会经济、全球经济一体化的发展，中国对酒店管理专业人才的需求也日益增大。旅游与酒店行业薪金与社会福利远远高于其他传统行业，并随着工作经验的增加其工作地位会稳步上升。目前中国酒店管理行业的重要发展趋势之一是从经验型顾问向知识型顾问发展，这就迫切需要大批具有国际性酒店管理知识的人才。

二、酒店管理就业前景

（一）酒店管理专业就业领域

旅行、观光和休闲娱乐是全球经济增长最快的行业之一，并且毫无疑问这个趋势将会持续。伴随着经济不断地发展，酒店等服务行业将不断壮大，酒店管理专业毕业生的就业前景会比以往任何时候都要广阔。中西部地区和三线、四线城市，特别是拥有良好的旅游资源禀赋的地区，有较大的发展空间和市场需求。学习酒店管理的同学在国内外的就业非常广泛，包括酒店旅馆、度假村、露营地、疗养院、休闲会所，以及酒吧、俱乐部、餐馆、连锁快餐、航空公司的空乘服务、游轮游艇旅游、会展等机构及相关企事业单位与旅游职业教育岗位等。近年来，在国际人才市场上，酒店管理人才出现了供不应求的局面。“隔行如隔山”在酒店行业中体现得较为明显，虽然到目前为止，国内人才市场已拥有了一支偌大的职业经理及高级管理人才队伍，但在酒店专业经理人才方面却存在空缺。因为在酒店管理这个特殊的行业里，经理人既要熟悉旅游市场动态，又要在把握发展趋势、确立市场定位等决策层面上具备判断力；既要精通业务，懂管理，又要能进行实际操作，这给酒店实训教学提出了较高的要求。

（二）酒店从业人员薪酬趋势

据全球领先的人力资源解决方案提供商 Kelly Services 的一项调查：分析了中国区域 14 个不同行业的薪酬，其中涵盖了中国各大城市的酒店行业情况，从中发现需求最大的分别是：市场销售、餐饮、总经理及其他管理高层。而据专业机构深入调研，调查了北京、上海、广州、深圳、港澳的国际奢华五星级酒店，涵盖丽思·卡尔顿、半岛酒店、文华东方、凯宾斯基、四季、柏悦、希尔顿、香格里拉等国际品牌酒店的部分岗位，统计了 2017 年 3 月国内一线城市国际奢华五星级酒店的薪酬水平，如表 1–1 所示：

表 1-1 2017 年 3 月国内一线国际五星级酒店薪酬水平[①]

职位名称	年薪（元）	年资（元）
高层管理		
区域总经理	320 万	10 万 +
酒店总经理	230 万	
驻店经理	90 万	
财务总监	84 万	
市场总监	72 万	
房务总监	72 万	
餐饮总监	72 万	
行政总监	70 万	
部门管理		
收益总监	42 万	3 万 ~10 万
公关总监	42 万	
人力资源经理	40 万	
前厅经理	40 万	
客房总监	33 万	
餐厅经理	30 万	
项目管理		
宴会主管	21 万	1 万 ~5 万
预订经理	21 万	
入职岗位		
管理培训生	6 万	0~3 万
实习生	3 万	

刚入职酒店的实习生月薪一般 2500~3500 元，而管理培训生则为 4500~6000 元，处于毕业生基本的薪酬水平，但每一次晋升薪酬都会以 2~4 倍的速度上升，可见中国五星级酒店管理层薪酬相当可观。

有些人认为，酒店工作薪酬低、待遇差、晋升难，但其实只是你没有进入高端的国际化酒店，没有选择真正适合自己发展的岗位，没有在入职之前提升好自己的专业技能、外语能力和经验技巧，没有在培训或做基础岗位的时候不断学习与积累，而且没有坚持。从表 1-1 中可以看出，如果想做项目管理者一般需要 3~10 年，高层管理者级别则需要 10 年以上的奋斗与坚持，当然，薪酬与待遇也会随着岗位的晋升，不断翻倍增长。目前酒店行业的就业特点主要有行业容量大、中高级人才缺乏、重视资历和可持续发展。

① 立思辰留学 360. 2017 国内顶级五星级酒店薪酬水平及职业发展前景［EB/OL］. http://www.myzaker.com/article/591bd5441bc8e01254000022/. 2018-07-07.

任务二　认识酒店管理实训的价值与意义

一、旅游及酒店业发展需要

（一）旅游发展趋势

在当今世界，随着全球旅游业接待量的不断攀升，旅游业成了目前发展最迅猛的行业之一，酒店行业也必将随着快速发展迎来巨大的就业前景。中国作为未来最大的旅游目的地国，中国的酒店业对国际化、高水平发展所需的酒店人才的需求更为紧迫。

（二）人才短缺现象

在酒店行业迅猛发展的同时，酒店人才却日益出现了一线员工流失率高和管理人才危机等不良现象。从人才需求角度来看，星级酒店每年需要补充20%左右的各级管理人员，一线管理人才短缺严重；从人才晋升轨迹来看，酒店业管理人员都必须从服务员做起，至少要经过3年锻炼才能晋升为管理人员。

（三）培养人才模式必要性

伴随着旅游业的兴旺，酒店业作为旅游业的三大支柱之一的重要产业同样取得了高速发展。智联招聘网的相关统计数据表明：中国酒店业将进入一个发展的黄金期，酒店业在国民经济中所占的比例越来越重。近几年，国内经济持续增长带动酒店业的快速发展，酒店行业已经出现酒店专业人才缺口巨大的社会现象。随着酒店业的持续健康发展，将需要大量高素质技能型的酒店专业人才，而实训正是提供高素质技能型酒店专业人才的重要途径。酒店服务与管理实训课程注重培养学生理论知识和实践能力的结合，同时也关注学生素质、语言及应变能力的培养。更能为旅游与酒店业提供高素质、高技能、懂沟通的应用型酒店人才。

二、实践教学体系的发展需要

酒店管理专业的根本任务就是培养实践能力强，具有良好职业道德，从事酒店一线工作与管理的高级应用型人才。而酒店管理专业实训教学正是实现这一目标的一个重要环节，在整个教学环节中起着至关重要的作用。酒店管理专业经过十几年的发展，从新兴科学发展到现在，它的实践教学方面正逐步走向完善。因此规范酒店服务与管理实训课程，对我国酒店管理专业实践教学的进步有重要意义，表现在以下几个方面：

（一）有利于知识整合和技能综合

综合实训课程具有帮助学生实现所学知识的整合与综合职业技能的全面掌握的功能。职业能力的形成，传统上是根据课程内容的结构，分知识点、技能点按照学科教学的进度、顺序分阶段掌握，但由于不能更深入接触职业岗位工作系统性，不能使学生对岗位群的各种能力全面认识，也不能实现完整的训练。而实训课程则通过任务 / 项目的工作整体流程，将学生按课程顺序和教学环节进度分散掌握的能力贯穿起来，让学生在到酒店实习之前就能对工作环境有全面的了解。

（二）促进教学与就业的“零对接”

通过设计仿真的项目任务，让学生在学习中参与实践，从而巩固业务水平。尤其是酒店管理类专业，项目实训教学可以让学习更加接地气，能够让学生在毕业前了解酒店的运作模式，在进入岗位前就学会处理实际工作中所遇到的问题的初步方法，掌握基本的职业能力，毕业后能够迅速适应职场。而对于学校而言，这样的教学理念必然造就越来越多的应用型技术人才，让高校能够实现研究型和应用型顺利接轨。

（三）引发教学组织方式和考试方式的改革

在实训课程中，改变原先单一的理论考试模式和方法，采用情景模拟、实地训练等综合训练的方式，使学生能够全面了解酒店管理专业所对应的岗位工作，有利于培养学生的操作能力、合作意识、团队精神。新的考核评价是对学生实训工作全过程和项目实施成果的评估，考核评价内容要包括能力形成过程和学生个人延伸，改变以教师为主的评价方式，采用学生自我评估、小组评估和教师评估相结合的方式。

（四）带动教材、教学设备、实训场地的建设

酒店实训课程是一种新的课程体系。第一，应建立以活动为中心，以单元模块式为主要结构形式的教学体系，便于吸纳和更新知识点和技能点。第二，打破纸介质为主的单一的、平面的、静态的教材形式，变为立体化、动静结合、多种介质组合的形式。第三，实训课程需要综合性的教学方案和与之相配的教学资源，如课程大纲、教师手册、考试系统等。第四，由现代教育技术和计算机网络通信技术提供电子教案、网络课程和相应的实训软件等教学资源，形成为教师和学生服务的教学辅助体系。

（五）促进教师队伍的建设

酒店实训课程对教师提出了专业知识、技能与教学方法的双重挑战。对教师队伍的自我完善起到了推动作用，形成对教师知识结构与能力结构的重组，实训课程改革的挑战也是教师自我完善的契机。培养有综合能力的学生，要求教师不仅要有理论知识和较

强的操作技能，还要有组织指导训练项目或任务的能力。因此，还需要教师及时进行知识和能力的更新，并掌握新的教学组织、教学方法和现代教育技术。

任务三　酒店管理实训目标与要求

一、酒店管理实训的总目标

通过酒店实训课程，使每个酒店管理专业的学生掌握必备的职业技能，毕业后能顺利找到适合自己的位置，顺利就业，解决毕业生就业难的问题，为毕业生提供了更广阔的就业空间和机会。同时，也促进了教师教育理念的不断更新，锻炼、培养、凝聚一批中青年骨干教师。从而形成了一支年富力强、致力于酒店管理教学的高素质教学团队，为本课程的建设构建了可持续发展的人才梯队。

酒店服务与管理实训是配合酒店管理相关课程设计的，是以培养学生实际业务操作能力为主要目标的实践教学项目。通过该实训课程，可以进一步使学生深入理解酒店人员在服务与管理过程中的基本方式、方法，以及在实践工作过程中应注意的问题和所涉及的技巧。

通过本课程的实际训练，培养学生将书本上所学的内容转化为实际操作和分析的能力。使学生对酒店服务与管理的认识逐步从感性变为理性并上升为实际的实践操作能力。为学生今后从事具体的酒店管理工作打下良好基础。力图通过实践与理论结合的教学方法，促进学生下述能力的提高：

（一）专业能力

专业知识和专业技能是酒店从业者应该具备的核心能力。在酒店业发展的过程中，规范化服务和个性化服务提供的最佳结合已成为酒店消费者的要求，酒店企业对人才的需求也呈现多样化的态势。希望学生在掌握一定的专业理论知识、管理知识的同时，还必须具备精良的专业操作技能和社会实践能力，成为既懂管理，又会操作的复合型人才。

（二）社会能力

社会能力主要是指从业者的人际沟通和交流能力、灵活处理问题的能力。与其他行业相比，酒店企业需要频繁地与人打交道，酒店面对日益成熟的消费者，要向客人提供更加优质的服务，就必须加强酒店各部门之间的协作，加强员工与员工之间、员工与客人之间的沟通，这样就需要学生的沟通协调能力在入职前得到一定的培养和锻炼。

（三）个人能力

个人能力强调从业者的职业认同感、职业幸福感以及职业承受力等。实训课程的目的就是通过让学生实际接触这个行业，从中培养学生对酒店工作的热爱和兴趣，从基础做起，找到对酒店管理相关职业的认同感。

（四）学习能力

学习能力主要强调酒店从业者接受新知识、新方法、新思想的能力和外语的学习能力。随着现代科技的进步，酒店行业在信息管理、技术革新方面需要更多地满足客人的需要，因此，与时代同步是酒店行业对人才的必要要求。本课程的设置也是为了培养学生运用数学和测量方法的能力、计算机应用能力、运用外语解决技术问题和进行交流等综合能力。

二、酒店管理实训要求

实训教学是课堂教学的升级，掌握理论，运用于实践，规范灵活发挥是酒店服务与管理专业实训课程建设的最终目标。学生一进入实训基地，从着装，到使用设备、掌握功能、熟悉环境等，都应能感受到真实酒店的气息。要达到上述目标，可以从以下两个方面着手实现：

（一）注重模拟情景训练的真实性和技能的培养

1. 实训教学重要性的认识和落实

酒店实训课程的开设不仅要让学生熟练掌握酒店各部门的服务技能，还要注重培养学生的职业道德和服务意识，让学生感受企业氛围与文化。要求只要进入实训场所，教师和学生提倡统一着装，培养职场氛围。作为酒店实训的专业教育基地，应该与企业运营模式相结合，这样，能让学生身临其境、真正融入角色去学习。

2. 重视模拟情景训练的真实性

（1）科学制订人才培养方案。人才培养方案是实训教学工作水平高低的重要体现，是专业建设发展的根本途径。实训教学是职业教育人才培养方案的重要内容。酒店实训人才培养方案必须遵守以下原则：以就业为导向、以能力为目标、以素质为基础、以学生为主体、以项目为载体、以实训为手段。

（2）结合实际。酒店服务与管理实训的教学应紧紧依靠酒店行业实际的经营现状来调整教学内容，实施一套具有特色的模式，通过开展特殊的活动来实现实训教学的改革。

（3）教学方法应灵活多变。与以教师为中心的教学相比，以学生为中心的情景化教学会使教师的工作量更大、更辛苦，因此教师的教学方法应灵活多变，适应学生学习的差异，调动学生的兴趣。

（4）张弛有度。教师在实施情景教学时要把握好度。学生在整个过程中都是处于主体地位，教师只是情景的设置者，只需要引导学生通过实践、讨论和合作来完成实训过程。情景的设置必须符合学生的实际水平，必须能够很好地培养学生的交际能力。

3. 时间与制度保证

按照人才培养目标和国家对实训的相关规定，酒店管理专业实训教学课时应达到一定占比，必须保证每个实践环节有充足的实践内容和时间。及时制定和完善实训教学的相关制度，积极鼓励并要求学生和专业教师参加实训教学活动，并根据我国酒店教育的发展和条件的变化，不断补充和修改相关教学文件。

（二）提高师资水平，完善实训课程管理制度

酒店管理实训是一项综合工程，它牵涉人员多、设施设备繁杂、实训任务多元，所以必须有一套先进的管理制度来保证运转。根据酒店管理专业校内生产性实训基地的具体情况设计组织机构，明确岗位职责，配置相应人员。

1. 增强建设与维护实训室的意识

校内实训室是学生认识酒店行业、提高专业技能与职业素养的一个平台，专业的发展与实训室建设密不可分。因此学校从上到下都应该认识到实训室的重要性，而不是只靠实训室管理员一个人的力量。老师以身作则，教育学生在实训过程之中要注意维护实训室设施设备安全，防止破坏。办公室要组织宣传，通过在实训室贴标语、惩罚破坏实训室行为等手段来提醒每一个人。

2. 建立健全实训教学体系

同专业的不同课程实训独立性比较明显。为了更好地培养学生专业综合处理问题的能力，应该把分散实训变为模块式集中实训，即将同一个专业的全部实训内容，根据酒店管理技能要求和企业的实际需要，将其整合为几个相对完整的大型实训模块，在实训时，以模块为单位进行集中操作训练。同时，要紧密结合酒店发展的能力需求设置实践课程模块。

3. 实训教师配置合理化

实训指导作为酒店管理专业教育的重要环节，在配置实训教师时应该着重考虑其丰富的实践操作经验、过硬的技能、较强的知识更新能力。由于酒店行业的经营模式、管理方式、服务流程在不断更新，所以，形成酒店专业教师进入行业锻炼的机制，使酒店专业教师分时段进入酒店企业相应的岗位进行实践锻炼，确保自身知识结构的更新跟上行业发展的步伐。

4. 加大实训室的开放力度

一方面，实训室可以在正常的教学时段外对外开放，课程不仅仅局限于 40 分钟或 50 分钟，学生经过申请批准，可以在课余时间自行安排实训活动，通过开放实训课程

等方式，提高实训室及设备的使用率。另一方面，又能最大限度发挥实训室的功能，提高使用率，可谓一举两得。

任务四　酒店管理实训基本模块及基本要求

一、酒店管理实训内容

酒店管理专业的实训教学活动内容应该遵循人才成长的客观规律，随着酒店管理人才能力和素养的不断完善与提升，本书认为本科高校酒店管理实训涵盖三个模块：即酒店服务意识训练、专业分项技能训练、酒店运营管理实训。

（一）酒店服务意识训练

服务意识是指企业全体员工在与一切企业利益相关的人或企业的交往中所体现的为其提供热情、周到、主动的服务的欲望和意识。即自觉主动做好服务工作的一种观念和愿望，它发自服务人员的内心。服务意识是服务人员的一种本能和习惯，可以通过培养、教育训练形成。

（二）专业分项技能训练

酒店管理专业的分项技能训练是为学生打造深厚的专业技能基础的重要环节，具体应该包括专业核心技能的专项训练：餐饮技能训练、客房技能训练、前厅技能训练、康乐服务技能训练等。此外，应对行业需求，还应包括调酒、咖啡制作、茶艺、清洁保养和酒店信息技术操作。这些基础技能的操作除了课内的实训，还可以设置课外实训课程，即在课外灵活地安排实训时间，要求学生完成一定学时的课后练习，并以目标管理的方法控制学生的练习效果。

（三）酒店运营管理实训

这个实训可设置六个模拟角色，包括总经理（含财务）、工程部经理、客房部经理、餐饮娱乐部经理、销售部经理和人力资源部经理，模拟运营流程从酒店选址开始，依次进行功能布局设计、客房定价、餐饮产品定价、员工招聘、线上线下促销，最后向系统提交后进行财务分析，综合评判该模拟酒店的运营绩效。整体教学设计采用实际操作与系统模拟相结合的方式，建立从酒店筹建、市场分析、战略制定、整体营销、采购管理、人力资源管理到财务核算等一系列的管理模拟体系，可以培养学生对酒店管理的团队合作、战略决策、经营管理和财务分析等全方位认知及创新规划能力。

二、酒店管理实训基本要求

（一）实训教学基本要求

1. 精讲与学生自讲相结合

根据理论教学内容，对不同的实训课程采取不同的讲解方法。对理论教学讲解较少、步骤较为复杂、有一定危险性的实训，在开始前，教师应精讲，还应围绕要点由学生质疑，以使学生加深对操作要点的掌握。对于理论教学讲解较多、步骤较为简单的实训，由学生先开展示范和讲解，教师有针对性地纠正和补充。这样，能激发学生的积极性，提高学生的理解能力和语言表达能力。

2. 加强实训过程中的辅导

实训进行时，教师应巡回检查，对出现的问题不仅给予分析还应亲自示范。一般学生常机械地按照实训指导书中设计和规定的步骤进行，不问原因，这样做实训课程得到的收获不大，这时，教师要注意引导学生积极思考，以提高其解决问题的能力。

3. 室内、室外相结合

酒店行业的工作需要到各种类型的酒店进行参观学习，充分利用这些参观机会，以为将来步入酒店行业打下更好的基础。

4. 及时做好实训课程的总结

在每次实训课结束时，把实训过程中出现的问题等及时、简要地进行总结。在下一次课前，将这些问题进行讲评，着重强调实训的规范性。

5. 保护实训设备

对于实训室的各种设备，需要教师提醒学生注意保护，避免破坏。

（二）实训中心基本要求

1. 实施实训室管理人员岗位责任制

实训室管理责任到人，负责编写审定本实训室的实训教学流程，制定并组织实施各项规章制度，定期组织实训室设备用品检查、维修工作，抓好实训室设备用品的使用、维护及实训室卫生、环境管理。

2. 加强实训中心安全管理

全面配置实训室消防器材，并按期更换；不得随意拆卸、移动仪器设备；严禁在实训室内存放易燃物品，如：酒精、汽油、煤油等；实训结束，关灯、断电、停水、锁门、关窗，管理人员离开实训室前进行全面检查。

3. 操作规范的建设与管理

酒店实训室一般应建立实训教学登记册、仪器设备请购登记单、教学仪器借用登记册、实训教学管理计划与学生实训报告等规章，用以规范管理人员、实训教师与实训学员的行为，使实训室能够良性运转。

任务五　酒店管理专业学生职业生涯规划

职业规划，是指个人与组织相结合，在对一个人职业生涯的主客观条件进行测定、分析和总结的基础上，对自己的兴趣、爱好、能力、特点进行综合分析和权衡，结合时代特点，根据自己的职业倾向，确定最佳的职业目标，并为实现这一目标做出行之有效的安排。职业规划不仅是帮助个人按照自己的条件找到一份合适的工作，更重要的是帮助个人真正了解自己、筹划未来、拟定人生发展方向，根据主客观条件设计出合理可行的职业生涯发展方向。

职业生涯规划在概念表述上有许多种，但一般均应包括以下几个主体要素：确定职业目标、实施相应计划、动态测评反馈、宏观战略调整。酒店管理专业的职业规划就是根据个人的具体情况，结合当前的机遇，为自己制定职业目标，为自己的发展选择职业道路。酒店管理人员需要知识，但更注重经历，这也就造成了酒店管理专业的毕业生就业容易出现误区，可见毕业生在进入职场前就制定好自己的职业生涯规划是多么的重要。一份好的职业规划有利于大学生更加明确人生的奋斗目标。据此，提出酒店管理专业学生职业生涯规划的一般要求如下：

一、认识自我

（1）学生个人基本情况。
（2）职业兴趣。
（3）职业能力及适应性。
（4）个人特质。
（5）酒店职业价值观。

二、酒店管理职业生涯条件分析

（1）学生家庭环境分析。
（2）学校环境分析。
（3）社会环境分析。
（4）酒店职业环境分析。

三、酒店职业目标定位及其分解组合

（1）酒店职业目标的定位。
（2）酒店职业目标分解组合。

四、酒店职业岗位能力认知

（1）酒店职业总体认知。

（2）酒店具体岗位认知。

五、具体执行计划

（1）近期计划。

（2）中期计划。

（3）中远期计划。

（4）远期计划。

六、评估调整

（1）酒店职业评估标准。

（2）酒店职业认知。

（3）规划调整。

总之，随着全球经济的不断复苏与快速发展，酒店行业在全球与中国地区的发展速度与就业率将远远超出传统型行业，酒店业将会是中国最具活力的行业。我们只有正确认识自己，因时而动、随机应变，才能在社会上找到自己的立足之地，发挥自己的优势，实现自己的价值。

第二单元

服务意识实训

任务一　了解什么是服务意识

一、服务意识实训概述

（一）服务的起源

服务起源于奴隶劳动，服务用英语拼写为“Service”，该词的拉丁词源“Servus”的本意是奴隶，由此推理，服务应起源于奴隶社会时期。那时的奴隶没有任何人身权利，他们只能把自身的一切（主要是生产能力）无条件地贡献给奴隶主，更确切的说法应是被奴隶主剥夺。在中国历史上，奴隶以工作种类区别，大致有从事农业与军事的奴役和伺候生活的奴婢。以隶属关系划分，则分为帝王财产的“官奴”和奴隶主个人财产的“私奴”两类。从奴隶社会向封建社会过渡的历史阶段开始，社会生产关系发生了变化，雇用长、短工和保姆的方式逐渐取代了奴役家仆的方式。过去驱使家奴的劳动隶属关系中逐渐渗入了雇工式的劳动力交换关系。但中国直至封建王朝解体，宫廷内奴役太监、宫女的现象却始终未能改变。

（二）服务的概念

服务不论如何解释和使用，其概念中都非常明确地包含有为满足他人需求而做事的实质性内容。另外，虽然绝大多数的服务是非实物形态的，但我们也可以发现在现实生活中确实存在少数实物性产品生产的服务，这类服务往往都处在生产和流通同时进行并紧密衔接于直接消费的阶段。所以，我们可以这样来理解具有通常意义的“服务”概念：服务是产生社会效益和使用价值的非物质产品生产以及从事可用于直接消费的物质产品生产的代劳行为和使人得到享受的社会化有偿劳动。

在有些场合，服务的表述还含有做工作或发挥作用的意义，特别是可以作为某类社会事业的代名词。如“为人民服务”“为祖国服务”“政府为社会服务”“文艺为工农兵服务”“生产为生活服务”“后勤供给为劳动一线服务”等表述都具有这类含义。此类服务概念具有更为宏观的外延。到目前为止还未曾见到对这类服务意义的更确切的解释，只能暂且将其称之为宏观意义的服务，并对此类服务做出这样的准定义：宏观意义的服务是指为社会整体事业或成员利益所进行的符合特定理想目标、遵循特定原则规范的活动总称。

（三）酒店服务概述

1. 酒店服务的概念与内涵

酒店服务是酒店向宾客提供的一种使用他人或他物的权利，酒店服务是一种无形的产品，是通过酒店服务员热情、周到、体贴入微的服务，并以其宾客所需要和期待的方式满足宾客需求的，同时为酒店获得赢利的一系列过程的总和，著名的酒店业先行者马里奥特曾说过“服务就是我们的事业”。可见，酒店出售的产品中最重要的就是服务。

酒店服务的内涵可以用英文 Service 一词来阐述。Service 的原意是指一整套餐具，包括在餐台上使用的全套用具，台布、盘子、杯子、烛台、壶、餐巾、刀、叉等，后来被人们逐渐引申成为一个提供便利、快捷、愉悦、舒适的行为、过程和表现的总和。Service 由七个字母组成，每一个字母代表一项服务的内涵，每一项服务的内涵必须具备相应的服务意识：

S：Sincere，服务必须是真诚、诚心诚意的，只有具备宾客至上意识和主动服务意识，才能使服务真诚、诚心诚意；

E：Efficiency，服务必须是高效、有效率的，只有具备优质服务意识和主动服务意识，才能使服务高效、有效率；

R：Ready for Service，服务必须是随时准备提供的，只有具备宾客至上意识和迎合需求意识，才能随时按宾客的需求提供服务；

V：Visible and Valuable 服务的提供必须是可见的和有价值的，因此必须具备主动服务意识和语言与推销意识；

I：Information，服务包括诸多的信息、资料和知识性的服务，因此必须具备优质服务意识和细致周全的服务意识；

C：Courtesy，服务必须是礼貌、谦恭的，因此必须具备优质服务意识和宾客至上意识；

E：Excellence，服务必须是优秀、卓越、周全细致的，因此必须具备优质服务意识。

2. 酒店服务的构成要素

从服务的本质角度看，酒店服务主要由服务人员、服务项目、服务设施设备和服务环境四大部分构成，服务人员是服务的主体，服务人员的服务意识、服务态度和服务技术是服务质量的关键。其中，服务观念是灵魂，贯穿于酒店服务的全过程，并对服务意识、服务技术起着意识形态的影响作用；服务项目是酒店服务的表现形态和载体，服务人员通过这个载体提供给宾客所需的服务；服务设备设施是酒店服务的物质基础，它影响着服务人员服务技术的发挥和服务项目的种类与数量：服务环境是酒店服务的外部基础，它对服务人员工作情绪、服务项目的设置和服务设施设备的使用以及服务的消费有着直接的影响。

从服务的商品流通角度看，酒店服务要素包含了服务给体、受体和媒体三个方面。服务给体指酒店服务的提供者，即作为市场主体的酒店企业。服务给体关注服务产品（项目）的设计、包装、销售及经营运作。服务受体指服务的接受者，即有服务需求的宾客。服务受体关注的是服务价格、服务质量和服务所能给予的满足程度，服务媒体是协助服务给体（酒店）更方便、更快捷将服务顺利传递给受体（宾客）或协助受体（宾客）更容易、更乐意接受服务给体（酒店）提供服务的中介，包括酒店的设施设备和服务人员。酒店服务媒介在酒店服务中扮演桥梁的角色，具有枢纽的重要地位，尤其是服务员的服务意识、服务态度、服务技能与综合素质，直接影响着服务给体的付出效果和受体的感受和满足效果。

3. 酒店服务意识概述

长期以来，酒店服务的标准化、规范化一直是令人称道的，这来源于酒店对员工进行的行之有效的服务技能培训。可是，随着市场的变化，客户消费的理性化，对服务要求的多样化，仅有服务技能的培训已经很难适应复杂多变的环境了。面对形形色色的顾客时，我们的服务已不能面面俱到。

传统认为，意识是人脑对于客观物质世界的反映，是感觉、知觉、思维等各种心理过程的总和。酒店服务意识是指酒店全体员工在与酒店利益相关的人或企业的交往中所体现的为其提供热情、周到、主动的服务的欲望和意识，即自觉主动做好服务工作的一种观念和愿望，它来源于服务人员的内心。酒店服务意识不仅包括传统概念上的员工服务意识，还包括酒店的“环境服务意识”，即酒店涵盖下的环境因素：酒店信息的可触性、地理位置的可接近性、硬件设施设备使用的便利性、内部环境的友好性、对客服务的便捷性、服务程序的人性化等。综合来讲，酒店服务意识是一种基于人的需求，以酒店利益相关者为对象，提供满意的酒店服务体验的观念和愿望，它不仅源于服务人员的内心，也源于服务设计者的内心。当前酒店业市场竞争激烈，服务质量成为酒店竞争的关键因素。服务质量的高低，一方面与从业人员的服务意识有非常大的关系，另一方面也与酒店环境（地理位置、交通、硬件设施设备等）关系密切。随着资本的进入，我国酒店环境发生了巨大变化，酒店硬件明显提升，许多新建酒店的硬件毫不逊色于发达国家的酒店。但是，由于设计理念上的差距，很多酒店或硬件设施形同虚设，利用率极低，造成浪费，或有效硬件设施供应不足造成顾客不满。同时，由于酒店服务人员社会地位低、工作强度大、基层收入偏低等因素，造成酒店基层专业人才缺乏，行业门槛偏低，进而导致行业从业人员总体素质不高，职业认同度较低。概言之，现阶段酒店服务的主要矛盾集中体现在酒店服务意识难以匹配酒店的硬件水平和宾客的服务需求。

所谓服务意识是指对服务从业人员的职责、义务、规范、标准、要求的认识，它要求服务从业人员时刻保持客人在心中的真诚感。服务意识的具体要求体现在仪表、言谈、举止和礼仪等几个方面。服务意识是酒店服务专业学生必须具备的基本素质和基本条件。它是发自服务人员内心的，是服务人员的一种本能和习惯。服务意识取决于服务人员自我角色的认知和看法，它是服务人员内心的愿望与观念，是在掌握了业务技巧，把握了服务的本质和规律，加之兴趣情感等个性品质方面的因素后形成的心理上成熟的行为习惯，很难简单地通过规章制度去强制建立或调整。酒店从业人员在良好的服务意识指导下才能发挥工作的热情，提高对饭店服务工作的兴趣，为顾客提供优质周到的服务，从而为酒店业带来良好的社会效益和经济效益。酒店服务专业学生的素质是多方面的，包括思想素质、知识素质、专业素质、职业素质等，缺乏任何一种素质都不可能成为合格的酒店服务工作者。只有具备服务意识，其他素质才能发挥作用。因此，中等职业学校酒店服务专业应该把服务意识的培养作为学生必须具备的基本素质加以重视。

酒店行业对于服务（SERVICE）一词解释为：S–Smile（微笑），其含义是酒店服务人员应该为每一位宾客提供微笑服务；E–Excellent（出色），其含义是酒店服务人员应该熟悉酒店业务并将每一项服务都做到出色；R–Ready（时刻准备），酒店服务人员应该时刻准备为客人提供优质服务；V–Viewing（重视），重视客人，把每一位客人都看作需要提供优质服务的贵宾；I–Inviting（邀请），酒店服务人员在每一次接待服务结束时都应该显示出诚意和敬意并主动邀请宾客再次光临；C–Creating（创造），酒店服务人员应该想方设法精心创造出使宾客能享受其热情服务的氛围；E–Eye（眼神），酒店服务人员始终应该以热情友好的目光关注宾客，观察并预测客人的需求，及时有效地为客人提供超前满意服务，让客人感受到服务人员在关心自己。

二、服务意识的基本理论

（一）职业道德

酒店行业人员的职业道德的核心思想就是服务，对服务对象负责，让对方满意。要有良好的思想品质，热情、礼貌、优质的服务态度，清正廉洁和以大局为重的工作作风，良好的职业修养。

（二）角色定位

明确自己的角色，作为酒店人员，应该明确自己在工作中扮演的是服务人员的角色，在为顾客提供服务的时候，要时刻牢记自己是服务人员的角色。

（三）良性沟通

理解服务对象以及服务对象的需求。要充分理解顾客的需求：对顾客提出的超越服务范围，但又是正当的需求，应该尽量作为特殊服务予以满足，如果确实难以满足，必须向顾客表示歉意，取得顾客的谅解；要充分理解顾客的想法和心态：对顾客因身体、情绪等原因造成出格的态度和要求，我们应该给予理解，并以更优的服务去感化顾客；要充分理解顾客的误会：由于文化、知识、地位等差异，或由于顾客对酒店服务的不甚理解而提出种种意见或拒绝合作，必须向顾客做出真诚的解释，并力求给顾客以满意的答复；要充分理解顾客的过错：由于种种原因，如有些顾客有意找碴儿或强词夺理，应秉承“顾客总是对的”这一原则，把理让给顾客，给顾客以面子。

三、服务意识的七性体现

（一）服务的主动性

服务的主动性也叫服务的自觉性，这是一个服务人员服务意识强的最重要的表现。服务的主动性具体表现为，一是服务人员具备良好的职业修养，敬重自己所从事的工作，以圆满完成岗位职责为己任，以让宾客满意为最大追求，不仅能做好岗位职责内的工作，而且能主动做那些需要做的工作；二是不找借口，不等待吩咐，工作自动自发；三是亲切友善，微笑待客，积极创造宾至如归的消费环境；四是精力集中，时刻保持积极主动的状态。

（二）服务的适时性

服务的适时性就是在恰当的时间为宾客提供恰当的服务。不同的宾客有不同的服务需求，即使是同一宾客在不同时间服务要求也会不同，因此服务人员既要遵守服务中的规范，又要注意服务中的个性化服务。服务人员通过观察、判断、推理，在发现宾客有服务需求时，提供服务于宾客提出服务要求之前，在恰当的时间，为宾客提供恰当的服务。避免由于提供服务的时机不恰当，造成服务失败，甚至造成宾客投诉现象。这就要求服务人员要善于总结和运用服务经验，善于观察服务现场的情况，通过判断、推理预测宾客需求的轻重缓急，宜速则速，宜缓则缓。

（三）服务的稳定性

服务的稳定性主要有服务心理的稳定性和服务质量的稳定性。服务心理的稳定性是指服务人员要有良好的心理素质，并保持良好的心理状态，既不把情绪带到工作岗位上，也不因为宾客的刁钻和苛刻而影响工作情绪，始终保持主动热情的工作状态。服务质量的稳定性是指不因服务对象的不同而改变服务质量，不因服务时间的长短而影响服务质量，不因消费的高低而影响服务质量。在服务中做到一视同仁、善始善终。

（四）服务的规范性

服务的规范性就是要求服务人员能熟练掌握服务常识、服务技能和服务流程，能按服务规范和服务流程为宾客提供高质量的服务。服务的规范性体现了从业人员的自律性和良好的服务意识。

（五）服务的高效性

效率是质量的重要组成部分，没有高效率的服务就不可能有高质量的服务。服务效率高也是服务意识强的重要表现。因此，对宾客的合理要求，服务人员不仅要设法给予满足，而且要设法尽快给予满足。服务人员要把握服务的时效性，让宾客深刻感受到服务人员在尽心尽力为他着想，而不是对他敷衍塞责，使客户感觉自己并不是众多客户中普通的一员。

（六）服务的创新性

旅游饭店的对客服务既是一项规范性很强的工作，又是一项灵活性、创新性很强的工作。因此服务人员在对客服务过程中，在不失规范的前提下，要根据服务对象的年龄、性别、国别、禁忌、宗教信仰、社会地位、爱好习惯、消费背景等实际情况，灵活地、创造性地对客服务，不断创新服务内容，改进服务流程，使宾客享受的服务更便捷、更周到、更人性化。宾客能想到的，努力为宾客做到，宾客没想到的，尽力替宾客想到而且替宾客做到。

（七）服务的适应性

服务的适应性是指服务人员应根据服务对象的特点和要求，积极调整心态和服务，以更好地适应宾客的服务要求。宾客的多样性决定了宾客服务要求的多样性，能否根据宾客的特点和要求积极调整自己，是服务人员服务意识强弱的重要表现。服务意识强的服务人员能以宾客为中心，以让宾客满意为目标，积极地了解宾客、适应宾客，尊重和响应宾客的服务要求。

任务二 角色意识实训

作为一名服务员，要树立自觉为顾客服务的观念和意识，首先就要摆好顾客的位置，把顾客的需求放在第一位，有涵养，宽宏大量，有时候甚至能忍气吞声，无条件地尊重顾客。酒店服务员可以是一个善于表达意愿、具有良好社交能力的“交际家”；也可以是一个了解顾客心理并运用心理学知识达到优质服务效果的“心理学家”；也可以是一个为顾客提供方便、给予帮助的朋友；也可以是一个了解酒店产品，并把最好的产品推荐给顾客的好参谋；也可以是一个关心顾客利益，关心顾客身心健康的家人；也可以是一个维持公共场所秩序，及时处理矛盾纠葛的协调者；也可以是一个向顾客介绍本地风俗风情、城市风貌的讲解员和导游员。

酒店服务员在扮演好这些角色时，要让自己处于最佳的精神状态，要站在顾客的角度，以心换心；尊重顾客的习惯、信仰和忌讳；弄清自己的角色、地位、职责，在顾客面前保持平和的心态，不显得低贱，也不显得高傲；也不能与顾客过于亲密，在服务工作中，礼貌地创造一种和谐的气氛。

经常会有酒店员工发牢骚，觉得在顾客面前受了委屈，自尊心受到严重挫伤。这种现象的产生，归根结底还是没有角色意识。有些年轻人喜欢到高档酒店去当服务员，以为越是高档酒店越享受、越舒服。事实恰恰相反，作为服务人员来说，酒店越高档，纪律越严越细，劳动强度越大，受委屈越多。因为那豪华漂亮的酒店不是供服务员享受的，而是要其更竭尽全力地为宾客服务的。角色不清，就把自己的位置完全放错了，就可能产生心理的失衡。

服务对象意识培养也不容小觑，尤其是顾客导向服务意识的培养。首先，要有顾客是酒店企业真正老板的概念，认识到顾客是酒店的衣食父母，是上帝，服务员理应通过自己的服务使其获得满足，为其创造快乐；其次，顾客是酒店的消费者，是服务产品的购买者，酒店应该提供舒适的、完美的、满足他们需求的服务；再次，顾客有喜怒哀乐和七情六欲，服务员必须充分理解客人的想法和心态，避免与顾客理论，更不应该针锋相对、得理不饶人，而是给予他们理解，用宽容和更优质的服务感化他们。那么，基于服务对象意识培养的重要性。借助模拟操作室或情境教学，或两者兼而有之来进行培养和强化。通过各种案例和情景对话，进行详细的剖析和实践，切身体会到服务人员和服务对象之间的心理需求和感知，真正意识到服务对象意识的重要性。

一、角色意识实训的目的

树立酒店服务人员的职业意识，正确地认识服务对象，能正确认知客我关系及客我角色定位，尽可能地满足客人正当合理且可行的要求，全面提高职工素质。能进行自我心理调适，保证良好的工作状态。

二、角色意识实训的方法

在树立角色意识时可以采取角色扮演法进行实训。

三、角色意识实训的步骤

1. 教学准备

教师根据实际情况将全班学生分成多个小组，每小组成员数以不多于五人为佳，并选出一人任组长，统筹全组的表演事宜。教师在布置任务时，应对本案例涉及的理论知识进行讲授，让学生能在表演前对其所扮演角色的相关工作职责和服务规范等都有一定的理解，从而更有利于学生投入角色，准备表演。

2. 角色分配

在接到案例表演任务后，由学生自行讨论确定角色分工，可根据教材案例的内容构思剧本，设置场景，准备服装道具，利用课余时间排练，不断完善表演过程。由于每个案例都会涉及酒店服务人员、管理者和顾客三类角色，因此，建议学生每次表演都要更换角色类型，使每个小组成员都有机会在表演过程中体验酒店服务人员和管理者的岗位，从而起到更好的教学效果。

3. 角色扮演

学生根据事先排练的剧本，分角色演绎教材中的案例。教师也可要求学生进行相关案例延伸表演，在原案例中的酒店服务人员或管理者对于某件事的处理方式欠妥，造成顾客不满和酒店损失等情况，教师可以要求学生根据自己对事件的理解再多演绎一个正确处理问题的版本。这不仅能够让参演学生进一步思考解决问题的方法，也能让旁观学生学习到更多处理特殊事件的技巧。

4. 学生讨论

在案例表演结束后，教师组织引导全班学生对整个表演过程进行讨论和评估，就此次表演提出自己的问题、意见和建议，并在与大家的沟通交流中进一步加深对教学内容的理解。通过讨论和评估，既能够让参演学生认识到自身存在的问题并加以改正，又能够让旁观学生积累更多的间接经验用于提高自身水平。

5. 教师总评

在每组案例表演和学生讨论结束后，教师应对该次表演进行及时而客观的评价和总结。一方面，先对所有学生的努力给予肯定和表扬，然后客观评价每位学生的表现，并指出其优缺点，有利于其下次提高进步。另一方面，对本案例中涉及的专业知识点进行再次梳理、归纳和总结，帮助学生更好地理解教学内容，提升教学效果。

任务三　服务与形象意识实训

一、什么是服务与形象意识

服务意识则是指能自觉地、主动地、发自内心地为他人和社会提供有经济价值的服务。具体包含两层含义：一是对服务的认识，即具体的服务内容和什么是优质服务；二是服务的标准，标准是服务质量的保证，服务标准的制定可使从业人员明确自己的职责，为顾客提供标准化的服务。但是，员工即使具备了业务知识和技巧，熟悉了程序标准和服务要求，也不能保证服务质量，提高机械式的服务不是优质服务，还存在着员工愿不愿做，能不能发自内心、主动去做的问题。所以，准确地说，服务意识是在掌握了业务技巧，把握了服务的本质和规律，加之兴趣、情感、个性品质等非智力因素方面后形成的心理上成熟的服务行为习惯。

服务业是典型的第三产业，是产业结构中重要的组成部分。在服务业中，酒店行业一直都占据着重要的地位，突出表现了服务行业的服务性和整体性，为顾客服务就是其最大的核心所在。酒店行业发展的关键就是酒店服务的质量和酒店服务态度的好坏，在新时期酒店行业激烈的竞争中，要想占据主动性，就要加强酒店管理，具备服务意识，以顾客的需求为出发点，对待顾客热情，服务周到，满足顾客服务需求。随着我国社会经济的快速发展，具备服务意识、提高服务质量是一个酒店长期发展的必然要求。服务意识顾名思义，就是要求全体酒店企业员工，要具备良好的素质和道德水平，以顾客的利益为最高利益，热爱自己的工作，热爱自己的岗位，关注公司和服务集体，以热情、积极的态度对待每一个顾客的健康的服务意识。工作人员要深刻理解服务意识的内涵，发挥其中的作用，使得顾客在酒店中充分感受到家的温暖以及宾至如归的亲切感和舒适感，为顾客提供舒适的住宿环境、优雅的休闲空间、高品质的用餐环境和优质的服务。

企业形象的基本要素，包括员工形象、产品形象、环境形象（外部显示标识系统）和市场形象（以营销文化为本所反映出的感性内容，如广告印象、公关活动特色等），而在以上诸多要素中，起决定作用的是员工形象。

酒店形象的好坏，不仅影响着企业的经营绩效，甚至决定着该企业的生死存亡。对外部公众来说，良好的酒店形象是促使外部公众建立信赖感的前提，使外部公众认同、接受酒店，为酒店的畅销及市场开发创造有利条件，从而形成较强的竞争力。对内部公众来说，良好的酒店形象是形成酒店内部凝聚力的首要条件，它可以使企业员工产生归属感和自豪感，并激发员工的创造精神，使酒店不断蓬勃发展。

二、服务与形象意识实训的目的

培养酒店人员建立端正、适宜的酒店服务形象，养成专业的酒店礼仪习惯，给顾客留下专业、美好的印象。

三、服务与形象意识实训的方法

在进行餐厅迎宾服务、点菜服务、前厅接待服务、客房接待服务等实训时，可以采用场景模拟法。

四、服务与形象意识实训的内容

采用模拟实训法时，教师首先要给学生布置任务，一定要使学生明确每一次实训课的内容和目的，然后让学生分组、分角色，每一组学生都要进行课前排练，在排练过程中学生会充分讨论实训内容和查找相关书籍，并在角色中发挥自己的潜能，把书本上学到的知识应用到实训中来，有的还会有创新内容。到上实训课时，教师安排每一组学生按自己的角色进行模拟，并给予点评、打分。这样的实训方法，可以调动学生的积极性和创新性，各组学生在实训中通过观看别人的模拟和听实训教师的点评，也是一种学习的过程，起到取长补短、共同提高的作用，使整个实训取得良好的效果。

任务四　质量与信誉意识实训

一、什么是质量与信誉意识

意识决定行动，首先，人是所有生产活动的主体，无论是产品质量、服务质量，还是工作质量，归根结底取决于制造产品、提供服务、进行管理的人的“质量”。酒店员工质量意识的提升，可以充分调动其积极性和创造性，确保质量。其次，质量是酒店的生命，是酒店立足于市场的最大依仗，面对竞争日趋激烈的大环境，酒店要想促进自身的可持续发展，质量先行毋庸置疑。使质量意识深入到每一位酒店员工心中，从每一个生产作业环节入手，在酒店内部形成牢固的质量意识，以此来避免质量隐患的出现，能够促进酒店从数量型向质量型的转变。这些都是提升酒店员工质量意识所体现出的重要意义，对此各个酒店应将其落实到实际行动中去。提升员工质量意识势在必行！

信誉是履行各类经济组织的各种经济承诺的能力，是可信任程度的综合评定和判断。在现实生活中，表现为守信与失信。守信是指履行合同、不进行欺骗；失信则表现为逆向选择与道德风险的缺失。信誉能够降低酒店交易过程中的交易成本，是酒店的宝贵资产。酒店有了良好的信誉，在交易的过程中自然会降低交易成本，获得更多的经济效益。良好的信誉意识给酒店提供一个重复博弈的环境。

二、质量与信誉意识实训的目的

培养酒店服务人员具有优质服务的意识，提高酒店专业形象，形成口碑效应，打造专业的酒店品牌形象。

三、质量与信誉意识实训的方法

质量与信誉意识实训采取案例分析法。

四、质量与信誉意识实训的步骤

（一）做好课前准备

针对课程内容，认真选择案例；布置学生认真预习，提出讨论的问题，提出明确要求。

（二）认真组织课堂讨论

教师在课堂上要引导学生围绕案例的中心问题进行分析。在案例讨论过程中，教师应该首先进行引导，引出案例讨论的思路、再现知识点，强调关键点，将关键点放到系统知识体系中进行再复习。通过学生讨论、教师进行总结，最后要求写出总结报告。

（三）认真做好课后总结

案例讨论结束后，教师应对案例课程进行点评和总结。让学生通过对真实案例的分析讨论，进一步理解相关基本概念，掌握相应的知识点，培养学生分析问题、解决问题的能力，使学生养成严谨的学习态度、缜密的逻辑思维能力和分析能力。教师全面总结给出标准答案，但是应该明确倾向性的意见，指出案例讨论所涉及的知识领域，明确可行的参考方案，并指出教学的效果及目的。

任务五　合作意识实训

一、什么是合作意识

酒店服务是一个团队的协作和相互配合，服务团队要具有整体性，这样才能使酒店在激烈的服务行业竞争中立于不败之地，才能走可持续发展之路，向长远的方向发展，同时促使酒店经营者清楚地认识到自己酒店的不足之处和服务漏洞，及时弥补和改革创新，逐渐提高酒店整体服务质量，真正确切落实酒店整体服务意识，更好地服务社会、奉献社会。

二、合作意识实训的目的

增强团队意识，树立专业酒店人形象，提升酒店服务质量和效率，提高顾客满意度，营造良好口碑。

三、合作意识实训的方法

合作意识实训的方法为课外实践教育。

四、合作意识实训的内容

学校有计划、有组织，分期分批地安排学生到酒店进行见习或顶岗实习。一方面，有目的地开展课外实训课程，有计划地开展专业实践或专业见习活动，让学生在酒店实际工作环境中感受酒店同事之间的服务意识、同事的对客服务意识，在实际训练中感受、体会合作意识，增强合作意识，在潜移默化中提高自己的服务意识。另一方面，增长学生的见识，提高学生对合作意识的理解，增加学生的团队合作能力。

任务六　公关与销售意识实训

一、什么是公关与销售意识

一次公关危机便有可能将酒店长期以来投入大量的人力、物力、财力而建立起来的良好信誉毁于一旦，甚至威胁到酒店的生存和发展。但如果处理得好，就可以协助企业渡过难关，变危机为机遇，在挽救酒店声誉的同时，重新塑造企业的良好形象。酒店全员应具备危机公关意识和相关技巧、方法，建立危机公关应对预案来防止和解决危机，提高酒店抗危机能力。事实上，在酒店销售中适当地运用公关的力量，可使酒店在短期内取得不凡的销售业绩，每一个酒店都需要充分重视公关的这一作用，借公关之力，助酒店销售。

二、公关与销售意识实训的目的

良好的人际关系，是进行客我交往的基础，有针对性地沟通和服务有助于酒店的经营管理和树立良好的品牌形象，形成品牌效应。

三、公关与销售意识实训的方法

公关与销售意识实训采取案例教学法。

四、公关与销售意识实训的步骤

（一）案例甄选

甄选关于公关与销售的案例时要注意案例的真实性，课堂教学与工作实践紧密结合。酒店管理专业案例应当源于真实的工作岗位，依据课堂教学目标，教师可适当对情境进行渲染，但绝不能脱离实际胡编乱造，选择案例应当与课堂教学任务一一对应，注重与教学内容的关联性。案例教学法因其真实性比较容易吸引学生的注意力，所以在甄选案例时首先要保证有鲜明的行业特点、与时代和行业发展趋势保持同步、具有较强的代表性。案例教学法注重分析典型案例的共同点和差异性，通过启发学生进行不同角色身份的分析思考，结合所学理论知识，全面、有步骤地进行讨论，从而与实际工作要求紧密联系。

（二）案例分析

进行案例分析时，应当循序渐进，以引导为主。案例教学法的目的是结合理论知识对所发生的现象进行分析、讨论、总结，从而为日后酒店工作的经营管理提供依据，由于所学知识有限、实践岗位经历不足，同学们在进行案例分析时往往局限于案例本身，没有进行深层次的讨论。教师在运用案例教学法授课时，应该遵循教学规律：第一，针对课堂内容选择典型案例；第二，提炼案例的观点；第三，设计与知识点相对应的问题；第四，积极鼓励同学们开展讨论、分析；第五，收集观点加以总结。开展案例教学法应注重积极引导，以学生为中心，层层深入，巧妙地针对学习内容设计问题，组织并引导学生走进角色全面分析。遇到问题时，教师要指导学生积极查找资料、鼓励其创新自己的结论和看法，并通过归纳总结一同讨论，发挥集体的作用，提高学生参与的积极性。

任务七　危机意识实训

一、什么是危机意识

酒店管理者在整个服务管理中要贯彻危机意识，不能仅仅局限在当前的工作状态，还应该注重其他方面的问题。酒店管理者要重视酒店危机，在酒店内部营造一种危机氛围，尽可能使酒店员工以一种危机态度面对市场竞争，这样，即使在面临严重危机时，也可以镇静地分析、处理问题，做到临危不乱，保证酒店的正常运行。

二、危机意识实训的目的

提高员工的危机意识，使员工及时发现潜在危机并采取适当的措施，有效减少危机事件的发生；员工在面对危机事件时，以最快的节奏和最有效的方法进行处理，减轻危机事件带来的影响。

三、危机意识实训的方法

危机意识实训采取“案例法 + 情景演练法”。

四、危机意识实训的内容

危机意识实训可以采取“案例分析法 + 情景演练法”，老师先带领学生进行相关案例的学习，之后再通过情景演练加强危机意识的训练。

（一）案例分析法

选取具体经典的危机公关案例，引导培训对象对案例进行分析思考。同时，还可以结合头脑风暴法，激发培训对象的思维，提高其对危机事件的分析能力和解决能力。

（二）情景演练法

设定危机事件的情境，让参训人员进行角色演练，使其将学到的危机公关技巧和方法进行实践，将所学的危机公关知识进行整合吸收，提升培训效果。

五、危机意识实训的注意事项

（一）在面对危机时要迅速做出反应

酒店对危机的反应情况充分体现了酒店对顾客的重视程度、酒店专业程度及可靠程度。酒店在面对顾客危机时，如果能当场为顾客解决问题，并处理得让顾客满意则会有70% 的顾客会再次光临。若企业对顾客投诉问题的反应时间超过 4 周或更长，顾客的满意程度会降低一半以上。因此，迅速积极地处理危机往往能赢得更多客户。

（二）了解危机，实施补救

在面对危机时，真正考虑问题是怎么出现的，思考补救措施是否能满足顾客的需求或者是否公平、公正。切忌以酒店为中心，切忌只是为了解决危机而去应付式地解决问题。对危机处理得当，有利于顾客满意度的提升，从而建立长期的忠诚度。反之，则会降低酒店品牌形象，影响酒店经营。

（三）吸取教训，完善服务

在危机妥善解决之后，酒店及当事服务人员应该从中吸取经验和教训，认识自己工作中存在的问题和不足，采取相应措施，不断加以改进，杜绝重复性投诉的发生。如在客户投诉问题解决后，要再与顾客联系，欢迎他再提宝贵意见；做好投诉处理记录和报告，向上级汇报整个过程。危机是把“双刃剑”，危机在给酒店带来损失和挑战的同时，也蕴藏新的发展机遇。员工在处理酒店危机事件中，要更好地协调各种影响因素的关系，在化解危机的同时，给酒店带来新的发展机遇。

任务八　加强服务意识的措施

一、增强酒店从业人员的整体服务意识

我们要打破传统的酒店经营理念，将整体服务意识作为酒店管理的核心任务，它是酒店服务质量管理的关键因素，只有提高酒店全体从业人员的整体服务意识，才能为酒店的长远发展提供基础与条件。服务意识是酒店经济效益最直接的影响因素。我们要树立正确的、高品质的、高水准的服务质量理念，将这种思想作为酒店服务意识的核心内容，提高对酒店员工服务意识的训练和培养。将整体服务意识深深根植于员工的思想意识里。与此同时，酒店员工自身也要充分意识到整体服务意识对于酒店发展的重要性，要理论结合实践，将服务意识落实到实际的岗位工作中，要设身处地地站到顾客的角度与立场分析问题、思考问题，强化整体服务意识在酒店中的运用和影响。

二、注重学生综合素质的提高

优质服务要求适时、适地地为客人提供准确、周到、完善的服务。因此，感受和发现客人的需求、准确地把握服务时机、提供完善的服务等，都要求服务员有充分的知识、技能、经验的储备，具备心理学、外语、交际、礼仪等知识，这样才能通过自己的感觉，从客人的一举一动和表情的细微变化中敏锐地捕捉到相关的信息，并快速分析，及时准确地做出判断，提供服务。因此，提高学生的综合素质，是培养服务意识的关键，也是实现优质服务的关键。

三、完善服务意识教育机制

教师对服务意识教育的主动意识较弱、服务意识教育机制缺乏的现象普遍存在，在教学过程中应逐步建立完善的服务意识，增加服务意识教学课程或环节，明确在人才培养中服务意识培养的重要性，在书本理论知识和实践教学过程中不断渗透服务意识的教育。不光要在理论知识上让学生了解服务意识的重要性，培养正确的服务意识观念，也要在实践环节中不断地让学生体会什么是全面的职业素养，强化服务意识，在学习的过程中改变传统封建观念，重新定位职业角色，树立职业自豪感，热爱和尊重自己的专业和未来的职业。

四、建立完善的实训基地

院校应根据每个时间段中酒店行业发展的特点，对实训室进行后续的投入，实现实训设备达到酒店行业实际的标准。在实训室的管理上，要借鉴现代酒店的管理运作模式。通过模拟现代酒店的管理水准、服务流程、酒店设备等，营造一个与酒店管理和服务第一现场相一致的仿真职业环境，体现其实效性和真实性。为了提高实训室的利用率，院校可采取非正常教学时段对学生开放使用，这样可以更好利用实训室，学生有更多的机会进行操作技能活动，提高他们的动手能力和服务意识。院系在选择校外教学实习基地时应提前进行全面考察，尽量选择管理良好、服务理念更贴近课程内容的酒店。学院可通过与校外实习基地开展多种活动合作，安排学生参加，让学生理解消费者对服务的要求。酒店在管理实习生的问题上，应秉持认真负责的态度，科学合理地安排对应的工作岗位，适当地放手，让学生有一种归属感、被信任感和自我价值实现的满足感，从而培养他们的行业感情，使“服务”成为自身意识的一部分，这样才能很快适应工作岗位，成为酒店企业所需的人才。

五、建立良好的激励机制有效提高服务意识

服务人员不管客人态度如何，始终有意识保持热情服务的态度，让客人感到满意，进而实现个人和酒店的双赢。良好的激励机制让员工有了主人翁意识，工作积极性提高。同时，员工分享到企业发展带来的物质利益，在服务上更加用心。此外，良好的激励机制能点燃员工内心的工作热情，以此驱动员工在工作中服务意识的提高，实现客我关系的极大改善，赢得客人的口碑，从而达到酒店所期望的最佳绩效。

六、逐渐完善酒店服务质量管理体系

完善酒店的服务质量管理体系能有效地推动整体服务意识的形成。完善服务质量管理体系，必须以顾客的需求为基础，制定出彰显科学性、规范性的管理制度，将整体服务的理念贯穿于酒店管理和酒店服务的各个环节，全心全意为顾客服务。

酒店能够向客人提供的就是有形的产品和无形的服务。在提供无形服务的时候，如果每一位酒店从业者都具备了自觉、主动、强烈的服务意识，那么酒店的服务质量必定会有很大程度的提高。服务质量的提高也意味着酒店的竞争力增强，因为酒店之间的竞争实质上就是服务质量高低的检验。服务质量是每一个行业发展的关键，特别是以服务为主要产品的酒店行业，从它诞生的那一刻起，服务意识的强弱、服务质量的高低就成了它发展和进步的标志。加强和提高酒店从业者的服务意识，既是酒店发展的需要，也是服务本质内涵的延伸，更是推动酒店行业发展的根本所在。

第三单元

酒店服务礼仪实训

酒店服务礼仪是酒店员工为客人提供服务时，用以维护酒店形象和个人形象、对客人表示尊重友好，并以此为酒店赢取利益的行为准则和规范。它是一般礼仪在酒店服务中的运用和体现，但又比一般人际交往的礼仪更加丰富和具体。它不仅以对客人的尊重为基础，而且以提供优质的服务来体现这种尊重。

项目一　个人形象礼仪训练

任务一　仪容礼仪训练

一、实训目的

掌握酒店服务人员仪容修饰的基本原则与规范，掌握化妆的基本方法，根据岗位对个人容貌进行适当修饰，塑造积极的个人形象。

二、实训准备

洗脸盆、毛巾、梳子、束发带、化妆工具、化妆品、护肤品。

三、实训内容

（一）面部修饰

面部是一个人的“门面”，也是给人第一印象的重要窗口。作为酒店服务人员，应做到自己面部的洁净、卫生、自然。

1. 眼部、眉部修饰

眼睛是心灵的窗户，一个人的眼睛是否有神，往往反映了他的精神状态。酒店服务人员一定要注重眼部的修饰，让眼睛发出奕奕光彩，眼部修饰要洁净、卫生和美观。服务人员要注意及时去除眼部分泌物，注重眼睛的休息和健康，女性服务员在工作岗位上一般不提倡画眼影和用人造睫毛，酒店服务人员不能佩戴墨镜和有色眼镜上岗。

眉毛同眼睛一样，十分引人注目，有漂亮的眼睛就要配上漂亮的眉毛，眉部修饰要清洁和美观。作为服务人员，要及时检查自己的眉部是否清洁、是否有异物。每个人的眉毛形状不一样，要根据自己的脸型进行适当的修整。对于形状不美观的眉毛，可通过修眉或画眉方式弥补；对于稀疏或色淡的眉毛，可用眉粉补色。总之，眉毛应自然、大方、真实，一般来说，男士不要描眉，女士可以描眉，但最好不文眉。

2. 耳部、鼻部、口部修饰

耳朵虽然不太起眼，但作为服务人员，耳朵的干净和美观也很重要。要保持耳部的清洁干净，去除灰尘和分泌物，不在公共场合挖耳。女性服务员不戴耳环、不打连排耳洞。

鼻子是脸部的关键部位之一，鼻部修饰要干净和卫生，要保持鼻腔的清洁，鼻孔干净、不流鼻涕，经常修剪鼻毛，不把鼻毛外露，不当众揪拔鼻毛。

口部的清洁卫生对于酒店服务人员十分重要，因为服务人员需要经常和顾客进行语言沟通，要注意牙齿、口腔、嘴唇和胡须四个方面的修饰。牙齿要保持清洁和洁白，坚持三餐后刷牙，时刻注意牙齿上是否有异物。牙黄、牙黑应去医院或专业机构清洗牙齿，为防止牙齿色素沉淀，应该不吸烟、不喝浓茶。时刻保持口腔清洁和无异味，平时多漱口，酒店上班人员工作前，不喝酒，忌吃大蒜、大葱、韭菜等有刺激性异味的食物，口臭患者在与客人交谈时应保持一定的距离，切不可唾沫四溅。发现自己口腔有异味时，应用淡盐水漱口、嚼口香糖来去除异味，但不应在客人面前嚼口香糖。

嘴唇是口部的门面，酒店服务人员要注意唇部不要起泡、起皮、开裂，平时注意护唇。

男性服务人员要注意胡子的修饰，养成修面、剃须的好习惯，不留长胡子、不留形状奇怪的胡子，女性服务人员若有汗毛，也应注意修饰。

3. 皮肤修饰

皮肤被称为人的“第一名片”，皮肤能直接影响酒店服务人员的容貌。首先应了解自己的皮肤类型是油性、干性、中性、混合性还是敏感性。可以向化妆师、美容师咨询，也可以用三张干纸片放在额头、鼻子、脸颊上进行自我测试。不管何种皮肤，作为酒店服务人员，都应保持皮肤的光泽与弹性。发现自己的皮肤状态不好，应加强皮肤护理，包括洁肤、爽肤、护肤与特殊护理等。

（二）发部修饰

酒店服务人员应根据服务岗位的需要，选择与个人年龄、脸型、体型、服饰和气质特征相符合的发型，并依照酒店服务礼仪规范进行发部修饰，应做到：

（1）发部整洁。酒店服务人员应做到勤洗头，保持头发干净整洁无异味、无掉发或头屑等，定期修剪梳理头发。

（2）造型适当。酒店服务人员的发部造型应体现岗位气质，做到既美观、大方、整洁、方便操作，又与个人的气质、脸型、年龄相符合。男性服务员应做到“前发不覆额，侧发不掩耳，后发不触领”，但头发长度也不宜过短，不能剃成光头，更不宜留长发或大鬓角。女性服务员应做到“发不遮脸，刘海不遮眉眼，后发不过肩”，不宜留长披肩发或扎马尾辫，而应把头发盘起来。

（3）风格庄重。不宜使发型过分时髦、标新立异，不染太鲜艳的颜色，不使用过分鲜艳的发饰。

（三）肢部修饰

肢部也叫肢体，又称为四肢，包括手部和腿部，在服务工作中，手部和腿部是移动最多的部位，所以酒店服务人员一定要重视肢部的修饰。

1. 上肢的修饰

（1）手和手臂的保洁。手和手臂应该经常清洁，并做好保养与滋润，确定无泥垢、无污渍、无烟迹、无其他色彩，手不干裂、不掉皮、无冻疮。在工作岗位上双手不能乱用，如揉眼睛、掏鼻孔、抠鼻孔、剔牙齿、搔头发、抓痒痒、脱鞋袜，或是双手四处乱摸、乱捡地上的物品等。

（2）手和手臂的修饰。服务人员在修饰手和手臂时要注意：不留长指甲；保持指甲的清洁卫生，指甲缝中没有污垢；不涂彩色指甲油；不在手臂上刻字刻画；腋毛不能外露。

2. 下肢的修饰

脚部。酒店服务人员不允许光脚穿鞋子，也不允许穿过于暴露的拖鞋和凉鞋，根据岗位选择穿前不露趾后不露跟的皮鞋，并且保证脚部无异味。

（四）化妆修饰

化妆是指使用化妆用品所进行的仪容修饰。化妆一方面可以突出面部五官美的部分，另一方面可以掩盖或矫正不足的部分，因此，化妆是自尊自爱的表现，也是尊重他人的体现，在酒店行业，提倡服务人员化淡妆上岗。

（1）化妆的标准是淡雅、简洁、适度、庄重、避短。

（2）化妆的程序和方法。清洁皮肤、涂拍化妆水、打粉底、画眼线、施眼影、描眉形、上腮红、涂口红、修妆。

四、实训步骤

面部修饰实训

老师或有经验的化妆师挑选学生模特进行讲解和示范。

1. 眉部修饰

（1）根据不同的脸型，用修眉刀进行微调和修整。

（2）稀疏或色淡的眉毛，用眉粉进行简单弥补，棕、灰、黑色等。

2. 皮肤修饰

（1）洁肤。

①用水打湿脸部。

②取适量洗面奶于手心搓至起泡。

③从下巴向额头，用手指轻轻按摩 1~2 分钟。

④用清水洗净。

⑤用手巾或纸巾把水分吸干。

（2）爽肤。

①取一片化妆棉，把爽肤水倒在化妆棉上。

②把化妆棉上的爽肤水轻擦于脸上。

（3）护肤。

①取适量的护肤霜涂在脸上。

②用手指轻轻按摩皮肤，使护肤霜被完全吸收。

（4）特殊护理。

①深层清洁，使用磨砂洗面奶。

②敷面膜。

③撕下面膜洗脸。

④爽肤和护肤。

3. 发部修饰

（1）使用发胶、梳子、剪刀等，对男生发型做适当修整，做到“前发不覆额，侧发不掩耳，后发不触领”。

（2）使用梳子、发胶、束发带、盘头带等对女生发型进行盘头梳理示范，做到“发不遮脸，刘海不遮眉眼，后发不过肩”。

4. 化妆修饰

（1）用清水或洗面奶洁肤。

（2）护肤。

（3）涂隔离霜。

（4）涂粉底。

（5）画眉毛。根据不同的脸型和气质设计眉形，描眉。

（6）画眼影。先用浅色涂满眼睑，然后用深一点的颜色涂睫毛根和眼窝即可，如果想让眼睛更立体，还可以在眉骨下方涂点白色或浅色眼影。

（7）画眼线。

（8）修饰睫毛，涂睫毛膏。

（9）描画嘴唇，涂口红。

（10）涂腮红。

任务二　仪表礼仪训练

一、实训目的

让大家掌握基本的酒店服务人员的穿搭技巧和注意事项。

二、实训准备

男女士正装穿着、男士衬衣、领带、大镜子。

三、实训内容

（一）制服穿着礼仪

酒店服务人员根据工作岗位，会穿着公司配备的工装或制服，员工统一穿着不仅能塑造良好的精神面貌，还可以统一酒店形象。

（1）制服穿着的基本要求是整齐、清洁、挺括和规范。

（2）鞋袜的搭配。

①鞋子款式要与制服款式相协调。

②要保持鞋袜清洁。

③袜子应选择合适的颜色和款式。

（3）工号牌的佩戴。酒店员工工号牌是自己工作岗位身份的象征，也是酒店塑造整体形象的需要，员工每日上岗前应自觉佩戴工号牌于左胸上方，不歪斜、不破损，不佩戴他人工号牌，岗位发生变化时，及时更新工号牌。

（二）饰品佩戴礼仪

适度的饰品佩戴可以提升人的气质，增强着装的整体美感，达到锦上添花的作用。

酒店服务人员佩戴饰品应：以少为佳、同质同色、扬长避短、协调搭配和符合身份。

四、实训步骤

（一）基本穿着搭配

（1）老师选取模特，男女生各一名，进行正确的穿着搭配的讲解和调整，以此为范例。

（2）同学们以小组为单位，相互检查穿着是否正确，穿搭是否合理。

（二）打领带

1. 老师讲解并演示打领带的基本技法和注意事项

（1）平结。平结是男士打领带的常用方法之一，几乎适用于各种材质的领结。

（2）温莎结。温莎结是因温莎公爵而得名的领带结，是最正统的领带打法。其打出的结呈正三角形，饱满有力，适合搭配宽领衬衫。

2. 同学分成小组练习

相互检查、点评，老师点评打领带效果。

任务三　仪态礼仪训练

一、实训目的

酒店服务人员落落大方、自然得体的姿态和举止不但体现出服务人员良好的精神风貌和道德品质，同时也给客人以赏心悦目之感。因此学生应掌握正确的酒店服务人员的站姿、走姿、坐姿、蹲姿。

二、实训准备

实训场地、实训用品，学生和讲师穿着正装。

三、实训内容

（一）站姿

站姿是人在站立时的基本姿态，挺拔俊美的站姿给人以美感，酒店服务人员挺拔的站姿既体现了个人良好的精神风貌，同时也给人以积极向上的感觉。

1. 站姿的基本规范与要求

酒店服务人员规范的站姿应做到头正肩平、挺胸收腹、躯干挺拔、两眼平视前方、嘴角微闭、下颚微收、面带微笑。男士双脚分开与肩同宽或略小于肩宽，右手握左手手腕放于腹前（俗称“前腹式”），以示谦恭有礼；或右手握左手四指部位放于身后（俗称后背式），以传达自信和轻松。女士则可站成“V”字步或“丁”字步，右手握左手四指部位放于腹前。

2. 站姿禁忌

在服务工作中，酒店服务人员不得出现身体歪斜、弯腰驼背、趴扶倚靠、双腿叉开、手位不当、脚位不当、浑身乱动、半坐半立等不良姿势。

（二）坐姿

1. 坐姿的基本规范与要求

坐姿是在站姿基础上的一种姿态变化，酒店服务人员的坐姿应端庄稳重、自然大方，上体姿势与标准站姿要求基本一致，两腿放置方式可根据情况进行多种调整。如：男士的正襟危坐式坐姿、双腿交叠式坐姿；女士的双腿斜放式坐姿、双腿交叉式坐姿、双腿叠放式坐姿。

落座时应入座轻稳，注意顺序，讲究方位（左进左出），落座无声；臀部坐在椅子二分之一或三分之二处，双手自然搭放在椅子扶手上或腿上；离座自然稳当，先有表示，注意先后，起身缓慢，站好再走，从左离开。

2. 坐姿禁忌

酒店服务人员忌出现以下坐姿：双腿叉开过大、架腿而坐、双腿直伸出去、脚尖指向客户、用手触摸脚部、把手夹在腿间、上身向前趴伏。

（三）走姿

1. 走姿的基本规范与要求

规范的走姿应做到头正、肩平、躯挺、步位直、步幅适当、步速平稳。以端正的站姿为基础，双肩平稳，以肩关节为轴，双臂前后自然摆动，摆幅以 30~50° 为宜，手臂外开不超过 30°。上身挺直，挺胸、收腹、立腰、中心稍向前倾，提胯屈大腿带动小腿向前迈。注意步伐、步幅适当，步速平稳，一般前脚脚跟与后脚脚尖相距为脚长，男士每分钟 108~118 步，女士每分钟 118~120 步。

2. 走姿禁忌

酒店服务人员忌出现以下走姿：方向不定、瞻前顾后、速度多变、声响过大、“八”字步态、低头驼背、双臂左右摇摆、低头走路等。

（四）蹲姿

酒店服务人员在工作中，有时必须拾捡落在地上的物品和拿取低处的物品，下蹲时应大方得体。

1. 高低式蹲姿

下蹲时左（右）脚在前，右（左）脚稍后（不重叠），两腿靠紧向下蹲。左（右）脚全脚着地，小腿基本垂直于地面，右（左）脚脚跟提起，脚掌着地。右（左）膝低于左（右）膝，右（左）膝内侧靠于左（右）小腿内侧，形成左（右）膝高、右（左）膝低的姿态。臀部向下，基本上以膝低的腿支撑。

2. 交叉式蹲姿

下蹲时，右（左）脚在前，左（右）脚在后，右（左）小腿垂直于地面，全脚着地，左（右）腿在后与右（左）腿交叉重叠，左（右）膝向后面伸向右（左）侧，左（右）脚跟抬起，脚掌着地，两腿前后靠紧，合力支撑身体。臀部向下，上身稍前倾。

四、实训步骤

（一）做好实训准备

（1）准备实训场地。

（2）准备实训用品。

（3）学生和讲师着正装及规范的仪容仪表。

（二）教师讲解并示范

（1）高低式蹲姿。

（2）交叉式蹲姿。

（3）走姿。

（三）学生模拟练习

学生两人一组练习。

（四）相互点评

分组练习时教师录像，练习结束后，教师播放录像，每位同学自我评价，其他同学点评，教师点评纠错。

（五）检查总结

学生相互检查、点评，查找不足，教师点评实训效果。

项目二　日常交际礼仪训练

任务一　会面礼仪训练

一、实训目的

掌握日常会面时常用的称呼礼、介绍礼、握手礼、名片礼、鞠躬礼等基本行为规范，塑造良好形象。

二、实训准备

实训场地、用品、标准仪容仪表。

三、实训内容

（一）称呼礼仪

称呼是人们在日常交往中所采用的彼此之间的称谓语，是交际语言的先锋官。

在人际交往中，得体又充满感情的称呼，不仅反映自身的文化和礼仪修养，同时也是对他人的尊重，正确地使用称呼可以打开交际的大门。

1. 称呼的方式

（1）一般性称呼。一般对成年男性称呼“先生”，对未婚女性称呼“小姐”，对已婚女性称呼“夫人”“太太”；如果对女性婚姻状况不太确定，则称呼“女士”。

（2）工作式称呼。职业性称呼，如“医生”“会计”“律师”“老师”等，可在职业前加上姓氏，如“李医生”“张会计”等；职务性称呼，如“局长”“经理”“处长”等，可在职务前加上姓氏，如“李局长”“张经理”等；学衔性称呼，如“教授”“博士”“工程师”，也可在其头衔前加姓氏或姓名；姓名式称呼，在工作岗位上，对于同事、熟人可以采用姓名式称呼，如直呼姓名；只呼其姓、不呼其名，如“小张”“老李”等；只称其名，不呼其姓，这多用于同性亲密间，或上司对下属、长辈对晚辈的称呼。

（3）生活中的称呼。用敬称，对朋友、熟人可用代词“您”或“你”相称；用姓名称呼，对朋友和平辈的人，可用姓氏或姓名称呼。

2. 称呼的原则

称呼得体、尊重他人、入乡随俗。

3. 称呼的禁忌

（1）使用错误的称呼。误会、误读等。

（2）使用不通行的称呼。有的称呼具有地域性，如中国人称配偶为“爱人”，但在西方国家“爱人”指婚姻中的第三者。

（3）使用庸俗低级的称呼。

（4）使用绰号作为称呼。

（二）介绍礼仪

1. 自我介绍

（1）把握内容。根据交往对象和环境的不同，自我介绍也分为不同的形式。

①应酬式自我介绍。这是最简洁的自我介绍方式，往往只告诉交往对象姓名即可，如“您好！我是 ××”。

②工作式自我介绍。这包括介绍本人姓名、工作单位和部门、担任职务或所从事的具体工作等内容，如“我叫 ××，是 ×× 酒店的人力资源总监”。

③社交式自我介绍。包括姓名、单位、工作、兴趣、爱好、经历及与交往对象的某些熟人的关系等，如“我叫 ××，是 ×× 酒店的副总，和你们公司张总是大学同学”。

（2）注意时间。自我介绍时要选择适当的时机，最好选择在对方有空闲、有兴趣，不以打扰对方为宜；自我介绍要力求简洁，尽可能节约时间，为提高效率，可利用名片、介绍信借以辅助。

（3）讲究态度。自然、友善、亲切、随和，要面带微笑、落落大方、充满自信。同时也要实事求是，不过分谦虚，也不自吹自擂。

2. 他人介绍

（1）把男士介绍给女士。

（2）把职位低者介绍给职位高者。

（3）把晚辈介绍给长辈。

（4）把未婚者介绍给已婚者。

（5）把主人介绍给客人。

3. 集体介绍

（1）将一个人介绍给大家。当被介绍的双方地位、身份大致相似时，应介绍一人或人数少的一方，再介绍人数多的一方。

（2）将大家介绍给一个人。当被介绍的双方地位、身份存在明显差异，且地位、身份明显高者为一个人或人数少的一方时，应先向其介绍人数多的一方，再介绍身份地位高的一方。

（3）人数较多的双方介绍。被介绍的双方均为多数人时，应先介绍地位低的一方，后介绍地位高的一方，或先介绍主方，后介绍客方。

（4）人数较多的多方介绍。确定各方尊卑，由尊而卑，按照顺序介绍各方。

（三）握手礼仪

1. 握手方式

行握手礼时，可以使用单手相握，即见面双方各自伸出右手，四指并拢，拇指张开，肘关节微曲，手臂抬至腰部，上身向前微倾，两人相距约一步远，两手相握，上下轻摇，时间一般为 3~5 秒。

2. 握手神态

握手前，双方可打招呼或点头示意。握手时，要目视对方，面带微笑，并且寒暄致意，表现出关切、友好之意。

3. 握手力度

一般以不握疼对方的手为限。握手不必用力，轻握一下即可。

4. 握手顺序

（1）年长者与年轻者握手，应由年长者先伸手。

（2）长辈与晚辈握手，应由长辈先伸手。

（3）位尊者与位卑者握手，应由位尊者先伸手。

（4）女士与男士握手，应由女士先伸手。

（5）已婚者与未婚者握手，应由已婚者先伸手。

（6）社交场合的先至者与后来者握手，应由先至者先伸手。

（7）上级与下级握手，应由上级先伸手。

5. 握手时间

握手时间的长短应根据双方的身份和关系决定，不应过长或过短，一般正常情况下，全部的握手时间应控制在 3 秒以内。

6. 握手禁忌

（1）不要用左手与他人握手。

（2）不要在握手时争先恐后，以免造成交叉式握手。

（3）不要戴手套或墨镜与他人握手。

（4）不要争先出手与女士握手。

（5）握手时不要东张西望、心不在焉或面无表情、有气无力。

（6）握手时另一只手不要插在口袋里或拿着东西不肯放下。

（7）握手后不要马上擦拭自己的手掌。

（8）不要拒绝与他人握手。

（9）不要贸然伸手去握手。

（四）名片礼仪

1. 使用名片的礼仪

（1）索取名片的礼仪。交换法、明示法、谦恭法、联络法。

（2）递送名片的礼仪。

①选择恰当的时机。首先，在双方初次相识时；其次，双方交谈融洽时；最后，自己的公司或职位发生变化时。

②遵循正确的顺序。一般讲究位低者先行，即由地位低者、晚辈、男士先向位高者、长辈、女士递送名片。

③讲究递送的礼节。起立或欠身，面带微笑，注视对方，双臂自然伸出，四指并拢，用双手食指和拇指执名片的两角，名片正面朝上，双手递送名片。

（3）接受名片的礼仪。起立或欠身，面带微笑，注视对方，用双手接住名片的下方两角，同时致谢，默读名片内容，有不认识的字应当场请教。

（4）存放名片的礼仪。自己的名片应放于容易拿出的地方，建议用名片夹（不与杂物混在一起，不将别人的名片与自己的放在一起），若穿西装宜将名片置于左上方口袋，若有手提包可放于包内伸手可得的部位。

2. 使用名片的禁忌

使用名片时，不能以手指夹着名片给人；不能随手把玩别人的名片，更不能在别人名片上写写画画；不能用左手接名片；递接名片时应神态专注，不能同时忙其他事情；不随意涂改名片；商务名片不提供私宅电话；不印两个以上的头衔。

（五）致意礼仪

微笑致意、点头致意、举手致意、欠身致意、脱帽致意、拱手致意。

（六）鞠躬礼仪

鞠躬礼是中国的传统礼节，源于前秦时期。两人相见，弯腰曲身行礼，即为鞠躬礼。鞠躬礼也是日本、朝鲜、韩国最常见的礼仪。行鞠躬礼时，上身的倾斜程度可以在15°~90°，一般来说，角度越大表示越谦恭、越尊敬对方，这在日本表现得尤为突出。

行鞠躬礼时，行礼者距离受礼者 2 米左右，身体呈立正姿势，双腿并拢，目视受礼者，面带微笑问候，身体上部向前倾斜，视线随之下降，但脖子要直，双手自然下垂在身体两侧，或自然下垂平放膝前，而后恢复立正姿势。受礼者也以鞠躬礼还礼。长者、上级、女士在还礼时可以不鞠躬，欠身点头还礼即可。

（七）亲吻、拥抱礼仪

拥抱礼是欧美各国熟人、朋友之间表示亲密感情的一种礼节，多用于官方或民间的迎送宾客或祝贺致谢等场合。施礼时，两人相对而立，右臂偏上，左臂偏下，右手环抚于对方的左后肩，左手环抚于对方的右后腰，彼此将胸前各向左倾而紧紧拥抱，头部相贴。然后再向右倾拥抱，接着再做一次左倾拥抱而止。

亲吻礼也是西方国家常用的会面礼仪，它常与拥抱礼同时采用，即双方见面既拥抱又亲吻。由于双方关系不同，行礼时亲吻的部位也不同。长辈亲吻晚辈，应当亲吻额头；晚辈亲吻长辈，应当亲吻额或面颊；同辈之间，同性应当贴面颊，异性应当亲吻面颊；真正亲吻嘴唇的，仅限于夫妻或恋人之间，其他关系不能亲吻嘴唇。行亲吻礼时，特别忌讳发出亲吻的声音，或将唾液弄到对方脸上。

（八）合十礼

合十礼也称合掌礼，原是佛教徒的一种礼节，后来盛行于印度和东南亚国家。

施礼时，五指并拢，两手掌在胸前对合，指尖向上与鼻尖保持持平，手掌略向外斜，头略低，神情安详、严肃。此礼分为三类：

（1）跪合十礼。

（2）蹲合十礼。

（3）站合十礼。

四、实训步骤

（一）做好实训准备

准备实训场地、实训用品，准备仪容仪表。

（二）教师讲解并示范

（1）称呼礼仪：称呼得体。

（2）介绍礼仪。

（3）握手礼仪。

（4）名片礼仪。

（5）鞠躬礼仪。

（6）致意礼仪。

（7）亲吻、拥抱礼仪。

（8）合十礼。

（三）学生模拟练习

学生两人一组练习。

（四）相互点评

分组练习时教师录像，练习结束后，教师播放录像，每位学生自我评价，其他同学点评，教师点评纠错。

（五）检查总结

学生相互检查、点评，找出不足，教师点评实训效果。

任务二　交谈礼仪训练

一、实训目的

掌握了解酒店服务人员在工作中正确规范的交谈技巧，体验客人与接待人员的不同感受，提高前台接待和服务工作中的语言交流能力与沟通能力。

二、实训准备

实训场地、相关实训物品、人员着正装、录像设备。

三、实训内容

（一）交谈的原则

（1）态度诚恳、亲切。
（2）神情专注、自然。
（3）用语文雅、得体。
（4）音量适当、语气平和。

（二）交谈的礼貌用语

1. 称呼礼

（1）在社交场合，最为普遍的称呼是“先生”“小姐”“太太”“女士”。

（2）在日常生活或非正式场合，称呼应当自然、亲切，如“大爷”“大妈”“叔叔”“阿姨”“哥哥”“姐姐”等。

（3）当我们得知对方的姓名时，称呼前应加上姓名或姓，如“李明先生”或“李先生”以示尊重。

（4）在一般同事之间，可以将“老”“小”加在姓氏前，关系亲密的人，可以直呼其名而不称姓。

（5）称呼老师、长辈要用“您”表示尊敬。

（6）对于初次见面或相交不深的人，称呼要用“您”表示尊敬。

（7）老朋友、熟人见面，不必使用“您”，以免造成距离感。

（8）称呼任何人都要尽可能了解其民族习惯、地域特点，做到尊重对方，不伤害对方的感情。

2. 问候礼

（1）与交往对象初次见面时应说声：“您好，很高兴见到您。”

（2）不同时间段问候别人时说：“早上好”“中午好”“下午好”“晚上好”。

（3）探望病人时，使用恰当的问候语，如“您今天感觉怎么样？”“请多保重。”

（4）日常生活中，中国有些传统的问候语，“还没休息啊”“吃过了吗”“你出去啊？”表示对别人的关心。

3. 应答礼

（1）应对对方询问时，要全神贯注聆听，不要心不在焉。

（2）回答时应面带笑容，亲切热情，不能冷漠、反应迟钝。

（3）如果对方语速过快或含糊不清时，要亲切地说：“对不起，请您慢点说好吗？”不要急躁和不耐烦。

（4）当对方对你表示感谢或致歉时，要给予回应：“没关系，这是应该的”或“不客气”。

（三）交谈的技巧

学会赞美、富于幽默、善于倾听。

（四）交谈的禁忌

（1）交谈的内容应以双方共同感兴趣的或需要商量的事情为主。

（2）交谈中尽量避免提及对方的生理缺陷和以往发生过的不体面的事。

（3）切忌当众揭对方的隐私，交谈中避免这些敏感问题。

（4）尽可能帮对方挽回面子。

四、实训步骤

（一）分组，模拟客人电话咨询前台订房情况

物品准备：两部直拨分机电话、预订单、笔、电脑预订系统。

场地准备：一间能容纳 40 人的模拟实训室。

分组安排：学生 8~10 人一组，由教师先进行示范讲解，然后学生以组为单位练习。

注意事项如下：

（1）各小组学生两两组合，分别扮演预订员与客人，轮流练习。课后学生以小组为单位进行总结。

（2）在提拿电话时要注意轻拿轻放，以体现服务中的“三轻”原则。

（3）在接听电话时，语气委婉、语音清晰、语速平缓适中。

（4）训练全过程应体现“以客人为主”的原则，并运用礼貌用语，培养学生礼貌待客的良好服务意识以及灵活处理问题的能力。

（二）明确任务背景，设计对话内容

根据给定的情景，设计符合实际情况的对话，在语言上要突出礼节、礼貌，强调有效表达，具体要求如下：

（1）设计的对话符合角色身份。

（2）能恰当地运用礼貌语。

（3）会聆听：微笑、眼光交流、点头、欠身、记录、复述。

（4）能体现交谈的语言美、形式美、内容美。

（5）能运用一定的交谈技巧。

（三）小组演练，教师录像

各小组将事先准备的对话进行演练，教师跟踪进行录像。

（四）录像回放，进行点评

将同学们演练的录像进行回放，每位同学根据前面的设计要求进行自我评价，其他同学互评，教师点评纠错。

任务三　交往礼仪训练

一、实训目的

在具体的酒店事务活动中，作为酒店服务人员，和客户、供应商、友好单位都要进行交往，掌握得体礼貌的交往礼仪，对增进感情和提升形象十分重要。

二、实训准备

实训场地、实训用品、学生着正装、正确的仪容仪表。

三、实训内容

（一）拜访礼仪

1. 家庭拜访礼仪

（1）拜访前的准备。

①预约。随着现代生活节奏的加快，在走亲访友前应该事先预约，这是一个很重要的礼仪环节，它能有效避免扑空或主人正在忙等尴尬场面。

②仪表修饰。整洁的仪表服饰反映了来访者对主人的尊重。

③礼品选择。初次拜访或节日拜访，最好适当带些礼品，以增进感情。

（2）做客礼仪。

①按时到达。

②门前按铃。

③做客礼节。进门后，应先向主人问好，并向其他客人打招呼。按主人安排入座，并注意坐姿。

④适时告辞。拜访的时间不宜过长，当宾主双方谈完该谈的事情、叙完该叙的情谊以后，就应及时起身告辞。

2. 工作场所的拜访礼仪

（1）拜访前的准备。

①了解情况。拜访前，先了解对象的基本情况，如在单位的职务、主管工作、性格特征等。

②仪表修饰。

③访前预约。

（2）拜访中的礼节。

①敲门问询。

②问候、自我介绍。

③谢茶、谢座。

④控制时间。

⑤礼貌告辞。

工作中的拜访，一般不需要准备礼物。如果是为了向对方表示感谢或为了得到对方的支持，可以准备一些纪念性的礼品。

（二）迎送礼仪

1. 接待准备

如果来客是事先约定好的，就要做些准备工作，如自己的仪容仪表要整洁，接待环境要打扫整理，再购些水果、点心等，尽可能创造出良好的气氛。

2. 迎接问候

客人来了，主人应到门外热情相迎、亲切招呼，如果有其他成员在场，要一一向客人介绍，把客人迎进门，请客人上座。

3. 敬茶

客人入座后，主人应递上茶水、水果、点心等。

4. 陪客礼节

敬茶后，主人应坐在一旁陪同客人交谈。交谈的内容根据来访者的目的、身份、职业、兴趣而定，不要聊对方不熟悉或不感兴趣的话题。

5. 共同进餐

如果到了进餐时间，客人还没有走的意思，主人就应邀请客人共同进餐。

6. 礼貌送客

当客人准备告辞时，一般应真诚挽留，如果客人执意要走，也要等客人起身时，再站起来相送。送客时要把客人送到门口或楼下，与客人亲切话别，待客人走远后，再回身关门或上楼。客人刚出门就“嘭”的一声关门是极不礼貌的。

（三）馈赠礼仪

在人际交往中，为了沟通、巩固、加深相互的感情，根据情况接受或者赠送礼物，是一种常见的礼节。

1. 赠礼的艺术

（1）送礼的对象。这是送礼的首要问题，如果不分对象盲目送礼，会造成“物不达意”的后果。要分清受礼人是单位还是个人，如果是单位，就要了解该单位的性质、活动的目的等；如果是个人就要弄清其兴趣爱好、性格特点等，做到“因人赠礼”。

（2）送礼的目的。赠送礼品有各种各样的目的，如祝贺生日、乔迁新居、探望病友、答谢回赠等。

（3）送礼的方式。送礼的最好方式是亲自赠送，但随着生活节奏的加快，赠送礼品的其他方式也多起来，如邮寄赠送、托人赠送等。

（4）送礼的时机。

①给个人送礼的时机。传统节日和纪念日、喜庆之日、惜别送行、探视病人。

②给单位送礼的时机。开业庆典、上门取经、突然事件。

（5）礼物的选择。送礼时应尽量考虑对方的喜好。并非越贵越好，而是要诚心、合适。

2. 选择礼品的原则

（1）应能表达自己的美好祝愿和深厚感情。

（2）浸透着自己的汗水和心血的礼品最为理想。

（3）赠送礼品要有的放矢、合人心意。

（四）电话礼仪

1. 打电话礼仪

（1）做好相应准备。确认电话号码、单位名称、所找人的姓名和职务；若交谈的内容太多，则要记好问题的要点和次序；最后，备好记录所用的纸笔。

（2）选择合适的通话时间。

（3）注意起始语。例如“您好，请问 ×× 在吗？”

2. 接电话礼仪

（1）及时接听电话。若响铃时间太长，接起电话时应先向对方致歉：“对不起，让您久等了。”

（2）注意起始语。例如“您好！”再自报家门。

3. 电话交谈礼仪

（1）注意通话表情。虽然电话交谈不是面对面的，但是通话时的语音、语气和语调会直接影响谈话的效果。

（2）多使用礼貌用语。

（3）通电话要注意以下三点：

①电话交谈要简明扼要，尤其在工作场合，不能漫无目的地闲聊。

②电话交谈时注意力要集中，不能边听电话边做其他事，给人心不在焉的感觉。

③善于倾听，要让对方感觉你在认真地听着，以表尊重。

4. 挂电话礼仪

结束电话交谈时，一般应由拨打电话的一方提出，如果还没有结束谈话，就先挂断电话，会显得很不礼貌。接听电话的人在结束交谈时，挂电话要比对方晚 1 秒左右，放下话筒时一定要轻。如果对方的社会地位、职务比你高或较为年长，就应该等对方先挂电话，然后自己再轻轻地挂掉电话。

（五）用餐礼仪

1. 邀请礼仪

（1）邀请目的。邀请目的通常是多种多样的，可以是为一个人，也可以是为一个单位，还可以是为某一事件。邀请前，要先弄清楚目的是什么。

（2）邀请对象。邀请对象根据邀请目的来确定，可以是一个人，也可以是夫妻，也可以是一家人；可以是单位领导，也可以是部分代表或全体成员。

（3）邀请时间、地点。

①邀请时间尽量安排在宾主双方都较为合适的时候。

②邀请地点根据邀请的目的、对象、活动性质、规模大小及形式等因素来决定。

（4）发出邀请。

①发出邀请形式。邀请人发出邀请的形式分为正式邀请和非正式邀请两种。正式邀请既要讲究礼仪，又要设法使被邀请者备忘，因此多采用请柬邀请、书信邀请、传真邀请、便条邀请等。比较庄重、盛大的活动一般都使用正式的书面邀请书，也叫请柬。非正式邀请通常是以口头形式来表现的。

②发出邀请时间。邀请的时间一般以提前3~7天为宜，过早，客人容易忘记；太迟，会使客人措手不及，难以如期应邀出席。

③了解邀请回执。随请柬可以附上被邀请者是否出席宴请的回执，应要求对方在宴请时间的两天之前给主办方回信，便于主办方早做准备。

（5）菜单设计。在安排菜单时要对宾客的饮食禁忌予以高度重视。

①宗教禁忌。

②地方禁忌。

③职业禁忌。

④个人禁忌。

（6）桌次、座次安排。

①中餐桌次安排。正式宴会，席设两桌或两桌以上，应安排桌次。桌次的排列依照国际惯例，以右为上，面门为上，居中为上，（离门）以远为上，近台为上。桌次的高低还以距离主桌位置的远近而定，越近地位越高，反之越低。桌次较多时，应使用桌次牌，客人会按照请柬上的桌号对号入座。

②西餐桌次安排。西餐一般使用长台，台形一般有一字形、马蹄形、N形、T形等。宴会采用何种桌形，根据参会的人数、餐厅的形状以及主办单位的要求而定。

③中餐座次安排。中餐安排座次时，还应考虑多种因素，如身份大体相同，语言、专业及信仰相近者可以安排在一起；政见分歧大、关系紧张者应尽量避免安排在一起。

④西餐座次安排。西餐座次排列仍遵循男左女右、右高左低这个基本原则，并要注意考虑宾客地位、职务高低以及人事关系、政治形势等因素。

⑤桌次和座次告知。座次安排妥当后，应设法在入席前通知出席者，并在现场对主要客人进行引导。

2. 应邀礼仪

（1）答复邀请。接到邀请后，能否出席应尽快答复对方，以便主人做出安排。应邀或婉拒是接到邀请后做出的反应，都应讲究有关礼仪。

对于正式邀请，一般应立即回函或电话回复。应邀出席一项活动之前，要向宴请的主人核实活动举办的时间、地点，是否邀请配偶及对服饰的要求等。

（2）讲究仪表。出席宴会前，一般应梳洗打扮。女士要化淡妆，男士应梳理头发并剃须，正式场合的宴会和一般非正式场合的宴会都要注意着装。

（3）抵达准时。按时出席宴会是最基本的礼貌。出席宴请活动，抵达时间的迟早、逗留时间的长短，在一定程度上反映出对主人的尊重情况，应根据活动的性质和当地的习俗掌握。

3. 用餐礼仪

（1）餐前迎接。邀请者应根据宴请目的、性质等选择着装，在约定时间前半小时站在门口迎候宾客的到来，以显示对来宾的尊重与热烈欢迎。

（2）按位入座。应邀出席宴会活动，应听从主人安排。若是宴会，进入宴会厅之前，先掌握自己的桌号和座位号。入座时注意桌上座位卡是否有写自己的名字，不可随意入座。

（3）文明进餐。宴会开始时，一般是主人先致祝酒词。此时应停止谈话，不可吃东西，注意倾听。致完辞，主人招呼后，即可进餐。进餐时，要注意举止文雅，取菜时不可一次盛得过多。在给宾客让菜时，要使用公共餐具，切不可使用自己的餐具让菜。吃食物要讲究文雅，要微闭着嘴咀嚼，不可发出声响。

（4）席间交谈。坐定后，如已有茶，可轻轻饮用。无论作为主人还是陪客或宾客，都应与同桌的人交谈，特别是左邻右舍，不可只与几位熟人或一两人交谈。

（5）适时祝酒。作为宾客参加外国人举行的宴请，应了解对方祝酒的习惯，如为何人何事祝酒等，以便做必要的准备。碰杯时主人和主宾先碰，人多时可同时举杯示意，不一定碰杯。祝酒时不可交叉碰杯。

（6）礼貌致谢。正式宴会一般吃完水果后即结束，此时，通常先由主人向主宾示意，请来宾做好离席的准备，然后从座位上站起，这是请全体来宾起立的意思。一般以女主人的行动为准。告辞时应礼貌地向主人道谢。

（六）网络社交礼仪

1. 网络聊天的礼仪

（1）使用文明语言。

（2）尊重对方人格。

（3）保护对方隐私。

（4）慎用图案表情。

（5）慎发连环信息。

2. 发送邮件的礼仪

（1）格式要规范。

（2）标题要明确。

（3）邮件要安全。

（4）内容要精准。

（5）措辞要讲究。

（6）传送对象要正确。

（7）信息勿重复。

（8）日期要正确。

3. 发帖与回复的礼仪

（1）主题要简明。

（2）语言要文明。

（3）内容与标题相符。

（4）回复要文明真诚。

4. 微信使用礼仪

（1）关注他人。给朋友圈中感兴趣的人和事点个赞，这是一种风度，多赞别人才能得到更多的互动。

（2）及时回复。

（3）内容原创。

（4）要有节制。不要频繁地刷朋友圈，不要过度依赖微信，影响自己和别人的生活。

（5）合理规划。微信内容的规划要与个人年龄、职业、身份、爱好相符合。

（6）相互尊重。

（7）遵纪守法。

5. 微博使用礼仪

（1）语言文明，态度友善。

（2）端正心态，把握尺度。

（3）尊重隐私，帮助他人。

四、实训步骤

（一）电话礼仪实训

（1）做好实训准备。准备实训场地、实训用品、仪容仪表。

（2）教师讲解并示范。拨打电话礼仪、接听电话礼仪、手机礼仪练习。

（3）学生模拟练习。学生以小组为单位，自编情景剧，模拟进行不同场景接打电话的练习。

（4）相互点评。分组练习时教师录像，练习结束后，教师播放录像，每位同学自我评价，其他同学点评，教师点评纠错。

（5）检查总结。学生相互检查、点评，查找不足，教师点评实训效果。

（二）外出拜访客户进行会务销售

具体情境：酒店营销部的小王拜访 ×× 公司的王总，洽谈其公司系列会议、活动承办以及 1 月份举办年会的相关事宜。这是小王首次拜访王总。

（1）分组。两个同学为一组，分别扮演小王和王总。

（2）明确任务背景，设计对话内容。

①充分理解材料情景的要求。

②根据情景设计符合要求的对话。

③能根据拜访目的进行适当准备。

④在拜访中言行举止表现得体。

⑤能围绕主题与客户进行洽谈。

⑥能注意细节，达到拜访的效果。

（3）小组演练，教师录像。

（4）录像回放，教师点评。

（三）请柬设计

（1）确定请柬设计的目的。每四位同学为一组，确定请柬设计的目的。

（2）撰写策划书。依据设计请柬的目的、方法、要领、内容等。

（3）设计请柬。

（4）作品介绍。就请柬设计的创意来源和请柬的组成、颜色、名称、内容、样式做介绍。

（5）相互点评。

（6）总结得失。

项目三　酒店各岗位服务礼仪训练

任务一　前厅服务礼仪训练

一、实训目的

熟悉了解前厅的服务内容和流程，掌握其知识和技能。

二、实训准备

准备好实训场地、实训用品、相关人员服饰准备。

三、实训内容

（一）预订服务礼仪

1. 处理电话预订的服务礼仪

（1）准备充分，信息全面。预订人员应对酒店的产品和服务项目非常熟悉，尤其是一些营销推广活动。

（2）主动热情，态度友善。

（3）及时接听，称谓正确。在10秒内接起电话，主动问候对方，并报出酒店名称。

（4）仔细倾听，高效回复。预订人员应认真仔细倾听客人的预订需求，并对重点内容做记录，并和对方确认。

（5）真诚致谢，结束通话。

2. 处理信函或传真预订的服务礼仪

（1）回复要及时。

（2）措辞要适宜。

（3）文本要规范。员工应用酒店统一的格式进行回复，并注意字体、大小等。

（4）内容要准确。回复不能模棱两可。

（5）纸张要精确。选择与酒店品质和风格相适宜的纸张，是酒店自我形象的展示，也是对客人的尊重。

3. 处理网络预订的服务礼仪

（1）及时掌握预订信息。

（2）查看房态，了解能否满足顾客需求。

（3）仔细核对，发送订单信息。

（4）不断更新房态。保证客人得到最及时和准确的信息。

4. 处理现场口头预订的服务礼仪

（1）礼貌问候，热情接待。

（2）认真倾听，适时记录。

（3）快速反应，满足需求。

（4）核对预订，礼貌道别。

（二）外接客人的服务礼仪

（1）准备好外接客人所需的标志牌。

（2）提前到达指定地点做好准备。

（3）热情欢迎，主动帮助客人拿取行李。

（4）规范引导，服务客人安全上车。

（三）门童、行李员服务礼仪

1. 文明合理地引导车辆

散客通常乘坐出租车到达酒店，也可能自己开车来，团队客人由统一车辆接送，如果门童引导不及时、不到位，容易引起门前交通混乱。因此，门童在引导车辆时要积极主动、站位合理、姿势规范、指挥到位、服务周全。同时要注意语气和用语态度等。

2. 及时礼貌地迎接客人下车

车辆引导到位停稳后，要及时做好协助客人下车的服务。一要注意站位合理，提前观察客人位置；二要注意开门时的动作规范；三要注意主动问候客人，与客人能有眼神的交流；四要提醒客人带好随身物品，主动为客人拿行李。

3. 主动热情地提供行李服务

（1）情绪饱满，站位适宜。

（2）操作规范，保证完好。

（3）行李寄存，手续完备。

（四）礼宾（“金钥匙”）服务礼仪

“金钥匙”既是一个国家化的民间组织，又是一种专业化的酒店服务，同时也是对拥有国际金钥匙组织会员资格的酒店礼宾部员工的特殊称谓。他们彬彬有礼、经验丰富，专业知识技能突出，善于沟通，及时高效，是酒店服务水准和特色的体现。

1. 遇客礼仪

鞠躬礼、点头礼或注目礼在实际服务工作中都经常用得到。在行鞠躬礼时，不同酒店有相应的规定，15°~90° 在不同的服务场合都有使用。一般来说，初次见到客人，行 30°~45° 鞠躬礼比较常见。

在行进途中遇到客人时，应主动礼让客人先行，并伴随手势、语言和微笑礼仪。

2. 委托代办服务礼仪

（1）详细了解客人的要求。

（2）及时回复，竭尽全力办好委托事项。

（3）量力而行，诚实守信。客人的需求多种多样，当遇到一些事项的确无法满足时，应向客人耐心解释，不可盲目承诺。

3. 物品递送礼仪

（1）递送要及时，位置要准确。

（2）动作要规范，态度要热情。

（五）前台接待服务礼仪

1. 入住接待礼仪

（1）面带微笑，主动问候。在客流高峰时期，客人较为集中，接待人员应学会“接一顾二招呼三”，不忽视或冷落其他等候的顾客。

（2）热情询问，细心回答。客人有无预订在实际接待工作中的服务流程略有差异，因此，首先要主动询问客人的姓名、是否有预订、通过何种形式预订，以便通过电脑进行信息查询。

（3）快速办理，准确无误。

2. 结账离店服务礼仪

（1）态度和蔼，业务熟练。

（2）准备充分，快速准确。

（3）征求意见，礼貌道别。

3. 换房服务礼仪

（1）聆听要求，及时回复。客人入住后会因为卫生、朝向、噪声、设备、楼层等各种原因提出换房要求。不管客人的要求是否合理，接待人员都应认真聆听。同时，对于超出自己权限范围的要求，应立即向上级汇报。

（2）快速安排，减少等待。

（3）实施回访，征求意见。

（六）总机服务礼仪

1. 语言服务礼仪

（1）语调柔和，语气亲切。

（2）发音标准，语速适中。

（3）语言流畅，表达精练。

2. 接听电话礼仪

（1）及时接听，称谓正确。

（2）热情服务，认真回答。

（3）巧于终止，真诚致谢。应业务工作需要，话务员同一位客人的通话时间不宜过长，否则将会影响到为其他客人服务的机会。

3. 转接电话礼仪

话务员主动热情接听客人来电，问候客人后先自报家门，再询问客人的要求。当来电人提出将电话转接到某个房间时，应礼貌地询问其房间客人的姓名，核对无误后将电话转接到相应房间。

4. 电话叫醒服务

对于客人提出的电话叫醒服务，话务员应该认真做好记录，详细了解叫醒的时间、房号、客人姓名，并与客人进行确认，保证在约定时间进行电话叫醒，设置好自动叫醒时间。

（七）商务中心服务礼仪

1. 复印、打印服务礼仪

（1）环境整洁，设备完好。

（2）主动热情，技能熟悉。

（3）保证质量，按时完成。

2. 翻译服务礼仪

（1）遵从约定，礼貌守时。

（2）翻译准确，语调亲切。

（3）保守秘密，合作愉快。

（八）大堂经理服务礼仪

1. 处理客人投诉的服务礼仪

（1）态度诚挚，立场客观。投诉在酒店运营过程中是不可避免的，既有酒店硬件方面因素，也有服务等软件方面的因素，同时也有客人自身的原因。当投诉发生时，大堂经理应抱有积极的心态，真诚地为客人解决问题，立场要客观，不能消极应付，一味将责任归于店方或客方。

（2）耐心倾听，做好记录。投诉是一种发泄和倾诉，既有精神方面的诉求，也有物质方面的，投诉过程中客人难免出现情绪激动、言语过度的情况，因此要求工作人员要有充分思想准备，不打断客人话语，耐心倾听并做记录。

（3）征求意见，提出建议。当客人诉说完毕后，其投诉目的或想法已基本展现，大堂经理要快速从中发现客人投诉的原因和目的，形成初步的处理方案，并询问客人这样处理可否。

（4）加强跟踪，及时反馈。大堂经理与客人达成投诉处理意见后，应及时和有关部门协调采取措施，并及时和客人沟通，了解客人在过程中的反应。

2. 处理紧急情况的服务礼仪

这里的紧急情况主要指意外停电、客人突发疾病或受伤、自然灾害等事先无法预测的事情，大堂经理遇此类事情首先要保持镇定，准确判断发生了什么事，在哪里发生的，发生在什么人身上，是什么原因引发的，千万不要惊慌失措；其次要快速反应，措施得当，采取不同的处理方法，组织相关人员和客人配合处理；同时，还要安抚客人，监控结果，随时向高层领导反映情况，寻求更多支持和帮助。

3. 婉拒客人的服务礼仪

客人对酒店的要求各不相同，有的能满足有的不能满足。大堂经理如何沟通，有礼有节地满足客人的需求，礼貌婉拒不合理、非正当的要求，对于平衡顾客心理，维护酒店声誉十分重要。

首先，态度要和善，措辞要文明。对于客人提出的有一定合理性，但受条件限制的要求，工作人员态度一定要友善，选择合适的措辞婉言拒绝客人的要求，不要让客人觉得丢面子、没身份。

其次，理由要充分，建议要合理。对于客人提出的不合理的要求，应当保持冷静，切勿反应过激，鲜明而不失礼貌地婉拒客人的要求，建议客人通过其他途径进行。

四、实训步骤

（一）接收或发送传真服务礼仪

1. 准备工作

（1）礼貌问候客人的服务要求。

（2）将传真所需的传真纸双手递给客人。

（3）事先向客人说明有关传真的费用计算方法。

2. 发送传真

（1）发送传真时，要把账单号、传真号、传真纸张写在账单和传真登记表上，发送完毕后记录起始时间、所用时间，写在账单上。

（2）快速查询、核对客人的姓名及房号。

（3）如遇占线，礼貌地向客人解释，让客人不要着急。

（4）如客人约定了发传真时间，可告诉客人在约定发送时间后，会将客人的传真原件送回房间。

3. 备送原件

（1）入完账单后，应及时将客人文件送回房间。

（2）送回时，应将文件装进信封，并在信封上写上客人名字、传真页数、房间号等。

（3）打完信封后，记录好日期和时间、总的页数、接收还是发送，经办人签名。

（4）对于急需处理的传真，应及时同礼宾部联系，快速送回客人房间。

（二）文件打印服务

（1）查看客人原稿。

（2）介绍价格和完成时间。

（3）修改文件。如果客人需要对原来的文件进行修改，应将修改文件打印出来，让客人检查。

（4）文件存盘。

（5）入账。

（6）复印原稿。

任务二　客房服务礼仪训练

一、实训目的

掌握酒店客房部在客人到店之前、客人入住期间、客人离店后的礼仪规范和礼仪实操。

二、实训准备

实训场地、实训用品、人员着正装和规范的仪容仪表、提前准备好情景和台词。

三、实训内容

（一）客人抵店前的迎接礼仪

1. 准备工作

（1）了解客人情况。到店时间、离店时间、何地来、去何地、人数、身份、国籍、健康状况、性别、年龄、宗教等信息。

（2）房间的布置和设备的检查。是否按照客人风俗习惯、生活特点和接待规格布置房间；还应将酒店经理名片放在桌上；重要客人还要准备鲜花和水果；不同的习俗习惯做不同的准备。再对房间里的硬件设施进行逐一检查。

（3）迎客的准备。

2. 迎接礼仪

（1）楼梯口迎宾。

（2）介绍情况。介绍房间内设备使用方法、酒店服务时间和情况等。

（3）端茶、送毛巾。

（4）陪客人到餐厅。向其介绍饮食特点和收费情况。

（二）客人住店期间的对客礼仪

1. 客房服务中心服务员服务礼仪

客房服务中心服务员的工作礼仪，涉及接听电话礼仪、满足客人需求服务礼仪、处理客人遗留物品服务礼仪、突发事件处理礼仪等。

（1）满足客人需求服务礼仪。

①真诚待客，明确需求。

②认真记录，立即行动。

③跟踪结果，及时反馈。

（2）处理客人遗留物品服务礼仪。

①随时接收，如数保存。

②认真记录，不贪不占。

③积极查找失主，按程序返还。

2. 楼层服务员服务礼仪

（1）进出客房礼仪。

①敲门。

②进房。

③离开。

④特殊进房。对挂有“请勿打扰”标志的房间，在 14 时以前工作人员不进房打扫卫生，但若超过 14 时仍然挂有，则需要打电话给房间客人，若无人接听，则由大堂经理和工作人员一起进入查看是否有异常。也有可能是客人忘了摘牌。

（2）整理客房服务礼仪。

①打扫客房前，轻敲门得到客人的同意。

②打扫客房时，不得随意翻动宾客的物品。

③工作中不慎打坏杯盘时，应表示歉意并马上打扫。

④不放过任何一个细节，养成勤于检查的习惯。

（3）重要客人饮品服务礼仪。

①干净卫生。

②真诚问候。

③适时敬送茶点。

④姿势规范。

⑤符合习惯。

⑥正确使用肢体语言。

（4）向重要客人介绍客房设施设备服务礼仪。在接待重要客人时，根据酒店对 VIP 客人重要程度的划分，由客房部副经理、楼层主管到客人所在楼层的电梯口进行迎接，客人到房间后，服务员也要向客人介绍房间设施设备。

（5）访客接待礼仪。

①及时问候。

②确定身份。

③申明规定。

④得体处理。

⑤及时记录。

（6）擦鞋服务礼仪。原国家旅游局规定，四星级以上的酒店必须向客人提供免费的擦鞋服务。客房服务员通常在三种情况下为客人擦鞋；第一，客人吩咐；第二，客人将需要擦的鞋放在鞋框内；第三，发现客人鞋脏时，比如一些雨雪天气。

①及时服务。

②按时送还。

③保证质量。

（7）租借用品服务礼仪。为了满足不同客人的其他需求，酒店还需购置一些其他物品，为客人做准备。如旅游洁具包、电熨斗、烫衣板、变压器、针线包、烫发卷、防过敏枕头、婴儿床、空气除臭器等。

①主动服务，态度和蔼。

②及时送达，操作规范。

③申明规定，礼貌签收。

（8）客房迷你吧服务礼仪。原国家旅游局规定四星级以上酒店客房内需配备小酒吧，提供酒、佐酒食品等，这样既方便客人，也可以增加酒店收入。

①认真核查，随时补充。

②发现问题，巧于沟通。

③正确入账，给予凭证。

④保证质量，安全食用。

（9）客房洗衣服务礼仪。原国家旅游局规定三星级以上酒店需要给客人提供洗衣服务。

①及时收取，认真检查。

②按时送还，摆放整齐。

③如遇投诉，尽快解决。

（10）婴幼儿托管服务礼仪。托婴服务就是为住店宾客提供短时间照管婴幼儿的有偿服务。酒店一般不设专职人员照看，此项服务大多数由客房部有育儿经验的客房服务员承担。

①了解情况。如客人有此需求，需要提前3小时通知客房服务中心，并填写有关表格。

②认真看护。

③交接规范。

3. 公共区域清洁员服务礼仪

（1）公共区域卫生间清洁服务礼仪。

①着装整洁、规范。

②热情问候，主动帮助。

③留意宾客需求，主动服务。

④宾客离开时，服务员应当主动拉门，并热情道别。

（2）公共区域清洁服务礼仪。

①遇客热情问候。

②礼貌谦让。

③适时回避。

④主动服务。

4. 特色服务——贴身管家服务礼仪

贴身管家服务礼仪包括呈递名片礼仪、迎送客人服务礼仪、介绍客房设施设备服务礼仪、免费冷热饮服务礼仪、免费熨衣服务礼仪、客房送餐服务礼仪、完成客人交办事宜服务礼仪。

（1）迎送客人服务礼仪。

①准备充分，服务优质。

②迎客时，按引导服务礼仪引领客人至大堂门口。

③住店期间，为客人提供乘坐电梯服务礼仪，上下车服务礼仪。

④客人离店时，检查客人委托的事宜是否办好，客人消费账单是否转入收银部，帮助客人办理离店手续；帮客人拿取行礼，礼貌道别。

（2）介绍客房设施设备服务礼仪。主动介绍房间内的设施设备情况，还应主动了解客人对房间设备的其他需求，用笔记本记录，并主动办理。

（3）免费冷热饮服务礼仪。

①真诚问候。

②端送规范。

③温度适宜。

④用具得当。

⑤尊重客人习惯。

（4）免费熨衣服务礼仪。

①了解需要，认真记录。

②及时送取，准确无误。

③保证质量，跟踪反馈。

（5）客房送餐服务礼仪。

①送餐装备要求：简单的菜品可用托盘运送。

②送餐车干净整洁，推运自如。

③餐盘使用规范，菜品温度适宜。

④技能娴熟，操作有序。

⑤原则上，客人用餐两小时后收拾客房餐具，但要事先征得客人同意。

⑥介绍及时，尊重习惯。

（6）处理房内用餐特殊情况服务礼仪。

①发现问题，沉着应对。

②及时上报，配合解决。

（三）客人离店时的送别礼仪

1. 做好客人走前的准备工作

了解客人离店时的日期、时间，交通工具的车次、航班，所有委托代办事务是否办妥，账款是否已结清，有无漏错。

2. 客人离店时的送别工作

利用客人就餐时间，检查客人是否有物品遗留，如有要提醒客人。客人离开楼层时，要热情送到电梯口，热情礼貌地道别。应有一名服务员帮助客人提行李，并送至大厅。对老弱病残客人要有专人护送下楼，并搀扶上车。

3. 客人走后的检查工作

客人走后要及时进入房间，检查是否有遗留物品。若有要赶紧做出归还措施。还要检查房间内物品是否有所损坏，如有，立即报告主管。

4. 处理客人遗留物品服务礼仪

参考客房服务中心处理遗留物品的礼仪要求。

四、实训步骤

（一）客人到店之前的准备礼仪实训

（1）了解客情。认真阅读客情通知单，了解宾客姓名、职务、抵达时间、离店时间、入住房号等。

（2）掌握接待规格和要求。认真阅读客情通知单，掌握接待规格和要求。

（3）迎客准备。房间按酒店要求规格布置细节，检查有无不妥之处，关上房门，到电梯口迎接。

（二）客人到店时的迎接服务礼仪实训

1. 梯口迎接

（1）客人由行李员引领来到楼层，服务员面带微笑，热情招呼。

（2）如果事先得知客人的姓名，在招呼时说：“欢迎您，×× 先生。”

（3）服务员引领客人到准备好的房间门口，侧身站立，行李员用钥匙打开房门，请客人先进。

2. 介绍情况

（1）服务员首先向客人介绍房内设备及使用方法。

（2）服务员向客人介绍酒店服务设施和服务时间。

3. 端茶送巾

客人进房后，为客人送上茶水和毛巾。

4. 陪客人到餐厅

（1）为客人介绍餐厅的用餐区域、餐具摆放的位置、菜品特色。

（2）为客人介绍餐厅用餐时间和菜品上菜时间。

（3）为客人拉开餐椅，接待客人坐下，为客人整理摆放好餐具，递上菜单，介绍菜品。

（三）会客服务礼仪训练

（1）会客前的准备工作。问清要求，杯具干净、无破损。

（2）会客时的服务工作。规范操作，轻拿轻放，使用礼貌用语，礼貌退出。

（3）做好记录。记录准确，及时。

（四）客房小酒吧服务礼仪训练

（1）布置小酒吧。数量齐全，摆放整齐，冰箱无异味。

（2）检查。及时补充，确保小酒吧内的酒水、饮料和食品在有效期内。

（3）查核填写账单。客人使用过的小酒吧，要核对酒水单，未填写的要代为填写，耗用报账和补领手续完备，准确无误。

（五）送别服务礼仪实训

（1）做好客人走前的准备工作。了解客人离店的日期、时间、交通工具车次航班，委托事项是否办妥，账款是否结清。

（2）梯口送别。有礼貌地送客人出大厅和电梯，热情道别。

（3）客人走后的检查工作。迅速检查房间，是否有遗留和损坏。

（4）处理客人遗留的物品。确定客人是否有遗留物品，补充客史档案。

任务三　餐厅服务礼仪训练

一、实训目的

掌握了解中餐、西餐的摆台方式和服务礼仪，能承担中餐、西餐餐前、餐中、餐后的基本接待礼仪技能。

二、实训准备

准备好实训场地，实训用品、中餐和西餐的餐桌以及相应的餐具。

三、实训内容

（一）中餐服务礼仪

1. 餐前服务礼仪

（1）预订服务礼仪。

①预订基本知识。

预订方式。面谈预订、电话预订、电函预订、邮件预订、网络预订等。

预订内容。时间、地点、人数、桌数、标准、联系人姓名、联系方式、特殊要求、酒水要求、付款方式。

确认预订。

预订变更。

②零点预订服务礼仪。较多的为面谈预订、电话预订方式。

③宴会预订服务礼仪。问候客人，了解需求，接受预订。

（2）摆台服务礼仪。

①餐饮服务员基本规范与要求。需要具备基本的卫生规范，即服装整齐、仪态端庄、礼貌待客、健康达标、个人卫生良好。

②按照酒店技能要求，规范地进行中餐摆台。

（3）迎宾服务礼仪。

①站位及时。

②热情问候。

③了解客人。

（4）领位服务礼仪。

①掌握基本的领位服务礼仪要求。引领客人至餐桌前，帮客人拉椅让座，在包间内帮客人挂衣物、包包等，待所有客人入座，双手递上菜单。

②领位服务的技巧。根据客人人数安排相应的用餐位置；在遵循客人意愿的基础上再提出合适的建议供客人选择；对于先到的客人可引领至窗口或靠近入口的地方就座；对于带小孩的客人，应安排在入口通道两侧；对于打扮时尚漂亮的女性，可以将其安排在显眼的地方；对于来餐厅的情侣，可安排至安静幽雅的地方；对于老弱幼妇或行动不便者，应主动搀扶。

（5）点菜服务礼仪。

①点菜服务基本礼仪要求。客人点菜时，站在客人左侧，腰部稍弯，和客人保持一定距离；认真倾听客人所点的菜品名称；神情专注，有问必答，主动推销；学会复述客人点的菜品；主动问询客人是否需要酒水。

②点菜服务基本技巧。根据客人饮食喜好、居住地点为其点菜；根据客人消费能力为其点菜；根据菜肴的搭配为其点菜；根据就餐人数为其点菜。

2. 餐中服务礼仪

（1）上菜服务礼仪。

①上菜位置。不要选择主人和主宾旁边，且要避开孩子和老人。

②上菜程序。冷菜—热菜—炒菜—大菜—汤菜—点心—水果。

③上菜礼仪。上整鸡、整鸭、整鱼时，不要把鸡头、鸭尾、鱼脊朝向主宾，应将鸡头、鸭头朝向右边；在上第一道热菜时，应将热菜转至主宾的面前；在上有图案的菜肴时，如孔雀、凤凰，应将菜肴的正面朝向主宾。

（2）摆菜服务礼仪。

①摆菜位置要适中。

②摆菜突出主菜。

③摆菜注意主宾位。

④摆菜讲究造型。

（3）分菜服务礼仪。

①分菜工具。刀、叉、筷。

②分菜姿势。左手托菜盘，左脚向前半步，上身侧斜前倾。

③分菜。协助正副主人分菜，用大汤匙、大号刀叉和筷子，分菜时站在主人右边。

（4）撤换盘服务礼仪。

①撤换盘服务时机。客人用完冷菜、上热菜之前；荤菜与素菜交替食用时；用完汤汁浓厚的菜后；上甜点与水果前。

②撤换盘服务礼仪。注意礼貌；不拖曳，不当着客人面擦脏盘，不把汤汁溅到客人身上。

③换餐具服务礼仪。用不同类型的酒，更换相应的酒杯；凡是装过鱼类的餐具，上其他菜前更换餐具；吃甜菜、甜汤前更换；弄脏了餐具及时更换；餐盘中骨头杂物较多时及时更换。

3. 餐后服务礼仪

（1）结账服务礼仪。

①准备结账。客人用餐完毕，及时递上香巾，提前准备好账单。

②将账单交给顾客。

③不同支付方式的结账。信用卡、支票、现金、手机支付结账。

（2）送客服务礼仪。

①客人有意离开餐厅时，按照四先原则，先主后宾、先女后男、先老后幼、先主要后一般。

②提醒客人带好个人物品，并进行检查和巡逻。

③值台服务员将客人送到餐厅门口，礼貌道别。

（二）西餐服务礼仪

1. 西餐餐前服务礼仪

（1）摆台服务礼仪。

①西餐便餐摆台。先在台上放上垫布，在垫布上铺上桌布，然后摆放餐具，主要分美式餐具摆放和法式餐具摆放。

②西餐宴会摆台。餐盘居中，盘前横匙，叉左刀右，先外后里，刀口朝盘，饮具在右。

（2）点菜服务礼仪。

①西餐点菜顺序。头盘、汤、副菜、主菜、蔬菜类菜肴、甜品、饮料。

②西餐点菜服务礼仪。笑脸相迎，礼貌问候，拉椅让座，立刻递上酒单，为每一位客人倒上水；如客人不确定点什么菜，应向其推荐；记录客人所点菜品，并对客人复述确认。

③西餐点菜时的诀窍。首先应该先点餐前酒，再决定是要套餐还是单点；单点的话，在餐点结束后，可以再加点甜点、水果、咖啡等；根据菜点分量和食用量点其他菜肴，以免浪费。

2. 西餐餐中服务礼仪

（1）西餐上菜服务礼仪。

①上菜顺序。面包、黄油、冷菜、汤、海鲜、主菜、甜点心、咖啡和水果。

②上菜方法。首先为客人上面包和黄油；根据顾客所点菜肴类型，摆好餐具；应从顾客右侧，用右手将菜肴送上；主料摆在靠近顾客的一侧，盘中配菜远离顾客一侧；每上一道菜，都应首先提供斟酒服务；顾客盘中刀叉如果并排横放在盘中，无论盘中是否还有菜肴，都表示顾客不再吃此菜，可以撤下了。

（2）西餐分菜服务礼仪。

①分菜工具及使用方法。工具有服务叉一把，服务匙一把，切肉刀、叉各一把。使用方法是匙和叉的柄在手掌中，叉的底部靠在匙柄上，用手指控制来夹取食物。

②分菜顺序和方法。先宾后主、先女后男的顺序。方法是将菜先装入一个小盘内，由服务员从左侧派菜，每人一盘，菜放正中。

③分菜注意事项。掌握其数量，分派均匀；切勿用同一勺、叉给两个顾客分菜，更不能从已经分派得多的盆或碗中，匀给分派少的；动作轻快，手法卫生。

（3）西餐斟酒服务礼仪。

①西餐斟酒方法。每斟一种酒，应将前面所用的酒杯与即将要用的酒杯调换位置，再斟酒。顺序是先女主宾后男主宾，接着是主人，再按座次斟酒。

②礼仪要求。先帮客人敷上餐巾，请客人选择需要的饮品。一律从客人右边斟酒。在客人用餐过程中，根据客人的酒水饮用情况随时斟酒。

③特殊技巧。有些酒水饮用时需加冰块或兑入苏打水、冰水等。

（4）西餐撤换餐具服务礼仪。

①撤换餐具时机。当客人将餐刀、餐叉并放在一起，汤勺纵放在汤盘里后，方可撤盘。

②礼仪要求。每吃一道菜即要用一副刀叉；撤盘前，观察顾客的刀叉摆法；撤盘时，左手托盘，右手操作，先从顾客左侧撤下刀叉；在顾客未离开餐桌前，桌上的酒杯、水杯不能撤去。

3. 西餐餐后服务礼仪

（1）结账服务礼仪。

①结账服务流程。接受结账要求—核对账单—为宾客结账—解释账目—信用卡或现金结账—感谢宾客。

②结账服务方式。一种是让客人亲自到收银台付款，另一种是由服务员提供结账服务。

③常用结账付款方式。现金、信用卡、餐券、签单、手机支付付款。

④注意事项。勿让顾客等太久；将账单账面朝下或朝内对折，放在帐盘内呈送给顾客；当客人取钱时，服务员不得靠近桌旁，以免顾客产生压迫感。

（2）送客服务礼仪。送客服务流程：帮助宾客拉椅、与宾客道别、整理台面三步骤。

四、实训步骤

托盘基本技法：

1. 理盘

（1）根据所托物品选择清洁合适的托盘。

（2）使用抹布和消毒液将托盘擦拭、消毒。

（3）如果不是防滑托盘，则在盘内垫上洁净的垫布。

2. 装盘

（1）根据物品的形状、体积和使用先后合理安排。

（2）一般重物、高物放在托盘里档，轻物、低物放在外档。

（3）先上桌的物品在上、在前，后上桌的物品在下、在后。

（4）要求重量分布均匀，重心靠近身体。

3. 起盘

（1）起托时，应将左手和左肘放到与托盘同样的平面上，用右手慢慢将托盘移至左手上，托住盘底。

（2）小臂与大臂垂直于左胸前，平托略低于胸前。

4. 行走

（1）行走时要头正肩平，上身挺直，目视前方。

（2）脚步轻快稳健，精力集中，随着步伐移动。

（3）右手自然摆动。

5. 卸盘

（1）到达目的地，要把托盘平稳地放在工作台，再安全地取出物品。

（2）用轻托的方式给客人斟酒时，要随时调节托盘重心，勿使托盘翻倒。

任务四　会议服务礼仪训练

一、实训目的

掌握了解会议布置礼仪、会议进行期间的服务礼仪，做好会议开始前的准备工作和服务接待工作。

二、实训准备

实训场地、相关实训物品、人员着正装，规范的仪容仪表、会议厅会议桌、事先编排好的情景剧和台词。

三、实训内容

（一）会议布置礼仪

1. 环境布置礼仪

干净整洁，无卫生死角；空气清新，温度适宜；照明适度，光线柔和；装修适宜，个性鲜明；设备齐全，安静舒适；检查到位，运行良好。

2. 会场内部布置礼仪

（1）根据需要确定是否要准备会标。布质会标使用完毕后很难再次使用，因此现在很多酒店会选择使用投影的方式突出主题，既节约又环保。会标的内容要言简意赅、主题突出，以不超过 13 个字为宜。无论是电子还是布质会标都不应出现错别字、字体大小不一的情况。

（2）根据会议要求合理摆放台形。会议台形形式多样，有长方形、圆形、U形、课桌形、多边形等，在具体摆放过程中，应根据会议主办方的要求，结合场地情况进行摆放。

会谈台形的布置礼仪。会谈双方或多方就某些重大的政治、经济、文化、军事问题交换意见，可以是洽谈公务或具体业务洽谈。一般采用长条桌和扶手椅，主方与客方相对而坐；如果是多方会谈，可采用圆桌或方桌。台面中间可以摆放绿色植物、鲜花或其他装饰物，与主题和季节相适应。桌子的朝向，根据房间的结构，可与门对应，也可平行，位置要居中。椅子的摆放要对称，主人和主宾的座位居中摆放。

会见台形的布置礼仪。会见在国际上一般称接见或拜会。会见的场地在装饰布置方面较一般会议室规格要高，房间可大可小，背景墙突出，主宾分列就座，客人坐在主人的右方，翻译员、记录员坐在主人和主宾的后面，其他人员根据身份高低就座。

签字仪式的会场布置礼仪。布置背景，突出主题。签字桌的摆放有两种形式：第一种是双方签字代表各坐一桌；第二种是共同使用一张桌子或拼桌。签字仪式所需的文本要提前准备，摆放规范；如果有来自不同的国家或组织，在签字桌中间正前方摆放各国旗帜。

会议用品摆放礼仪。酒店还要为每位参会人员准备好相应物品和用具，如便签、圆珠笔、铅笔、饮料茶水、毛巾等。在摆放酒店便笺时要检查纸张是否完好、大小是否一致；杯垫上带有酒店标志，能对酒店起宣传作用；茶水杯和饮料放在杯垫的中心，杯子要干净整洁、无指纹；摆放席位卡时，要和会议举办方要名单，核对名字无错别字等；提供干净、样式一致的小毛巾供来宾使用；需要摆放鲜花时要选择无毒的鲜花，符合季节和会议主题。

3. 迎接客人的服务礼仪

准备工作完毕后，服务人员进行自查，同时查看现场，确保各项工作到位。检查完毕后，以饱满热情的状态在会议室门口准备迎接宾客的到来。若需要签到，事先准备好签到台、签到表、纸和笔等。对客人微笑致意，表示欢迎。

（二）会议进行中的服务礼仪

1. 茶水服务礼仪

（1）当客人到达入座后再提供茶水服务。

（2）上茶时手法要卫生，动作要规范。

（3）倒水、续水动作规范，时机适宜。

2. 茶歇服务准备充分，服务到位

当客人来到茶歇休息室时，服务人员要主动上前问候客人，欢迎客人随意品尝，视客人需要及时提供服务，如添加茶水、食品，撤换客人用过的餐具、用具等，保持整个区域的干净卫生。客人离开后，及时清理餐台、用具，清扫场地。

3. 会见与会谈服务礼仪

客人即将到达前，服务人员调整好自己的工作状态，站在会议室门口迎候客人，精神饱满，微笑真诚。客人陆续抵达后，及时上茶、送毛巾，动作规范。

活动进行过程中，如客人提出减少服务次数和人员，应遵循客人的要求，不偷听，退至门外，关上房门。

当客人结束活动离场时，主动提供电梯服务，礼貌和客人道别。之后收拾场地和用品。

4. 签字仪式服务礼仪

当参加签字仪式的双方代表到达后，服务人员要及时上前，礼貌问候，规范引导，提供拉椅让座，照顾其他人员按序就座。若举办方为庆祝签字仪式及活动举办成功，要求提供香槟酒服务，服务人员应事先准备好托盘、香槟酒，分别站立在签字桌两侧 2 米处等候，端托姿势要美观，手法要正确，切勿发生酒杯翻倒的情况。

如果举办方要求酒店提供助签人员，那么助签人员应分别站在签字代表的外侧，协助翻签文本，指明签字处。

签字完毕后，如果客人需要合影留念，应协助客人做好相关工作，比如拍照等。之后礼貌送别客人。在酒店会议服务过程中，不乏政界名流、娱乐圈名人、商界大腕，服务人员要严格遵守酒店职业道德规范，保密会议内容和他人隐私，不得私自偷拍发于网络等。

四、实训步骤

组织一次两个班的主题联欢会：

（1）做好会议前期的准备工作。根据本模块的学习内容及相关要求，结合会议的主题，做好会议前期的准备工作，如时间、地点、参会人员、会议的经费预算等内容。

（2）按时组织召开会议。明确人员分工，做好会议期间的主持、接待及相关服务工作。

（3）会议结束后的收尾工作。整理会议场地；收集信息，了解参会人员的意见反馈。

（4）组织讨论。针对会议的整体情况分析成功与不足之处，提高会议的组织与服务能力，形成一个完整的活动记录过程。

第二篇

技能篇

第四单元

前厅服务实训

任务一　前厅认知

一、实训目的

通过实训，对前厅服务内容及要点有感性认识，并能熟练组织材料进行问讯服务及酒店简介。

二、实训要求

熟悉前厅五大服务（问讯、预订、礼宾、接待和结账）的基本内容；熟悉口头问讯服务程序及要点；能依据材料完成酒店简介及酒店问讯的书面介绍。

三、实训内容

（1）前厅服务认知。

（2）酒店简介的制作及应用。

（3）问讯材料的组织。

（4）问讯服务的基本程序。

四、实训步骤

（一）前厅认知

酒店前厅是客人对酒店的第一印象及最后印象所在，在现代化的酒店中前厅往往被认为是整个酒店的核心部门，无论是在前厅硬件设施还是员工素质上，或者在管理手段上都要求高于其他部门，因此前厅的管理已成为酒店管理的重要组成部分。

1. 酒店前厅的概念

酒店前厅通常设在酒店的大堂，前厅部则是负责推销酒店产品与服务组织、接待工作、业务调度的一个综合性服务部门，前厅部在酒店管理中具有全面性、综合性和协调性，所以前厅部是酒店的一个不可缺少的核心部门，酒店前厅具体负责的工作主要有客人订房登记、客房状况控制、客人账务的结算与审核，以及前厅综合性业务管理。酒店前厅部的任务具体地讲有以下七项主要任务：

（1）问讯及信息服务。

（2）预订服务。

（3）接待服务。

（4）客账管理（包括收银）。

（5）礼宾服务。

（6）客人信息管理。

（7）其他服务。

（二）问讯服务程序

1. 核心及准备

核心：以友善热情的态度为客人提供准确、全面的信息服务。

准备：收集酒店内外相关信息，并整理成文（此处要求学生分组协作、制定信息、收集目录，并按目录整理好相关信息成文，让每位同学熟悉信息内容）。

2. 服务规程

（1）准备工作。

首先要查看交接班记录，问清接班事宜。

整理好所有的表单，并检查各类信息资料是否完整。

通过接待处了解当天会议发生情况及会务组房间和各场地租赁情况，了解饭店最新动态，以便能及时、准确地向客人提供准确信息。

了解当天 VIP 宾客到达信息。

（2）有关操作要求。

应具备应有的知识和良好的记忆能力，信息提供准确，简明容易理解。

应具备助人为乐的品质和良好的服务意识，对于客人的提问应简洁、明了、亲切而准确地回答。

对宾客的询问，如自己不清楚，不应回答“不知道”，而应说“请稍等，我去查一下”或“对不起，我帮您问一下”，不能未经任何努力断然回绝客人。

回答中注意内外有别原则，属不应作答范围的问询，应有礼貌地回绝，不泄露不应提供的信息。

（3）查询酒店或地方资料。

对熟悉的情况，随问随答。

对不清楚的问题，请客人稍等，查询后给予答复。

对不清楚并且一时查不到的信息，向客人说明，并请求谅解，或转交大堂经理处理，或记下客人姓名、房号及询问内容，待查询后回复客人。

经查询后仍无法解答的问题，仍要回复客人并向客人道歉。

（4）查询康乐、购物、医疗：熟悉酒店所在地康乐设施、购物及医疗概况，并提供咨询服务。

（5）收集信息资料：随时收集客人感兴趣、经常查询的信息资料列入知识手册。

要求学生按分组目录进行，规定情景模拟一组，然后随机指定情景，按应变场景模拟一组，每次模拟完毕都进行点评和记录。

课后要求学生按组提交问讯服务要点报告。

（三）酒店简介

酒店简介是酒店工作中用于介绍酒店的重要宣传工具，酒店简介的实训就是要让学生通过对模拟酒店基本情况的了解、筛选，以适合的形式书面表达并能随时进行精准的口头描述。

具体实训步骤：

（1）指定浏览各大酒店集团官网，让学生总结出酒店简介的要点、语言风格及表达注意事项。

（2）提供模拟酒店基本情况，带领学生制作中英文双语的酒店简介。

（3）按小组汇报制作过程，并口头进行酒店简介。

（4）适时讨论及分析，提出改进方案。

（5）课后提交经过改进的酒店简介双语材料及工作总结。

任务二　报价及预订

一、实训目的

（1）熟悉酒店房间及房价类型；能制作符合规范的报价单，进行相应报价。

（2）能根据宾客预订咨询的不同方式，灵活运用所学知识，按照正确的方法和程序为宾客预订客房。

（3）能根据宾客咨询的问题，了解宾客的需求，正确回答宾客的问题，提出符合宾客要求的预订建议。

（4）能与宾客良好沟通，获取关键信息，并成功进行客房预订。

（5）能够按要求进行后续跟进的各项工作（预订更改、取消等操作）。

二、实训要求

熟悉预订基本类型、服务程序及要点；能制作规范的酒店房价表；能独立完成散客预订。

三、实训内容

（1）酒店房价表的制定。

（2）几种散客报价方式。

（3）预订服务规程。

四、实训步骤

（1）实训预备：分组准备房价表（Tariff）和预订单（Reservation Form）（可以参照教材的表格和样式）。

分析房价表的要点及预订单的要点：

房价表要点主要是房间类型、相应的房间价格、酒店关于房价的一些规定（有关入住及结账的规定，例如过了中午 12 点需不需要加收房费、是否按小时计费等）。

预订单的要点是预计抵达的时间、离开的时间；客人的姓名及联系方式、预订人的姓名及联系方式；所订房间的类型及价格、有无特殊要求；付款方式的确认等。

（2）要求学生按模拟情况制定纸质房价表及相应的纸质预订单；进行小组汇报，说明制作要点及亮点。讨论并提出改进意见，要求按改进意见进行整改，并将之作为下一步实训的核心材料。

（3）实训 1：每个同学根据自己小组制作的房价表进行口头报价，教师按组进行指导及点评。

（4）实训 2：每个小组以情景模拟的方式，分别进行电话预订、当面预订和书面预订（或网络预订）的练习，并按组进行当面表演汇报。课后按组提交房价表、预订单及各类情景模拟总结报告。

（5）实训 3：以预订单为中心，学生自主设计，进行婉拒预订及更改 / 取消预订的操作。

五、注意事项

（1）鼓励学生自制房价表和预订单，可以参照各大酒店集团网站相关页面及教材所列表格样式。有意识引导学生进行要点分析。

（2）注意房间类型、价格及报价之间的逻辑联系，必须熟悉价格和类型才能做好报价及预订工作。

（3）注意服务规程中语言礼仪的重要性，同样的意思应该如何用规范语言表达，需要及时提醒学生，并引导他们认识到其中的重要性。

（4）所有情景模拟必须注意仪容仪表的检查和强调。

（5）本单元所有实训都需要按纸质材料和情景模拟的前提进行，不进行任何电脑系统的操作，以达到突出重点、引导学生思考的目的。

任务三 散客接待

一、实训目的

通过散客入住接待实训，相关服务人员应掌握接待有无预订的散客入住、准确回答宾客相关的信息咨询、协助宾客办理入住手续所需要的理论知识、应用技能，能够顺利完成散客入住的工作任务。

二、实训要求

熟练掌握所学理论知识与技能，按照训练内容规范、准确操作，注意有预订的散客入住服务与无预订的散客入住服务的差异点，做到准确、正确、规范。

三、实训准备

清楚地了解迎宾礼仪、接待流程、登记程序、送客进房和资料存档。

了解酒店营业当天的房态，查看房态盘，准确掌握营业日当天以及最近一周的客房周转情况。查看酒店预订系统，了解营业日当天宾客离店后酒店客房出租情况以及未来一周的预订住宿情况等，做好应对无预订的散客入住的准备工作。

熟悉酒店客房不同房型的中文名称、英语称谓与缩写，做到向国内和国际宾客准确介绍客房种类，以便建议宾客改变住房类型。

准备好登记入住工作可能需要的书写工具、登记单等，以备使用和查询。

四、知识要点

（1）宾客的散客入住要求能否得到酒店受理，受以下几个方面因素的影响：

①酒店房间状态。

②宾客预订情况。

③宾客到店时间。

④宾客付款方式。

⑤宾客身份核实。

（2）掌握了这些信息，前台预订员便能判断宾客的预订情况与酒店客房的可供状况是否吻合，从而决定是否可以立即办理接待入住。如果宾客有预订，询问宾客姓名，找出预订单，复述宾客的预订房间、数量、离店时间并与宾客核实有无变更；如果宾客没有预订，问清宾客所需房间类型及有无特殊需求。对于第一次光临酒店的宾客，要主动将房间按照价格由高到低的原则向宾客做简单的介绍和推销。宾客确定房间类型后，迅速在电脑上查看房间动态，以及时告知宾客可否入住。

（3）宾客走进大厅，礼宾员询问宾客是否有预订并引领至酒店前台处。前台服务人员得知宾客的预订情况后，开始为宾客办理入住。确认宾客的预订信息，核实宾客的证件信息以及照片是否与本人相符，确定方便宾客的押金支付方式后，将房卡与其他证件一并交予宾客，随后前厅部的礼宾部帮助宾客搬运行李并将客人引领至客房，完成散客入住的接待服务。

五、实训步骤（情景模拟）

1. 问候宾客

宾客走到前台，服务人员主动问候宾客。

操作要领：

宾客走向前台，服务人员主动、热情地打招呼。

面带微笑，仪态端庄大方，声音柔和，语调适中，富有亲和力。

2. 确认宾客需求

使用标准用语主动询问宾客需求，并获得宾客的答复。

重点是需要确认客人有无预订，有预订的话，找出预订单，确认相关信息；没有预订的话，需要与宾客沟通之后帮助宾客选择和确定住宿。

3. 确定宾客信息及付款方式

需要查阅宾客的证件，并核实确认入住宾客证件的信息，如照片、姓名、性别等。确认宾客的入住信息后，询问宾客的付款方式并告知押金数额。

4. 安排好房间，制作房卡，准备早餐券等其他要件

入住手续办理完毕后，将房卡、早餐券、POS 小票、信用卡、客人证件双手一并交给客人（按照前面顺序有序摆放，对客人来说最重要的放在最上面，押金单垫在最下面），并询问是否有其他需要。

5. 指示电梯位置，祝宾客居住愉快

以标准服务礼仪手势指示宾客酒店电梯所在的位置。如宾客有行李，指示行李员将宾客的行李送至客人房间，并通知客房部宾客所在房号、人数以及宾客的特殊要求。

6. 后续跟进

根据登记资料及时准确地将宾客的具体信息通过电脑预订系统补齐并建立客史档

案。将宾客的资料按照要求装订，与电脑系统核实后，放入相应客账夹中，住宿登记单一联放入本班结账夹中。

六、注意事项

（1）注意礼仪礼貌，注意面带微笑和事事主动。

（2）注意处理房价争议时以事实为基础，突出价值，不要与宾客耽于争辩。

（3）注意根据宾客的国籍或地区使用恰当的称谓。

（4）注意办理入住手续的效率与效果，有意识安抚宾客要求快速办理的焦虑。

（5）特别注意确认宾客信息及付款方式。

任务四　从入住到结账（电脑系统操作实训）

一、实训目的

从宾客入住到结账的电脑操作的实训，主要训练几个环节：一是宾客信息的录入与核对；二是付款方式的确认与客账的建立与入账的操作；三是换房、折扣处理及过房费等常规性操作；四是结账操作。

二、实训要求

灵活运用所学知识，按照训练内容正确操作，注意区分不同宾客的类型。

三、实训准备

了解操作系统相关模块操作的基本要求。

熟悉基本房态在电脑中的基本表现及操作要点。

熟悉酒店收款的基本方式，如现金支付、信用卡支付、旅行支票、公司支票等，在收款的时候要核对宾客现金的真伪、信用卡的信息、支票的支付方式。

清楚地了解酒店账户的类型，以便对不同的宾客建立不同的账户，从而生成账单。

四、知识要点

预收押金是收款的基本操作，一般按照宾客预计住宿天数收取，若宾客需要在酒店餐厅签单，则需要适当多收一些押金。

换房操作时需要特别注意房价、房型的变动；折扣操作时需要特别注意折扣范围（只是房费还是包括其他费用）及获得折扣的时间（自入住之日起还是从签字批准当日起），并进行相应操作。

注意电脑操作与纸质表格之间的相互印证关系，电脑记录的变更都需要有书面材料的支撑。

五、实施步骤

（一）预订建账

1. 散客建账

问候宾客。

核实宾客的订房信息（区分散客、团体或网上订房者）。

复述宾客的预订信息，并根据宾客的预订信息为其办理入住手续。

根据房间的价格以及宾客的入住时间，对宾客收取相应金额的押金。

确认宾客的押金支付方式，按照宾客选择的方式办理，办完之后将授权单同其他手续单一并交给宾客。

在电脑上输入宾客信息及押金数目。

2. 团体建账

问候宾客，找到关键联系人（导游或负责人）。

核实宾客的订房信息，并根据宾客的预订信息对其进行入住手续办理。

询问团队的领队关于单位账目记录情况。

3. 注意事项

要清楚地告知宾客押金数额及其使用规则，并耐心地解答宾客的疑问，注意态度随和。

（二）入住入账

按照宾客的要求，打开电脑系统的宾客账单，核对宾客的姓名、付款方式及在店的消费情况（如果是手动操作，需从账袋中取出宾客的入住登记单、预订金收据）

收银员将各部门汇总过来的挂账宾客签单对应到相应宾客的账目中，如果发现宾客的消费已经接近或超过了预付押金，应及时通知宾客前来办理补付押金手续。

与宾客核实信息后，将宾客的签单费用输入到电脑系统中（如果是手动操作，就记入“宾客分类账户”中，并结算出借方、贷方小计数和余额），同时在账单上盖“附件”印章后放入宾客账袋内。

如果宾客对消费款项有疑问或不清楚之处，须及时与相关部门经办人联系，解决相关事宜，给宾客答复。

要清楚地告知宾客的相关消费，并记入相应的账目。如果宾客有疑问，应耐心地解答宾客的疑问，注意服务态度随和。

（三）住店期间的电脑操作（换房、夜间核算）

（1）换房时需要明确换房原因，若不是非常必要，一般都不要轻易为客人换房。换房操作需要填写换房纸质单并获得相关主管人员批准，通知行李员实施换房过程；然后再在相应电脑页面上操作。操作时需要注意房间状态，拟入住的房间应该是 VC 房，而换入后变更为 OCC 房；原来入住的房间在换房后应该变更为 VD 房。虽然电脑系统自动会变更房态，但需要特别提醒学生注意。

（2）每天营业结束后由前厅夜班人员或财务部相关人员进行夜间核算工作。其中，需要特别注意的是房费的过账，过账之后若有客人入住，需要进行手工入账；在模拟操作中，因为没有营业结束的统一过账操作，因此在模拟结账操作前往往需要特别对要结账的房间进行过房费的操作，以让房费入到应该结算的账目中。

（四）离店结账

1. 散客结账业务

宾客走到前台，前台接待员主动、热情地与前来退房的宾客打招呼。得知宾客退房要求后，确认宾客的姓名，核实宾客的房间号后在系统中搜索出宾客账单。

通知客房中心该房间的宾客退房，与客房服务人员保持密切联系，请查房人员检查房间内物品损失情况以及迷你吧酒水的使用情况，以确认宾客在房间内是否产生了其他消费。

收回宾客的房卡，确认宾客是否发生过其他消费，进而保证宾客的所有费用都已入账。

告知宾客账单金额，并将消费账单给宾客过目，如无疑问，请宾客在账单上签字，并立即办理结账手续；如果宾客提出质疑，则需立即联系相关部门核实，对怀疑款项给予解答。

询问宾客结账方式是使用现金还是刷卡，并为宾客开出发票。如果是现金支付，需要查看押金条。并当场与宾客点清现金以确保无误；如果是信用卡，在刷卡前应检查信用卡信息是否完整、无误后方可刷卡。

整个操作按电脑系统提示页面和步骤进行，注意打印收据，要求客人签字确认账单，并且应宾客要求开具发票。

2. 团队结账业务

团队结账时，由于宾客较为集中，为保证账款结算清楚、及时，收银员需在团队离店的前一晚一一检查团队总账和分账，将其编制在离店团队一览表上。

前台服务人员一般要在团队离店前半小时将该团队的所有账单取出，以便宾客结账。

团队办理退房时，应及时与团队领队联系，请领队对账单予以核实，保证及时顺利地结清团队的所有账款。

如果团队的总账单由旅行社或公司结算，请团队领队签字确认；如有自付的费用，请宾客个人结清（通常会有领队告知哪笔款项是由团队内的个人结算）。

3. 注意事项

宾客刷卡消费时，核实宾客的消费总额是否超过宾客信用卡的最高额度，如超额，应向银行申请授权。

使用信用卡结账的宾客结账时，服务人员要首先确认宾客押金的支付方式是现金还是信用卡授权。如果是现金支付，应将宾客的消费总额用信用卡刷卡支付，而将宾客用于押金的支付现金退给宾客；如果是信用卡授权方式，应先取消宾客的预授权，再按照正常方式进行结账。

任务五　其他服务（礼宾服务）

一、实训目的

通过宾客迎送、行李服务及委托代办的训练，工作所需要的知识、技能和步骤，能够顺利完成礼宾服务的各项工作任务。

二、实训要求

灵活运用所学知识，按照训练内容正确操作；分别进行情景模拟（宾客迎送）、流程演练（行李服务）和任务设计（委托代办）三个方面的训练。

三、实训步骤

（一）宾客迎送（情景模拟）

1. 门童迎车

站在指定位置，精神饱满，注意力集中。看见车辆驶进酒店，门童应使用规范手势示意司机将车停在指定位置。待车停稳后，门童应主动上前为客人开启车门，左手拉开车门，右手挡在车门框上沿，为宾客护顶，以免宾客碰到头部（此时应注意，有两类宾客不可护顶：一类是佛教徒，另一类是伊斯兰教徒）。宾客下车时，门童应向宾客问好，对酒店的常客和 VIP 宾客表示欢迎，应以姓氏称呼。宾客下车后，门童应关闭车门，并提醒宾客清点行李，要特别注意出租车车座上是否有物品遗漏，并记录下出租车车牌号以备查询。示意行李员上前为宾客搬运行李，必要时门童应协助行李员一起搬运。宾客走到距离酒店大堂 2~3 米处时，门童应主动拉开大门并扶稳，一手拉门，一手背在身后

（若酒店大门为自动门或旋转门，则应注意宾客进出情况，防止意外发生），同时面带微笑，向宾客问好。

2. 机场代表

出发前的准备：列出所需信息（包括当天所有需要接机服务的宾客的信息、航班信息或车次信息）；确定宾客的到达时间，随后根据酒店与机场、车站的距离及途经道路的交通状况确定出发时间；填写好接机牌；检查通信工具是否正常，确保随时与相关部门联系；详细了解酒店当天的预计出租率，会议、团队入住情况，VIP和可售房型，以便途中回答宾客的相关咨询或房型更改的要求。

接机接站：在航班／车次抵达前10分钟，在出口处显眼位置举牌等待，要注意姿态端庄、精神饱满、面带微笑。宾客抵达后，先代表酒店向宾客表示欢迎和问候，随后根据抵店宾客名单确认宾客身份。待宾客到齐后，帮助宾客确认并清点行李，检查行李的破损情况，挂好行李牌。

在去往酒店的途中，机场代表可向宾客介绍当地和本酒店的概况，协助做好入住登记手续，与酒店接待处联系，通知到店时间、宾客人数、行李件数等。

到达酒店后，引领宾客到总台办理入住手续，与行李员交接行李，并做好记录。

（二）行李服务（流程训练）

1. 散客抵店行李服务

行李员站在指定位置，仪表端正、精神饱满、注意力集中。看见车辆停稳后，主动向宾客问好并表示欢迎，注意使用礼貌用语。

将宾客的行李从车辆上取下，检查行李有无破损后清点行李数量，并与宾客确认。

清点行李过后，根据行李的件数决定是手提还是使用行李推车。在装运行李时，以大件、重件放于底部，小件、轻件放于顶部为原则，同时请宾客手拿自己的贵重物品，如电脑、相机、公文包等。

指示宾客前台方向，宾客在办理入住手续时，行李员应站在宾客的后侧位置（3~4米）等待其把手续办理妥善。

待宾客办理完手续后，主动从前厅接待员手里拿过房卡，帮助宾客拎行李并带领宾客至电梯处。如果宾客需要行李推车，询问房号并请宾客先去客房，行李员随后将行李送至房间。

乘坐电梯时，电梯门打开后应右手挡住电梯门，请宾客先进入电梯，行李员随后进入并按楼层键。乘电梯过程中，注意与宾客的交流。电梯到达后，请宾客先出电梯。

到达房间门口，先轻敲门3下以确定房间内没有人，再打开房门引领宾客进入房间。

开门后，打开总开关，请宾客进入。将行李放在行李架上或者按照宾客的要求放在指定位置。宾客需要时，介绍房间内相关设备设施的注意事项及使用方法，比如空调调节开关、冰箱及小酒吧的使用方法、电视机的使用方法、卫生间以及热水器的开关等。

离开房间前向宾客询问有什么需要帮助的。如果没有其他要求，向宾客道别并祝宾客愉快，随后迅速离开，并将房门轻轻关闭。

填写散客入住行李搬运记录。填写时注意字迹清楚、填写规范、内容详细。

2. 散客离店行李服务

酒店行李员站在大厅的相关位置，观察从大厅走过的宾客，随时等待为宾客提供服务。

如有准备离店的宾客需要行李搬运服务，前厅部或者客房部会通知行李员房间号，行李员迅速赶到房间为宾客搬运行李。

到达宾客房间时，先按门铃再轻轻敲门，得到宾客允许后方可进入。

将宾客的行李清点完毕后拿到酒店大堂处，等待宾客到前台结账。

送别宾客。行李员等待宾客办理完手续后，指示宾客离开酒店的方向，并将行李清点后放于车内，随后向宾客道别，并祝宾客旅途愉快。

填写散客离店行李搬运记录。填写时要求字迹清楚、填写规范、内容详细。

3. 团体抵店行李服务

行李员站在指定位置，仪表端正、精神饱满、注意力集中，看见车辆停稳后，主动向宾客问好并表示欢迎，注意使用礼貌用语。

团队到店后，由领队和行李员确认行李件数，检查行李的破损情况，然后清点完毕后填写行李登记单，并将行李牌置于箱子上。

将行李集中在酒店大堂的侧边，等待团队登记办理入住手续。

待宾客分房后，准确地将宾客的房间号码写在行李牌上，以便分到宾客的房间。

将行李准确无误地分配到不同的房间。要注意以楼层为单位进行运送，而且行李车上的物品不宜过多过重，以免压坏宾客的行李。

到达房间后，轻轻敲门3下，并说“您好，行李员”。宾客开门后，行李员按照宾客的要求将行李放在指定位置。

送完行李后，将每间房间的行李件数确认登记在团队行李登记单上并存档，已备核实。

4. 团队离店行李服务

酒店行李员依照团号、团名及房间号码到楼层收取行李，与宾客确认行李件数。

将所有行李运到行李部，检查无误后，在行李进出登记单上签字，并将表别在行李上。

等团队的车辆到达之后，行李员协助宾客将行李搬运到车辆上。

最后由行李主管签字并将填写齐全的行李进出登记单存档。

5. 行李寄存服务

宾客要求寄存行李时，前台工作人员要核实宾客身份。如果是非住店宾客，应委婉谢绝；如果有特殊原因需要寄存的，需经由当班主管或领班同意后方可办理。

行李员与宾客核对行李件数，检查行李外观是否有破损，同时提醒宾客将贵重物品随身保管，易燃易爆物品以及危险品不予寄存。确认无误后，填写行李寄存卡。

将寄存卡的提取联交给宾客，提醒宾客妥善保管，并拿此提取联前来提取行李。

行李员将宾客的行李有秩序地摆放整齐，方便宾客领取。如果宾客有多件行李，应摆放在一起，易碎物品应挂上“小心轻放”的标签。

宾客取行李时，行李员与宾客核对行李寄存卡信息，无误后方可给宾客行李。如宾客丢失寄存卡，行李员要核实宾客的身份信息，并要求宾客写下行李已取的证明。

6. 注意事项

行李服务主要训练服务流程，可以先将流程环节和重点内容整理后让学生熟悉，并按组进行流程环节演练。

（三）委托代办

要求学生按组设计宾客要求进行委托代办的项目，然后进行项目策划及实施（委托代办项目可以由各小组学生自行决定，合理合法即可）。

第五单元

客房技能实训

项目一　客房部概述

任务一　客房部基础知识、机构设置

一、实训准备

事先联系实训基地，确定时间，对实训进行详细安排；要求统一着装。

二、学习要求

按照实训任务要求学生掌握以下知识技能：了解客房部在酒店经营中的地位、作用及客房的主要任务以及客房部的机构设置。

三、实训方法

示范讲解。

四、实训内容

（一）指导老师引领学生认识客房概念、地位和主要任务

1. 客房部概念

美国拉斯维加斯 MGM 的一位客房部经理曾经这样说过："客房是酒店的心脏。除非客房的装修完好、空气新鲜、家具物品一尘不染，否则你将无法让客人再次光顾。"

客房部又称房务部或管家部，是负责酒店客房产品的生产，向客人提供良好的住宿环境和热情周到的住宿服务的部门。客房是酒店的重要组成部分，是客人住宿的场所，是酒店经济收入的主要来源部门之一，其经营管理直接关系到酒店和员工的收益。

2. 客房部地位

（1）客房是酒店存在的基础。酒店是向旅客提供生活需要的综合服务设施，它必须能向旅客提供住宿服务。而住宿必须有客房，从这个意义上讲，客房是酒店存在的基础。

（2）客房是酒店组成的主体。一般来说，在酒店建筑面积中客房占0.7~0.8，酒店的固定资产绝大部分也在客房，酒店经营各种活动所必需的物资、设备和物料用品，一大部分在客房。所以，客房是酒店的主要组成部分。

（3）客房是酒店经济收入和利润的重要来源。酒店的经济收入主要来源于三部分：客房收入、饮食收入以及综合服务设施收入。其中客房收入是酒店收入的主要来源，并且较其他收入稳定，占约一半份额。另外，客房的经营成本比其他部门都低，所以其利润是酒店利润的主要来源。

（4）对酒店服务质量的影响。客房是客人在酒店中停留时间最长的地方，因此，客房的卫生是否整洁、服务人员的服务态度是否热情周到、服务项目是否周全丰富等，对客人有着直接影响，是客人衡量价与值是否相符的重要依据，所以酒店客房的服务质量对整个酒店的服务质量以及酒店的声誉有着重要影响。

3. 客房部的任务

（1）保持房间干净、整洁、舒适。这就要求客房服务员每天检查、清扫和整理客房，为客人创造良好的住宿环境。客房部除了保持客房的清洁以外，通常还要负责酒店公共场所的清洁工作。

（2）提供热情、周到而有礼貌的服务。除了保持客房及酒店公共区域的清洁卫生以外，客房部还要为客人提供洗衣、送餐、接待来访客人、为客人端茶送水等热情周到的服务。

（3）确保客房设施设备时刻处于良好的工作状态。这就要求必须做好客房设施设备的日常保养工作。

（4）保障酒店及客人生命财产安全。客房员工必须具有强烈的安全意识，平常应保管好客房房卡，做好房卡的交接记录。一旦发现走廊或客房有可疑的人或事，或有异样的声音，应立即向上级报告，及时处理，消除安全隐患。

（5）负责酒店所有布草和员工制服的保管及洗涤工作。除了负责客房床单、各类毛巾等的洗涤工作以外，客房部通常还要负责客衣和餐厅台布、餐巾等的洗涤工作。此外，酒店所有员工制服的保管和洗涤工作也由客房部统一负责。

（二）了解客房部组织机构

1. 客房组织机构和岗位设置的原则

酒店内各部门的组织机构是改进管理职能、开展经营活动、完成酒店下达的计划任务的一种组织形式。根据客房管理的工作任务，客房部门组织机构的建立及岗位的设置应遵循专职分工、统一指挥及高效能的原则。

（1）分工协作原则。客房部各个机构和岗位要有明确的工作职责，以便各司其职。每一个岗位的人员应该有明确的职责和明确的上下级隶属关系，科学的分工能够提高工作效率。同时，各岗位之间要加强协作，只有分工没有协作的结构，不可能成为一个有效的集体。酒店规模越大，专业分工越细。为了共同的目标，各岗位的协作也变得越来越重要。

（2）高效畅通原则。部门内部各机构和岗位的沟通渠道要畅通、逐级分层负责、权责明确，需要充分发挥各级人员的积极主动性，提高工作效率。

（3）统一指挥原则。客房部要有完善的垂直逐层指挥系统，上一级机构要按部就班、有效地指挥和检查下一级员工的工作，使全部门的员工工作形成合力，产生较高的工作效能。

2. 客房部组织机构和岗位设置图[①]（见图5–1）

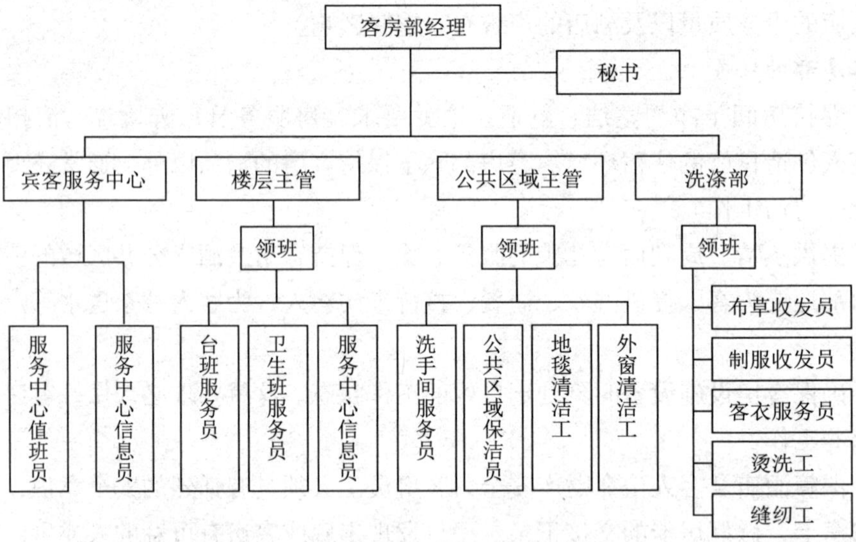

图5–1　大中型酒店客房部的组织机构

① 注：图表来自陈丹红《客房服务实训》。

任务二　认识客房设施设备

客房是客人在饭店逗留期间的主要活动场所，这就要求饭店合理地设计客房产品，保障客人及饭店的利益。

一、客房设计的基本原则

客房是生活的室内环境，综合反映客房室内环境的基本原则就是安全、健康和舒适。

1. 安全性

安全性首先表现在对火灾的预防上。为此，客房设计时应考虑以下防火措施。

（1）设置火灾报警系统。烟感报警、温感报警与自动喷洒报警是当前常用的早期报警系统。其中，烟感报警对烟雾反应最为灵敏，温感报警的误报率最低，自动喷洒报警除报警外还能发挥早期防止火灾蔓延的作用。

（2）减少火荷载。火荷载是指饭店内可燃烧的建筑材料、家具、陈设、布件等的总和。客房设计时应尽量采用难燃或不燃的建筑、装修材料。

除了对火灾的预防以外，饭店客房设计时还应注意保护客人的隐私。客房是客人休息的场所，要求安静、不受干扰。

2. 健康性

环境直接影响人的健康。噪声公害威胁人的听觉健康；照度不足影响人的视觉健康；生活在全空调环境内，如新风不足、温湿度不当会损害人的身体健康。因此，在客房设计时，必须重视噪声、室内照明和空调设计，控制视觉、听觉和热感觉等环境刺激。

3. 舒适感

客房是客人休息的场所，也是客人在饭店停留时间最长的地方，因此，客房的设计一定要使客人有方便、舒适感。提高客房的舒适度可以从以下几个方面考虑：

（1）空间尺寸。一般来讲，客房的面积越大，舒适度就越高。对一个双床间而言，国际上流行的房间宽为 3.6~4.2 米，长为 7.6~10 米。饭店客房净高通常应为 2.5 米以上，剖面中，净高 2.5 米与房间宽 3.6~4.2 米所形成的比例为 1.44~1.68，是接近黄金分割的矩形剖面比例，利于形成亲切、舒适的客房空间气氛。

（2）家具的摆设。客房家具摆设是否得当，是否有利于客人行走和在房内的生活起居需要，也会影响客房的舒适感。21 世纪的饭店注重实用功能，客房的设计、家具的摆设一定要给客人以方便、舒适之感。

（3）窗户的设计。客房窗户是为了采光、日照和通风，但与观景也有直接关系。面对绚丽风光，窗户越大越能感到环境之优美，舒适感越强，因而有的高层饭店客房设计落地玻璃窗，使客房与环境融成一片。窗户距离地面不宜太高，通常不应高于0.7米，这样，客人坐在房内沙发或椅子上，就可较好地观赏到窗外景色。窗户的大小还应考虑饭店所在地的气候条件。一般来讲，炎热地区的饭店宜大，以便使客人有视野开阔、心情舒畅的感觉。而位于寒冷地区的酒店窗户则宜小不宜大，以便客人在客房内有温暖、舒适、亲切之感，同时还可以在一定程度上为酒店节省能源。当然，窗户的设计也不能千篇一律。

（4）装修风格。满足客人需求心理的客房装修风格，可分为两大类：一类希望客房符合客人本人的生活习惯与水平，走进客房如同回到家中一样方便舒适；另一类则希望客房能够继续感受新鲜有趣的异族文化。因此，饭店在进行客房设计装修时，应充分考虑这两方面的要求。

二、客房类型

一般酒店的标准房间类型设置大概有如下几种，当然根据酒店档次不同，其房间类型的设置、房间内部的装潢也存在差异。

1. 单人间（Single Room）

一般面积为16~20平方米的房间，内由卫生间和其他附属设备构成。房内设一张单人床。这种房间经常被酒店作为经济间或特惠房推出，起到招徕客人的作用。

2. 标准间（Standard Room）

房内设两张单人床，这样的房间可住两位客人，适合旅游团体住用。在一些高端酒店，为给客人提供更舒适的房间，还会把两张单人床改为两张双人床。

3. 商务间（Business Room）

房内设两张单人床或一张双人床，一般情况房内都是可以上网的，甚至直接在房间设置电脑，办公条件比较完善，以满足商务客人的需求。

4. 豪华间 / 高级间（Deluxe Room）

房内也是设两张单人床或一张双人床，只是房间的装修、房内设施比标准间档次高，其价格也比标准间高一些。

5. 行政间（Executive Room）

多为一张双人床，此类型房间集中于某一楼层，即行政楼层，楼层设立独立的接待处，并配有专用的商务中心、咖啡厅，为客人提供早餐和下午茶服务。

6. 套间（Suit）

由多个房间组成，可分为普通套间、双套间、组合套间、多套间、复式套间、高级套间等类型。

三、熟悉普通标准卧室客用物品配置标准（见表 5–1）

表 5–1 普通卧室客用物品配置标准[①]

位置	物品名称	数量	摆放要求	备注
床上	床罩	1 条		
	毛毯或被子	1 条		
	枕芯	一对（大床 2 对）		
	枕套	一对（大床 2 对）	按床的整理和铺设要求放置	
	床单	2 条或 3 条		
	褥垫	1 个		
	床裙	1 条		
床头柜	便袋	5 个		
	笔（多用铅笔）	1 支		
	“请勿在卧室吸烟”卡	1 张		
	“常用电话号码”卡	1 张		
写字台	台灯	1 盏	台灯放在左上方，服务指南可用架子立着放，烟灰缸在左边，火柴放烟灰缸上，台面要整洁	服务指南也可放在服务夹内或抽屉内
	服务指南	1 本		
	烟灰缸	1 个		
	火柴	1 盒		
茶几	茶盘	1 个	茶杯、热水瓶、茶叶盅放在茶盘内，火柴放在烟灰缸上，正面朝上，台面整洁	1. 如果房内配电水壶，则可以不配热水瓶 2. 高档客房还可配袋装咖啡
	茶杯	2 个		
	茶叶盅	1 个		
	茶叶	2 包		
	烟灰缸	1 个		
	火柴	1 盒		
	热水瓶	1 个		
写字台抽屉内	服务夹	1 个	各种用品的摆放要整齐有序，要让客人容易找到，通常要将面积大的放在下面，面积小的放在上面，各种用品分类摆好	为了摆放整齐，可以将一些文具用品放在服务夹内
	酒店介绍	1 本		
	安全须知	1 本		
	房内用餐菜单	1 本		
	航空信封	2 个		
	普通信封	5 个		
	大信纸、中信纸	各 5 张		
	明信片	2 张（或 4 张）		
	箱贴	2 张		
	行李牌	2~4 张		
	客房意见书	2 份		
	针线包	2 份		
	圆珠笔	1 支		

① 注：表格数据来源于刘慧玉《酒店管理实训教程》。

续表

位置	物品名称	数量	摆放要求	备注
电视柜	电视节目单	1 张	晚间可将遥控器放在床头柜上	
	遥控器	1 个		
小吧台	酒杯	若干	较高的用品在里面，较低的用品在外面，摆放整齐，布置美观	酒水可放在酒篮内或酒架上
	开瓶器	1 个		
	调酒棒	2 根		
	酒水	若干		
	杯垫	每杯 1 张		
	餐巾纸	若干		
	账单	2 份		
	立卡	1 份		
冰箱	小杯	2 个		食品主要是佐酒食品和方便食品
	饮料、食品	若干		
	冰桶	1 个		
壁橱	备用被子	2 条	各种用品摆放要整齐有序	
	备用枕头	1 对		
	衣架	3 对 / 人		
	鞋篮	1 个		
	拖鞋	2 双		
	擦鞋器	1 个		
	擦鞋布	2 块		
	鞋拔	1 只		
衣柜旁或写字台旁	垃圾桶	1 个（配垃圾袋）		

四、熟悉普通标准卫生间客用物品配置标准（见表 5–2）

表 5–2 普通标准卫生间客用物品配置标准 ①

位置	物品名称	数量	摆放要求	备注
洗脸台上	漱口杯	2 个	用品摆放要整齐有序。摆放的位置要照顾大多数人的习惯，保证使用方便	1. 为了避免用品占据台面过多的位置，最好用专用的盘子、篮子或盒子盛放用品 2. 牙刷、梳子最好有明显的区别，避免客人之间混用
	肥皂碟	1 个		
	烟灰缸	1 个		
	小方巾	2 条		
	牙膏、牙刷	2 套		
	香皂	2 块		

① 注：表格数据来源于刘慧玉《酒店管理实训教程》。

续表

位置	物品名称	数量	摆放要求	备注
洗脸台上	沐浴液	2 瓶		
	洗发液	2 瓶		
	浴帽	2 只		
	梳子	2 把		
	指甲锉	2 把		
	棉签	2 盒		
	面巾纸	1 盒		
	洗衣粉	2 包		
	润肤露	2 瓶		
	剃须刀	2 把		
洗脸台下	体重秤	1 个	垃圾桶最好靠近马桶	
	垃圾桶	1 个		
洗脸台旁的墙上	毛巾架	1 个	脸巾悬挂端正，正面朝外	
	脸巾	2 条		
便器旁	手纸架	1 个	可多配一卷备用手纸	
	手纸	1 卷		
	卫生袋	2 只		
浴缸上沿	脚巾（地巾）	1 条	折叠好摆放	
浴室墙上	毛巾架	1 个	小浴巾悬挂，大浴巾叠好摆放	
	大浴巾	2 条		
	小浴巾	2 条		
门后	挂衣钩	2 个	浴衣也可以挂在壁橱内	
	浴衣	2 件		

项目二　客房的清洁保养

任务一　走客房卫生清扫

一、实训准备

房务工作车、相关清洁工具、客户供应物品、记录表。

二、实训要求

按照实训任务要求学生掌握以下知识技能：科学的清洁卫生方法；能按规范清洁客房，并熟练掌握走客房的清洁整理程序。

三、实训方法

示范讲解、学生操作、纠正指导、问题总结。

四、实训内容

（一）走客房卧室清扫方法和程序

走客房卧室清扫程序为开、查、清、撤、做、擦、添、吸、关（观）、登，如表5-3所示。

表5-3 走客房卧室清扫程序与操作方法①

程序	操作方法
开	1. 敲门或按门铃进房 （1）保持标准姿势站立于房门猫眼前，距房门约1米 （2）用食指或中指敲门三下（或按门铃），并通报“您好，服务员”或“Housekeeping” （3）微笑站好，眼望猫眼，以利于客人观察 （4）若等候3~5秒没有反应，则再重复一次 （5）若仍无反应，用钥匙轻轻打开房门，用力不要过猛 （6）开门后应再次通报，并观察房内情况 （7）如果房内有人回应，则应说明“整理房间”，待客人允许后方可进入 2. 打开窗帘，应检查有无脱钩或损坏情况 3. 必要时应打开空调：通风，同时检查空调开关是否正常
查	1. 先检查客人有无遗留物品和设备家具有无缺损，并报告、登记 2. 检查所有灯具 （1）将客房里的所有灯具开关打开，检查灯具是否有毛病 （2）检查后应随手将灯关上 3. 检查小酒吧：客人有无消费、及时补齐酒水、食品及饮料
清	1. 将烟灰缸里的烟灰倒入指定的垃圾桶内，在浴室内洗净，用布擦干、擦净，注意不要有未熄灭的烟头，也不能将烟头等赃物倒入便器内，以免堵塞 2. 收拾桌面和地面的垃圾及坚硬物品，将其放进垃圾桶或纸篓中 3. 清理纸篓（垃圾桶）
撤	1. 撤走房内用餐的餐车、餐具：暂放于房口处或先收回工作间，通知收餐员收餐 2. 撤走用过的茶杯、烟缸，清理垃圾：将烟缸里的烟灰倒入垃圾桶，在浴室内将烟缸洗净，收拾桌面和地面垃圾，将垃圾倒进垃圾桶中 3. 撤走脏的布单并将其放进工作车的布草袋。在撤床单时，抖动几次，确保里面无衣物或其他物品
做	按中式铺床的程序及要求铺床
擦	从房门开始，按环形路线依次把客房家具、用品擦拭干净
添	按酒店规定的数量和摆放规格添补及摆放客用品

① 注：表格数据来源于宋雪梅《酒店服务与管理实训教程》。

续表

程序	操作方法
吸	按地毯表层的倾倒方向进行，由内向外
关（观）	1. 离开客房前自我检查和回顾一遍，检查是否有遗漏 2. 关窗、关空调，拉好纱帘，拔卡断电
登	填好“工作日报表”：记录清扫的进出时间、布草的使用补充情况等

（二）走客房卫生间清扫方法和程序

走客房卫生间清扫程序为开、冲、收、洗、擦、消、添、刷、吸、关（观），如表5–4 所示。

表 5–4　走客房卫生间清扫程序与操作方法 ①

程序	操作要领
开	开灯、开换气扇
冲	放水冲马桶，滴入清洁剂
收	收走客人用过的毛巾、洗浴用品和垃圾
洗	清洁浴缸、墙面、脸盆和马桶
擦	擦干卫生间所有的设备和墙面
消	对卫生间各个部位进行消毒
添	添补卫生间的棉织品和消耗品
刷	刷洗卫生间地面
吸	用吸尘器对地面吸尘
关（观）	观察和检查无误后即关灯并把门虚掩，记录待修项目并报修

（三）清扫注意事项

1. 房间清扫顺序

（1）一般情况。通常，清扫顺序如下：VIP 房→“请即打扫”房→住客房→走客房→空房→长住房。

（2）特殊情况。若开房比较紧张，清扫顺序变动如下：VIP 房→“请即打扫”房→走客房→住客房→长住房→空房。

2. 客房内清扫的一般原则

（1）从上到下。如抹尘时应从上至下进行。

（2）从里到外。如地毯吸尘和擦拭卫生间地面时，应从里向外清扫。

（3）环形清理。在清洁房间时，应按顺时针或逆时针方向进行环形清扫，以求时效

① 注：表格数据来源于宋雪梅《酒店服务与管理实训教程》。

及避免遗漏。

（4）干湿分开。在擦拭不同的家具物品时，要注意分别使用干、湿抹布。如清洁灯具、电器时要使用干布。

（5）先铺后抹。在清扫客房时应先铺床，后抹家具物品，以免扬起的灰尘重新落在家具物品上。先卧室后卫生间。

任务二　其他状态客房卫生清扫

一、实训准备

房务工作车、相关清洁工具、客户供应物品、记录表。

二、实训要求

按照实训任务要求学生掌握以下知识技能：科学的清洁卫生方法；能按规范清洁客房，并熟练掌握住客房、夜床的清洁服务程序。

三、实训方法

示范讲解、学生操作、纠正指导、问题总结。

四、实训内容

（一）住客房清扫操作规范

1. 清扫工作以不干扰客人为准

例行的客房大清扫工作，一般应在客人不在房间时进行；客人在房间时，必须征得客人同意后方可进行，以不干扰客人的活动为准。

2. 进房前先思索

客房服务员的主要任务，是让客人住得舒适、安宁，像在家里一样方便。因此，服务人员在进房前，要尽量替住客着想，揣摩客人的生活习惯，不要因清洁卫生工作或其他事情干扰了客人的休息和起居。

3. 注意房间挂的牌子

凡是在门把手上挂有“请勿打扰”（Don’t Disturb）牌子或有反锁标志，及房间侧面墙上亮有“请勿打扰”指示灯时，不要敲门进房。如果到了 14：00 仍未见客人离开房间，里面也无声音，则可打电话询问。若仍无反应，客人可能发生其他事故，应立即报告主管。

4. 进房前先敲门

每个酒店的员工都应养成进房前先敲门通报，待客人允许后再进入房间的习惯。敲门等候客人反应的具体步骤如下：

（1）站在距离房门约 1 米远的地方，不要靠门太近。

（2）用食指或中指敲门 3 下（或按门铃），不要用手拍门或用钥匙敲门，同时敲门应有节奏，以引起房内客人的注意。

（3）等候客人反应约 5 秒钟，同时眼望窥视镜，以利于客人观察。

（4）如果客人无反应，则重复（2）、（3）的程序。

（5）如果客人仍无反应，将钥匙插入门锁内轻轻转动，用另一只手按住门锁手柄。不要猛力推门，因为客人有可能仍在睡觉，或许门上挂有安全链。

（6）开门后应清楚地通报整理房间，并观察房内情况。如果发现客人正在睡觉，则应马上退出，轻轻将门关上。

（7）敲门后，如果房内客人有应声，服务人员应主动说“整理房间”，待客人允许后，方可进房间清扫。

（二）夜床服务

1. 夜床服务的操作程序

夜床服务通常在 18：00 以后开始，也可在客人到餐厅用晚餐时进行，还可按照服务台的要求进行。

（1）进客房要敲门或按门铃，并通报自己的身份和进房的目的：“夜床服务（Turn Down Service）。”如果客人在房内，则应经住客同意方可进入，并礼貌地向客人道晚安。如果客人不需要开夜床，服务中应在夜床表上做好登记。

（2）开灯，将空调开到指定的刻度上。

（3）轻轻拉上遮光窗帘和二道帘。

（4）开床服务。

①将床罩从床头拉下，整齐折叠好，放在规定的位置。

②将靠近床头一边的毛毯连同衬单（盖单）向外折成 45° 角，以方便客人就寝。

③拍松枕头并将其摆正，如有睡衣应叠好置于枕头上。

④按饭店规定在床头柜上放上鲜花、晚安卡、早餐牌或小礼品等。

⑤双床房住一人时，以床头柜为准，开墙边近浴室的一张床，折角应朝向卫生间；二人住双床房，则各自开靠床头柜的一侧，也可同方向开。

⑥酒店如果规定有一次性拖鞋，则在开夜床折口处摆好。

（5）清理烟灰缸、桌面和倒垃圾，如有用膳食餐具也一并清理。

（6）按要求加冰水、放入报纸或将饭店提供的浴衣摊开在床尾。

（7）客人有加床，则在这时打开整理好。

（8）清理卫生间。

①冲抽水便器。

②脸盆、浴缸如使用过，应重新擦洗干净。

③将地巾放在浴缸外侧的地面。

④将浴帘放入浴缸内，并拉出三分之一，以示意客人淋浴时应将浴帘拉上并放入浴缸内，避免淋浴的水溅到地面。

⑤将用过的毛巾收去并换上干净的毛巾，也可将用过的毛巾按酒店规定整理后摆好。

⑥如有加床，则增添一份客人用品。

（9）巡视一遍卫生间及客房，检查一下是否有漏项。

（10）除夜灯和走廊灯外，关掉所有的灯并关上房门。如果客人在房内，则不用关灯，向客人道别后退出客房，轻轻将房门关上。

2. 夜床服务注意事项

（1）在具体的夜床服务中，应了解客人的风俗习惯后加以调整和增减。

（2）是否进行夜床服务，应根据酒店的档次和经营成本而定。

（3）是否需要重新更换毛巾和杯具等客人用品，也应根据客房的等级和经营成本而定。

项目三　撤床及做床

任务一　练习撤床

一、实训准备

床一张、枕头两个、毛毯一张、床单一张。

二、实训要求

按照实训任务要求学生掌握以下知识技能：了解撤床上用品的规范及注意事项。

三、实训方法

示范讲解、学生操作、纠正指导、问题总结。

四、实训内容

（一）撤床程序

撤床的程序如表 5–5 所示。

表 5–5　撤床程序及注意事项 [①]

主要步骤	注意事项
1. 卸下枕套	（1）注意枕下有无遗留物品 （2）留意枕头有无污渍
2. 揭下毛毯	放在扶手椅上，禁止猛拉毛毯
3. 揭下床单	（1）从床褥与床架的夹缝中逐一拉出 （2）注意垫单是否清洁 （3）禁止猛拉床单
4. 收取用过的床单、枕套	点清数量

（二）撤床考核标准

酒店客房撤床考核标准如表 5–6 所示。

表 5–6　酒店撤床考核标准 [②]

内容	分值	操作内容和标准及扣分原因	得分
报告开始	16 分	用普通话报告姓名，面带笑容、仪态大方	
撤被套	16 分	撤下被套，将被芯叠放整齐	
撤枕套	16 分	撤下枕套，注意不要太用力	
撤床单	10 分	撤下床单，不要硬扯	
整理布草	16 分	将撤下的布草打包，卷成小卷	
整理床体	10 分	床体和床垫对齐	
操作完毕	16 分	举手示意操作完毕，按标准姿态站立，等待教师点评	
总分	100 分		

① 注：表格来源于沈艳《客房服务实训教程》。
② 注：表格来源于 https://wenku.baidu.com。

任务二　练习西式铺床

一、实训准备

西式床一张、棉床垫一条、床单两条、枕袋两条、枕芯两个、毛毯一床、装饰床罩一条。

二、实训要求

按照实训任务要求学生掌握以下知识技能：通过对西式铺床技能的训练，学生掌握西式铺床的程序和操作方法；通过训练学生能够在规定时间内保证质量地完成此项工作。

三、实训方法

示范讲解、学生操作、纠正指导、问题总结。

四、实训内容

（一）实训流程

1. 准备工作

（1）逐条收用过的床单、枕套等布草放进服务车上的布草袋里，然后将相同数量的干净布草带入房间内。

（2）站立在床尾 30 厘米处，两脚前后交叉一足距离，屈膝下蹲并重心前倾，用双手握紧床尾部，将床屉连同床垫同时慢慢拉出。

（3）使床身离开床头板 40~50 厘米。

（4）将床垫与床架边角对齐。

（5）根据床垫四边所标明的月份字样，将床垫定期翻转，使其受力均匀平衡。

（6）用手把棉褥理顺拉平，检查棉褥是否清洁，如有污损，应马上更换并做处理。

2. 铺第一条床单

（1）抖单：站在床尾中间位置（或床的一侧居中位置），折叠的床单正面（中折线凸面）朝上，纵向打开，两手分开，用拇指和食指捏住第一层，其他三指托住后三层，将床单朝前方抖开，把床单头部抛向床头。

（2）抖单后要使床单中线居中，两侧的对折线要与床垫边沿同等距离。

（3）定位：抖单同时应校准床单的方向和距离，有褶皱的卷边要稍加整理，定位前可将床单的头部先包进去。

3. 包一单边角

掀起床垫尾部将床单塞入夹缝，右手将左面垂下的床单捏起呈 45° 角，左手将角部分的床单向内推入，然后右手放下床单折成直角（外直角 90°），左手将垂下的床单全部塞入夹缝，按对称手法将其他角依顺时针或逆时针方向顺次包好。

4. 铺第二条床单

（1）抖单方法同前。

（2）抖单后要使床单中线居中，且床单正面（正中折线凸面）向下与第一条床单对称，三面均匀。

（3）床单前端多出床头 10 厘米。

5. 铺毛毯

（1）手持毛毯尾部，将毛毯头部抛向床头，轻轻后提毛毯，至毛毯头部与床头距离 35 厘米处放下毛毯。

（2）毛毯平铺，且商标朝外在床尾下方，毛毯中线与床单中线对齐。

6. 包边角

（1）包边：将第二条床单多出床头的部分向上反卷包住毛毯头部铺平，连同毛毯折回 30 厘米，将床两侧垂下的毛毯同第二条床单一起塞入床垫与床屉间的夹缝。

（2）包角：用双手将毛毯尾部连同第二条床单下垂部分塞入床垫与床屉的夹缝中，床尾两角包成直角。

7. 装枕芯

（1）把枕芯横放在床面上，左手抖开枕袋平铺床上，张开袋口，用右手捏住枕芯的两个前角。从枕袋开口处送入直至袋端，然后将枕芯两角推至枕袋两角端部。

（2）用两手提起枕袋口轻轻抖动，使枕芯自动滑入，装好枕芯后要把枕袋四角整理好，枕芯不得外露。

（3）将套好的枕头放置在床的正中，单人床要将枕袋开口反向于床头柜，两个枕头各保持 20 厘米厚度重叠摆放，离床头 5 厘米。

（4）双人床放床头时，将四个枕头两个一组重叠，枕套口方向相对；两张单人床放枕头时，也要将两个枕套口反向于床头柜，摆放枕头与单人床的要求一致。

（5）枕头放好后要进行整形，轻推枕面，使四角饱满挺实，注意勿在枕面上留下手痕。

8. 铺床罩

（1）把折好的床罩放在床中央横向打开。

（2）双手将床罩尾部拉至床尾下离地 5 厘米处，扣准床尾两角，且两角垂直；将床罩头部抛向床头，使床罩平铺在床上，床罩两边距地面等距离。

（3）抛床罩时要用腿顶住垂下的床罩，床罩下摆不要着地；站在床头位置将床罩置于枕头上边，下垂10厘米，将床罩下部分分别均匀塞入上下枕头缝之中，不留白边。

（4）整理床罩头部，使处于枕头上的床罩平整，两侧呈流线型自然由枕头边垂至床侧，处于上下枕头缝中的床罩自然向两侧呈流线型。

9. 床复原位

（1）把床身缓缓推回原位置。

（2）最后再查看一次铺完的床，对不够整齐、造型不够美观的床面，稍加整理。

（二）技能评估（见表5–7）

表5–7　西式铺床技能评估标准[①]

序号	考核内容	考核要求	配分	评分标准	扣分	得分
1	仪容仪表	个人卫生、制服、工牌、头发、妆容、指甲、饰物等	6	每项不达标扣1分； 本项最多扣6分		
2	准备工作	（1）将床拉出50厘米 （2）摆正床垫 （3）整理棉褥	10	拉床动作有误扣2分； 床身离床板距离超过50厘米扣2分； 未摆正床垫扣3分；未检查整理棉褥扣3分；本项最多扣10分		
3	铺第一条床单	（1）一次抖单定位 （2）中线居中，不偏离床垫中心线 （3）床单正反面正确 （4）四角有棱，一致高度 （5）两侧塞入床垫紧密 （6）床尾塞入床垫紧密	16	一次抖单定位4分（两次以上扣分）； 中线未居中，偏离床垫中线扣2分； 床单正反不正确扣2分；四个包角要有棱成90°，一个不到位扣2分；两侧塞入床垫不紧密扣2分；床尾塞入床垫不紧密扣2分；本项最多扣16分		
4	铺第二条床单	（1）抖单 （2）中线居中，中折线与第一条床单对称，三面均匀 （3）床单头部与床头板对齐	8	一次抖单定位4分（两次以上扣分）； 中线未居中，偏离床垫中线扣2分； 床单正反不正确扣2分；本项最多扣8分		
5	铺毛毯	（1）毛毯定位，与床头距离35厘米，毛毯中线与床单中线对齐 （2）毛毯平铺，且商标朝外在床尾下方 （3）毛毯包角 （4）毛毯包边	19	毛毯一次不到位扣3分；偏离中心线扣2分；毛毯商标未朝外扣1分；商标未在床右下方扣1分；盖单覆盖毛毯超过30厘米扣2分；毛毯与床头距离超过35厘米扣2分；四个包角应有棱，一致角度4分； 两侧塞入床垫不紧密扣2分；床尾塞入床垫不紧密扣2分；本项最多扣19分		
6	装枕芯	（1）四角饱满，外形齐整挺括 （2）封口整齐，枕芯紧密不外露	6	四角不饱满，外形不平整扣3分； 枕芯外露3分；本项最多扣6分		

① 注：表格数据来源于刘慧玉《酒店管理实训教程》。

续表

序号	考核内容	考核要求	配分	评分标准	扣分	得分
7	放枕头	（1）枕头与床两侧距离相等 （2）枕头开口反向于床头柜	6	枕头与床两侧距离不等扣3分；枕头开口没有反向床头柜扣3分；本项最多扣6分		
8	铺床罩	（1）床面平整美观，床罩与床垫边缘垂直 （2）床罩盖没枕头，不漏白边，枕线清晰、规范 （3）床尾两角垂直、挺括	11	床面要求平整美观，床罩与床垫边缘不垂直扣3分；床罩盖没枕头，不露白边，枕线清晰、规范，一项不合格扣1分；床尾未垂直、挺括扣4分；本项最多扣11分		
9	床复原位	（1）把床身缓缓推回原位置 （2）床面整齐、造型美观	10	床身未回原位，扣4分；床尾带放置错误扣2分；不整齐、不美观的床面未加整理扣2分；本项最多扣10分		
10	操作举止	（1）操作中不跑、不跪、不撑床 （2）操作动作要求娴熟、敏捷	8	操作中违规一项扣2分；整体印象4分；本项最多扣8分		
11	总分		100			

任务三　练习中式铺床

一、实训准备

床一张、棉床垫一条、床单一条、枕袋两条、枕芯两个、薄棉被一条、被套一个。

二、实训要求

按照实训任务要求学生掌握以下知识技能：通过对中式铺床技能的训练，学生掌握中式铺床的程序和操作方法；通过训练学生能够在规定时间内保证质量地完成此项工作，达到根据规范要求熟练操作的能力。

三、实训方法

示范讲解、学生操作、纠正指导、问题总结。

四、实训内容

（一）实训流程

1. 准备工作

（1）屈膝下蹲，双手将床架稍抬高，然后慢慢将床拉出约50厘米。

（2）将床、床垫拉平放正，检查床垫四周的松紧带是否脱落，注意床垫卫生状况，如有污迹、破损等应撤换。

2. 铺床单

（1）开单：左手抓住床单的一头，右手将床单的另一头抛向床面，并提住床单的边缘顺势向右甩开床单。

（2）打单：将甩开的床单抛向床头位置。将床单打开使床单的正面朝上，中线居中。手心向下抓住床单的一边，两手相距80~100厘米，将床单提起，空气进到床尾部位，使床单鼓起，在离床面约70厘米高度时，身体稍向前倾，用力打下去。当空气将床单尾部摊开的时候，利用时机顺势调整，将床单往床尾方向拉正，使床单准确地降落在床垫的正确位置上。

3. 包角

包角要从床尾做起，现将床尾下垂部分的床单塞进床垫下面。包右角时，左手将右手侧下垂的床单拉起折角，右手将右角部分塞入床垫下面，然后左手将折角往下拉紧包成直角，同时右手将包角下垂的床单塞入床垫下面。包左角方法与包右角相同，但左右手的动作相反。床尾两角与床头两角包法相同。

4. 套被套

（1）被套平铺在床上，开口在床尾，要确保被套无污迹、无破损。

（2）从开口处将两手伸进被套，首先将被套反面朝外，将被套的两角处对准被子的两角，然后将被套翻身，拉平被套，四角塞入后，整理平整。开口处在床尾，平铺在床上，床头部分向上折起25厘米；后面下垂部分跟地毯齐平，并拉挺。

5. 装枕芯

（1）将枕芯平放在床上，两手撑开枕袋口，把枕芯往里套。

（2）两手抓住袋口，边提边抖动，使枕芯全部进入枕袋里面，把袋口封好，不能用力拍打枕头。

（3）将枕头放在床头的正中，距床头约5厘米；单人床的枕套口与床头柜方向相反，双人床的枕套口互对，单人床和双人床的枕头与床两侧距离相等。

（4）套好的枕头必须四角饱满、平整且枕芯不外露。

6. 床复原位

（1）放上床尾带及靠垫，床尾带必须平整，两边均匀下垂，靠垫放在枕头前。

（2）用腿部力量将床缓缓推进床头板，再检查一遍床是否铺得整齐、美观，并整理床裙，保持床裙自然下垂、整齐。

（二）技能评估（见表 5-8）

表 5-8 中式铺床技能评估标准[①]

序号	考核内容	考核要求	配分	评分标准	扣分	得分
1	仪容仪表	个人卫生、制服、工牌、头发、妆容、指甲、饰物等	6	每项不达标扣 1 分； 本项最多扣 6 分		
2	准备工作	（1）将床拉出 50 厘米 （2）检查整理床垫	10	床未拉开扣 2 分； 拉床动作有误扣 2 分； 床身离床板距离不足 50 厘米扣 2 分； 未检查整理床垫扣 4 分； 本项最多扣 10 分		
3	铺床单	（1）准确、一次到位 （2）不偏离中心线 （3）床单正面向上	10	一次抖单定位 6 分（两次扣 2 分，三次以上扣 6 分）； 偏离中心线扣 2 分； 本项最多扣 10 分		
4	包角	（1）四角成直角，平整 （2）四边紧绷、平整，不得有床单外露 （3）床面平整	10	未定位直接包角扣 2 分； 包角未达 90° 扣 4 分（每角扣 1 分）； 床单外露扣 2 分； 床单不平整扣 2 分； 本项最多扣 10 分		
5	套被套	（1）被套开口边位于床尾 （2）被套中线居中 （3）将被芯四角套于被套四角，四角重合饱满 （4）将床头处被子向上折起 25 厘米 （5）被子离床头 5 厘米 （6）被子与床两侧等距 （7）被子表面平整美观 （8）操作过程中被子不着地	30	被套一次未抛开扣 4 分； 被套正反面不正确扣 2 分； 开口没有位于床尾扣 2 分； 中线未居中扣 2 分；套好被子并一次抛开定位，并与床头平齐 6 分（两次扣 3 分，三次扣 6 分）； 四角不到位，不饱满平整扣 4 分； 被子未翻折 25 厘米或超过扣 2 分； 被子外露扣 2 分；两侧距地不等距，且表面不平整美观扣 4 分； 操作中被子着地扣 2 分； 本项最多扣 30 分		
6	装枕芯	（1）将枕芯装入枕套，不得用力拍打 （2）用两手提起枕袋口轻轻抖动，使装好的枕芯与枕袋四角整理平整 （3）枕头距床两侧距离相等 （4）枕头开口反向于中间床头柜 （5）枕头与床单中线重叠	14	枕套的四角不饱满、不到位扣 4 分； 枕头中线与床中线没对齐扣 3 分； 枕头距离床头不到或多于 5 厘米扣 2 分； 枕袋口摆放的方向有误扣 2 分 表面不平整光滑，或有手痕扣 3 分； 本项最多扣 14 分		
7	床复原位	（1）把床身缓缓推回原位置 （2）床面整齐，造型美观	10	床身未回原位或有歪斜扣 4 分； 床尾带放置错误扣 2 分； 最后没有查看扣 2 分； 对不整齐、不美观的床面未加整理扣 2 分； 本项最多扣 10 分		

① 注：表格数据来源于刘慧玉《酒店管理实训教程》。

续表

序号	考核内容	考核要求	配分	评分标准	扣分	得分
8	规范操作	（1）操作中不跑、不跪、不撑床 （2）操作动作要求娴熟、敏捷、优美	10	操作中违规一项扣 2 分； 整体印象 4 分； 本项最多扣 10 分		
9	总分		100			

项目四　楼层对客服务实训

任务一　认识两种对客服务模式

一、实训准备

事先联系实训基地，确定时间，对实训进行详细安排；要求统一着装。

二、实训要求

按照实训任务要求学生掌握以下知识技能：认识两种对客服务模式。

三、实训方法

示范讲解。

四、实训内容

（一）指导老师引领学生认识对客服务的两种模式

1. 楼层服务台

在客房楼层的适当位置（如电梯或楼梯出入口等处）设置专门的服务台，配置专职的服务员值台，负责本楼层的各项对客服务工作，是我国酒店最传统、最普遍的一种对客服务模式，也是我国酒店客房服务的一种特色。酒店客房区域各楼层的服务台称为楼层服务台或楼面服务台，它发挥着前厅部总台在楼面办事处的职能。同时它后面还设有客房服务人员使用的工作间。

楼层服务员由楼层主管直接领导，同时在业务上受总台的指挥。

（1）楼层服务员的主要职责。

①负责本楼层客人和来访客人的接待和服务工作。

②根据房态，安排工作定额及清扫顺序。

③负责客房和楼面的安宁，保管和发放客用钥匙。

④掌握客人的动态，及时通报总台。

⑤填写“楼层日报表”和“楼面工作日志”。

（2）楼层服务人员的岗位职责。

①台班服务人员的岗位职责。

台班服务人员（楼面服务台值班员）的岗位职责（见表 5–9）为负责楼层（面）的日常服务接待及安全保卫工作，24 小时为客人提供服务。

班次：一般为早、中、晚三班制。

表 5–9 台班服务人员的岗位职责[①]

岗位职责与业务要求	具体内容
台班服务员的主要岗位职责	1. 提供楼层日常服务接待，尽量满足客人的合理要求 2. 验证客人住宿凭证、保管和发放客用钥匙（没有采用电子门锁系统的饭店） 3. 根据要求填写“值台记事表”和“房态表” 4. 做好来访客人的登记和接待工作 5. 向客人介绍酒店主要服务设施设备及客房服务项目，办理客人委托的事项 6. 接受客人的各种费用账单 7. 做好上、下班工作交接及安全保卫 8. 搞好值台公共区域及后台区域的清洁卫生 9. 接受并确保完成上级布置的任务
台班服务员的业务要求	1. 熟悉客房设备与清洁工具的性能和使用方法，以及维修保养常识 2. 掌握客房楼面接待知识，熟悉前厅部与客房管理的业务常识 3. 熟悉主要客源国的风土人情、宗教信仰，懂得旅游服务心理学的基本知识，了解旅游营销的基本知识 4. 能用外语进行对客服务，懂得外事工作的礼仪、礼节 5. 熟悉本楼层开关的分布、用途，懂得安全消防知识及应急措施。

②服务班服务人员的岗位职责。

服务班服务人员负责客房服务的辅助工作（见表 5–10）。

班次：一般设早、中两班。

表 5–10 服务班服务人员的岗位职责[②]

岗位职责与业务要求	具体内容
服务班服务员的主要岗位职责	1. 为客房服务输送物品 2. 打扫楼面公共区域的卫生 3. 收发洗涤的客衣 4. 为客人开夜床 5. 负责客房的小整服务 6. 完成领班或台班指派的临时任务

① 注：表格数据来源于沈艳《客房服务实训教程》。

② 同①。

续表

岗位职责与业务要求	具体内容
服务班服务员的业务要求	1. 熟悉客房整理与开夜床的标准和程序 2. 能正确使用清洁剂对杯具进行消毒清洗 3. 能用外语进行简单的会话

③卫生班服务人员的岗位职责。

卫生班服务人员（客房清扫员）负责客房的整理和清洁工作（见表 5-11）

班次：一般设早班。

表 5-11 卫生班服务人员的岗位职责 ①

岗位职责与业务要求	具体内容
卫生班服务员的主要岗位职责	1. 每天打扫客房前检查工作车上的补给品 2. 按照酒店规定的标准，对自己负责的客房进行布置、整理、打扫，并补充物品 3. 检查客房内的电器设备设施是否完好，如有损坏或故障，及时向台班或楼面领班报告 4. 按要求填写各种报表 5. 如发现可疑的人或事，应立即向客房部办公室报告 6. 保持客房楼面的安静和安全 7. 每天整理工作间及清洁用具，并在下班前准备好次日工作车上的一切用品 8. 完成领班、管理人员交给的其他工作
卫生班服务员的业务要求	1. 了解客房的布置、打扫标准以及清扫的程序 2. 能正确使用各种清洁剂，做好客房的清洁、消毒工作 3. 能按酒店的规定，按质按量地完成客房的清扫任务 4. 了解酒店对遗留物品的处理程序 5. 熟悉安全操作及劳动保护常识，懂得消防和卫生救护常识 6. 能用一门外语进行简单的对话

2. 客房服务中心

客房服务中心的服务模式最早出现在我国的中外合资酒店中，随后在其他酒店逐步推广并应用到酒店管理中。目前，国内很多酒店尤其是高档、高星级酒店都采用此对客服务模式。

（1）设立的目的。突出客房服务符合以“暗”的服务为主的目的，保持楼面的安静和尽量少打扰客人的一种服务模式。

（2）工作方式。

①由行李员引领客人进房间，客用钥匙的管理由前厅部问讯处负责。

②客房服务中心配备专职联络员，负责客房对客服务工作的联络协调。

③客人需要找客房服务人员时，可以拨内线通知客房服务中心，联络员进行详细记录，并迅速将客人的需求通知离客人房间最近的楼层工作间的服务员，服务员根据有关要求和标准完成对客服务。

① 注：表格数据来源于沈艳《客房服务实训教程》。

④必要时，联络员可以跟踪、了解、观察服务工作的效率和质量。

（3）服务中心的职责（实行24小时值班制）。

①信息处理。凡是有关客房部工作的信息，一般都要经过客房中心的初步处理，以保证有关问题能及时地解决和分拣、传递。

②员工出勤控制。客房部所有员工的上下班都必须到此打卡签名，一方面方便了考核和对客服务工作的统一调控，另一方面有利于加强员工的集体荣誉感。

③对客服务。保管和租借给客人用品，接受客人提出的各种情理之中的要求，通知楼层服务员为客人提供及时的服务，同时还应承担为VIP客人准备礼仪物品的工作。

④楼层万能钥匙的管理。用于清洁、整理客房的楼层万能钥匙必须由客房中心负责统一签发、签收和保管，如遇特殊情况能有记录可查并责任到人。

⑤与前厅部的联系。客房中心按时向前厅部接待处通报客房情况，并及时核对客房的差异情况。

⑥处理投诉。接受客人的投诉，并及时进行处理和汇报。

⑦失物处理。提高失物招领的工作效率。

⑧档案保管。客房中心保存着客房部所有的档案资料，并及时补充和更新，为客房部以后的工作打下基础，创造条件。

⑨负责向工程部申报工程维修单。

⑩协调与其他部门的关系。

（4）客房服务中心的运转。

①基层管理人员设置。客房服务中心通常设一名领班或主管，负责一般的日常事务，向客房经理负责或与秘书直接联系。

②服务员要求。客房中心的工作人员须具有丰富的楼层服务经验和受过良好的训练，对前厅客房、餐饮等所有服务环节都要通晓，才能有效地密切客房部与客人、客房管理人员同员工的联系，发挥好客房服务质量信息管理中心的职能。

任务二　迎送客人服务

一、实训准备

茶杯、小毛巾、托盘、行李、客人证件、记录表。

二、实训要求

按照实训任务要求学生掌握以下知识技能：认识两种对客服务模式。

三、实训方法

三四人一组，由教师先进行讲解示范，然后学生以组为单位进行练习。

四、实训内容

（一）迎送客人服务

1. 相关知识

（1）迎接客人。

①了解客人的姓名、国籍、身份。

②按照不同规格布置房间。

③在指定的楼层（地点）迎候客人。

④站在服务处面带微笑，表示欢迎。

⑤带客人进入房间，面向客人退出房间，随后送上欢迎茶。

（2）代客开门。

①服务员为没带钥匙的客人开门，应先礼貌地请客人出示房卡。

②如客人没有房卡，应礼貌地向客人表示道歉，然后请客人到前台领取欢迎卡，办理开门手续。

③如以上各项中任何一项不符，应请客人稍等，用电话与前台查询核实。

④确认欢迎卡后，为客人引领开门。

⑤ 服务员在工作表上记录开门的情况。

（3）送别客人。

①掌握客人离店的准确时间。

②检查是否还有未完成的代办事项。

③征求即将离店客人的意见，并提醒客人检查自己的行李，不要在房间遗留物品。

④客人走后，服务员迅速检查房间设备有无损坏，物品有无丢失，客人有无消费客房小酒吧内的食品，有无客人遗留物品，并在 3 分钟内报告前台收银处。

⑤处理客人委托或交办事项。

⑥客人离店后要迅速清洁、整理房间，并通知前台。

（4）任务训练步骤与标准。

①迎客服务程序与操作要领如表 5-12 所示

表 5–12　迎客服务程序与操作要领[①]

程序	操作要领
迎候客人	接到客房服务中心发出的迎宾通知后，楼层服务员应在 2 分钟内迅速站到楼梯口相应的位置，等候客人
欢迎客人	服务员应保持仪容整洁、面带微笑。见到客人微微鞠躬行礼，使用礼貌敬语主动问好："先生、小姐（女士），您好，欢迎光临！"
带客人房	1. 根据接到的新客人住房的信息中获知的房号，走在客人的左前方引领客人到客房门口 2. 进房前按一次门铃，报身份后，为客人开启房门，站在门外适当的位置，先请客人进房："先生 / 小姐（女士）请！"
送欢迎茶	1. 客人进房后，应主动向客人招呼："请先生 / 小姐（女士）稍等，我马上为您送上茶水和毛巾。" 随即退出房间，将房门虚掩 2. 回到工作室，将事先准备好的茶水和毛巾在 1~2 分钟内用托盘将其送进房间，请客人使用 3. 向客人简要介绍房内各种设施及酒店的服务项目和其他设施
退出客人房间	退出客房前，应向客人示意："如有什么需要，请拨打客房服务中心电话，我们很乐意为您服务。" 退出客房时，应向客人告别："祝您在这里过得愉快，再见。" 然后，后退三步，再转身出门，轻轻将门关上。
填写日报表	在工作记录簿上做好迎客情况记录

②送客服务程序与操作要领如表 5–13 所示。

表 5–13　送客服务程序与操作要领[②]

程序	操作要领
掌握客人离店时间	接到客房服务中心的客人离店通知后，应问清离店客人的房号、姓名，并了解客人是否仍在客房中
征求客人意见	如客人仍在楼层客房中，楼层服务员应迅速到客房询问客人是否需要提供整理或运送行李的服务
帮助客人提行李	主动帮助提拎客人的随身行李至电梯口
帮助客人叫电梯	迅速为客人按电梯铃，电梯到达时，在正确的位置用手挡住电梯活动门，请客人先进入电梯，并帮助其将行李送入电梯
送别客人	电梯门关上三分之一时，面向客人微微鞠躬告别："欢迎您下次再来，祝您旅途愉快！"
处理客人遗留事项	迅速至客人住房进行检查，查看客人是否消费过小酒吧及房内用品，或是否有遗留物品
填写日报表	在工作记录簿上做好离店客人情况记录

① 注：表格内容参看宋雪梅《酒店服务与管理实训教程》。

② 注：表格内容参照全国技能大赛标准。

第六单元

餐饮服务技能综合实训

餐饮服务工作的分工比较细致，可以分为不同的岗位，例如：值台、传菜、领台等工作岗位，但不管负责哪项工作，熟练地掌握服务技能是做好餐饮服务工作，提高服务质量的基本条件。餐饮服务的每项技能和环节都有特定的操作方法、程序和标准。餐饮服务的基本技能包括：托盘、摆台、斟酒、上菜、分菜和餐巾折花等。

任务一　托盘

（一）托盘操作的意义

托盘是餐饮服务人员为客人服务时最为重要的服务工具，托盘也是每位餐厅服务人员在服务时必须掌握的一项基本技能，作为餐饮服务人员就必须练好托盘这一项基本功。

（二）托盘的种类及用途

目前常见的托盘根据规格大小可分为大、中、小三种；按照形状可分为圆形托盘、长方形托盘、异形托盘。大、中号长方形托盘一般用于运送菜点、酒水和盘碟等较重物品；大、中号圆形托盘一般用于斟酒、展示饮品、送菜、分菜等；小号圆形托盘和方形托盘则用于递送账单、收款、递送信件等；异形托盘主要用于特殊的鸡尾酒会或其他庆典活动。

（三）托盘的使用方法及操作步骤

托盘的使用方法按照托盘的大小以及所盛装的物品重量不同可以分为轻托和重托，在实际的餐饮服务工作中，以轻托为主，较大或较重的物品一般为了安全起见多用餐车运送。

1. 轻托

轻托又叫胸前托，通常使用中、小圆托盘或小方托盘上酒、上菜。

（1）轻托的操作程序。

①理盘。选择合适的托盘，将托盘洗净擦干，在盘内垫上专用盘巾，铺平拉直，盘巾的四边与盘底对齐，力求美观整洁。

②装盘。根据所盛物品的形状、体积、重量以及先后使用顺序合理安排，注意所有物品平均而且要重量平衡摆在托盘上，以便安全稳妥，便于运输。

③起托。完成装盘后，开始托起行走。

④行走。指服务员托起托盘走动时的行走动作。

⑤落托。当物品送到餐厅时，小心地放在一个选择好的位置，双手将托盘端至桌前，放稳后再取物品，从托盘两边交替拿下。在落托盘时，一要慢、二要稳、三要平。

（2）轻托的操作要领。

①左手托盘，左臂弯曲呈 90°，掌心向上，五指分开。

②用手指和掌底托住盘底，掌心不与盘底接触，手掌自然形成凹形，重心压在大拇指根部，使重心点和左手五个指端成为六个力点，利用五个手指的弹性掌握盘面的平衡。切忌用拇指从上方按住盘边，四个手指托住盘底，这种方法不符合操作要求，而且不礼貌。

③平托于胸前，略低于胸部，基本保持在第二和第三枚衣扣之间。盘面与左手臂呈直角状，利用左手手腕灵活转向。

④托盘行走时头要正，上身保持直立，肩膀放松，不要紧张，集中精神，步伐稳健。

⑤手臂不要贴近身体，也不要过度僵硬。行进时应该与前方人员保持适当的距离，并注意左右两侧，切忌突然变换行进路线或突然停止。

⑥托盘不越过宾客头顶，随时注意数量、重量、重心的变化，手指做出相应的移动。

2. 重托

重托因为以上肩的方式来托送物品所以也叫肩上托，主要用于运送较重的菜点、酒水、盘碟等。

（1）重托的操作程序。重托与轻托的操作程序大致相同，在具体方法上略有差别。

①理盘。由于重托常用于送菜、送汤和收拾碗碟，一般油腻较大，使用前必须清洁

盘面并消毒，铺上洁净的专用盘巾，起到防油、防滑的作用。

②装盘。托盘内的物品应分类码放均匀得体，使物品的重量在盘中分布均匀，并注重把物品按高矮大小摆放协调，切忌将物品无层次地混合摆放，以免造成餐具破损。装盘时还要使物与物之间留有适当的间隔，以免端托行走时发生碰撞而产生声响。

③起托。起托时应先将托盘用右手相助拉出三分之一，右手扶托盘将托盘托平，双脚分开呈八字形，双腿下蹲，略成骑马蹲裆势，腰部略向前弯曲。

④行走。行走时，表情轻松自然，步伐不宜过大、过急，盘面应始终保持平衡平稳，防止汤水外溢。右手自然摆动，或扶住盘前角，并随时准备避免他人的碰撞。

⑤落托。落托时，左脚向前迈一步，用右手扶住托盘边缘，左手向右转动手腕，同时托盘向右旋转，待盘面从左肩移至与台面平行时，再用左臂和右手向前推进。

（2）重托的操作要领。重托操作时要求“平、稳、松”。“平”就是在托盘的各个操作环节中都要掌握好中心，保持平稳，不使汤汁外溢，行走时盘要平，肩要平，两眼要平视前方。“稳”就是装盘合理稳妥，托盘稳而不晃动，行走时步稳不摇摆。“松”就是动作表情要轻松，面容自然，上身挺直，行走自如。

任务二　餐巾折花

餐巾折花是餐前的准备工作之一，主要工作内容是餐厅服务员将餐巾折成各式花样，插在酒杯或水杯内，或放置在盘碟内，供客人在进餐过程中使用。餐巾折花是餐饮服务的重要技能之一，美观的餐巾折花本身就是餐桌上的装饰品，再加上服务人员的优质服务，能够给客人一种招待细致入微的感觉。

（一）餐巾的作用与种类

1. 餐巾的作用

（1）餐巾是餐饮服务中的一种卫生用品。

（2）餐巾可以装饰美化餐台。

（3）餐巾花形可以烘托就餐气氛。

（4）餐巾花形的摆放可标出主宾的席位。

2. 餐巾的种类

（1）按质地分。餐巾可分为棉织品和化纤织品。棉织品餐巾吸水性较好，去污力强，浆熨后挺括，造型效果好，但折叠一次，效果才最佳。化纤织品色泽艳丽，透明感强，富有弹性，如一次造型不成，可以二次造型，但吸水性差，去污力不如棉织品。

（2）按颜色分。餐巾颜色有白色与彩色两种。白色餐巾给人以清洁卫生、恬静优雅之感。它可以调节人的视觉平衡，可以安定人的情绪。彩色餐巾可以渲染就餐气氛，如大红、粉红餐巾给人以庄重热烈的感觉；橘黄、鹅黄色餐巾给人以高贵典雅的感觉；湖蓝在夏天能给人以凉爽、舒适之感。

（二）餐巾折花的造型及其选择

餐巾折花的造型和种类很多，技法也各不相同。作为餐厅服务员要掌握餐巾折花的基本造型和折叠技法。

1. 餐巾折花造型种类

（1）按摆放方式，可分为杯花和盘花两种。杯花属于中式花型，需插入杯中才能完成造型，出杯后花形即散。由于折叠成杯花后，在使用时其平整性较差，也容易造成污染，所以目前杯花已较少使用，但作为一种技能，仍在餐厅服务中存在。盘花属于西式花型，造型完整，成型后不会自行散开，可放于盘中或其他盛器及桌面上。因盘花简洁大方、美观适用，所以盘花呈现发展趋势。

（2）按餐巾花外观造型，可分为植物、动物、实物三种。植物类花形是根据植物花形造型，如荷花、水仙等。也有根据植物的叶、茎、果实造型的，如竹笋、玉米等。动物类花形包括鱼、虫、鸟、兽，其中以飞禽为主，如白鹤、孔雀、鸵鸟。动物类造型有的取其整体，有的取其特征，形态逼真，生动活泼。实物类花形是指模仿日常生活用品中各种实物形态折叠而成，如帽子、折扇、花篮等。

2. 餐巾折花造型的选择

（1）根据宴会的规模选择花型。大型宴会可选择简洁、挺括的花型。可以每桌选两种花型，使每个台面花型不同，台面显得多姿多彩。如果是 1~2 桌的小型宴会，可以在一桌上使用各种不同的花型，也可以 2~3 种花型相间搭配，形成既多样又协调的布局。

（2）根据宴会的主题选择花型。主题宴会因主题各异、形式不同，所选择的花型也不同。

（3）根据季节选择花型。选择富有时令的花型以突出季节的特色，也可以有意地选择象征一个美好季节的一套花型。

（4）根据宗教信仰选择花型。如果是信仰佛教的，勿叠动物造型，宜叠植物、实物造型。例如信仰伊斯兰教的，勿用猪的造型等。

（5）根据宾客风俗习惯选择花型。如日本人喜樱花、忌用荷花，美国人喜山茶花，法国人喜百合花，英国人喜蔷薇花等。

（6）根据宾主席位选择花型。宴会主宾、主人席位上的花称为主花。主花一般选用品种名贵、折叠细致、美观醒目的花，达到突出主人、尊敬主宾的目的。如在接待国际友人宴会上，叠和平鸽表示和平，叠花篮表示欢迎，为女宾叠孔雀表示美丽，为儿童叠小鸟表示活泼可爱，使宾主均感到亲切。

总之，要根据宴会主题设计折叠不同的餐巾花。要灵活掌握，力求简便、快捷、整齐、美观大方。

（三）餐巾折花的基本技法

餐巾具有实用及装饰美化作用，在摆台上形成餐桌的重要装饰。餐巾折花的基本技法有叠、折、卷、穿、翻、拉、捏、掰等。餐厅服务员应反复练习，达到技艺娴熟、运用自如，以增加摆台的工作效率和艺术性。

（1）叠。叠是最基本的餐巾折花手法，几乎所有的造型都要使用。叠就是将餐巾一折为二,二折为四，或折成三角形、长方形、菱形、梯形、锯齿形等形状。叠有折叠、分叠两种。叠时要熟悉造型，看准角度一次叠成。如有反复，就会在餐巾上留下痕迹，影响挺括。叠的基本要领是找好角度一次叠成。

（2）折。折是打褶时运用的一种手法。折就是将餐巾叠面折成褶裥的形状，使花形层次丰富、紧凑、美观。打褶时，用双手的拇指和食指分别捏住餐巾两头的第一个褶裥，两个大拇指相对成一线，指面向外。再用两手中指接住餐巾，并控制好下一个褶裥的距离。拇指、食指的指面握紧餐巾向前推折至中指外，用食指将推折的褶裥挡住。中指腾出去控制下一个褶裥的距离，三个手指如此互相配合。折可分为直线折和斜线折两种方法，两头一样大小的用直线折，一头大一头小或折半圆形或圆弧形的用斜线折。折的要领是折出的褶裥均匀整齐。

（3）卷。卷是用大拇指、食指、中指三个手指相互配合，将餐巾卷成圆筒状。卷分为直卷和螺旋卷。直卷有单头卷、双头卷、平头卷。直卷要求餐巾两头一定要卷平。螺旋卷分两种，一种是先将餐巾叠成三角形，餐巾边参差不齐；另一种是将餐巾一头固定，卷另一头，或一头多卷，另一头少卷。使卷筒一头大，一头小。不管是直卷还是螺旋卷，餐巾都要卷得紧凑、挺括，否则会因松软无力、弯曲变形而影响造型。卷的要领是卷紧、卷挺。

（4）穿。将餐巾先折好后攥在左手掌心内，用筷子一头穿进餐巾的褶缝里，然后用右手的大拇指和食指将筷子上的餐巾一点一点向后拨，直至把筷子穿出餐巾为止。穿好后先把餐巾花插入杯子内，然后再把筷子抽掉，否则容易松散。根据需要，一般只穿1~2 根筷子。穿的要领是穿好的褶裥要平、直、细小、均匀。

（5）翻。翻大都用于折花鸟造型。操作时，一手拿餐巾，一手将下垂的餐巾翻起一只角，翻成花卉或鸟的头颈、翅膀、尾等形状。翻花叶时，要注意叶子对称，大小一致，距离相等。翻鸟的翅膀、尾巴或头颈时，一定要翻挺，不要软折。翻的要领是注意大小适宜、自然美观。

（6）拉。拉一般在餐巾花半成形时进行。把半成形的餐巾花攥在左手中，用右手拉出一只角或几只角来。拉的要领是大小比例适当，造型挺括。

（7）捏。捏主要用于折鸟的头部造型。操作时先将餐巾的一角拉挺做颈部，然后用一只手的大拇指、食指、中指三个指头捏住鸟颈的顶端，食指向下，将巾角尖端向里压下，用中指与拇指将压下的巾角捏出尖嘴状，作为鸟头。捏的要领是棱角分明，头顶角、嘴尖角到位。

（8）掰。将餐巾做好的褶用左手一层一层掰出层次，成花蕾状。掰时不要用力过大，以免松散。掰的要领是层次分明、间距均匀。

任务三　摆台

餐台是餐厅为客人提供服务的主要服务设施之一，餐台的布置称为摆台，是将餐具、酒具以及辅助用品按照一定的规格整齐美观地铺设在餐桌上的操作过程。包括铺台布、餐台排列、席位安排、餐具摆放等。摆台要求做到清洁卫生、整齐有序、各就各位、放置得当、方便就餐、配套齐全。这样既可以保证用餐环境的方便舒适，又可以给就餐的客人以良好的心境感受，创造一个温馨舒适的就餐环境。摆台在日常的餐饮工作中大致分为中餐摆台和西餐摆台，中西餐摆台又可以分为零点便餐摆台和宴会摆台。

（一）铺台布

铺台布是摆台工作的第一个步骤，台布铺设是将台布舒适平整地铺在餐桌上的过程。各式各样的餐厅经营的类别与模式不同，选用的台布材质、造型、花色等方面都有所不同，不同的餐台可采取不同的铺设方法。

1. 圆台

圆台铺台布的常用方法有三种：

（1）推拉式。服务员选好台布，站在副主人座位处，用双手将台布打开后放至餐台上，用两手的大拇指和食指分别夹住台布的一边，其余三指抓住台布，将台布贴着餐台平行推出去再拉回来。铺好的台布中间的折线对准主位，十字取中，四面下垂部分对称并且遮住台脚的大部分，台布自然下垂至餐椅边为最适合。这种铺法多用于零餐餐厅或较小的餐厅，或因有客人就座于餐台周围等候用餐时，或在地方窄小的情况下，选用这种推拉式的方法进行铺台。

（2）抖铺式。服务员选好台布，站在副主人位置上，用双手将台布打开，用两手的大拇指和食指分别夹住台布的一边，其余三指将多余台布提拿于胸前，身体呈正位站立式，利用双腕的力量，将台布向前一次性抖开并平铺于餐台上。这种铺台方法适合于较宽敞的餐厅或在周围没有客人就座的情况下进行。

（3）撒网式。服务员在选好合适台布后，站在副主人的位置，呈右脚在前、左脚在后的站立姿势，将台布正面朝上打开，用两手的大拇指和食指分别夹住台布的一边，其余三指将多余台布提拿至左肩后方，上身向左转体，下肢不动并在右臂与身体回转时，台布斜着向前撒出去，将台布抛至前方时，上身转体回位并恢复至正位站立，这时台布应平铺于餐台上。这种铺台方法多用于宽大场地或技术比赛场合。

2. 方台和长台

西餐一般多用方台和长台。普通方台台布的铺设可以参照圆台台布的铺设方法。较长的餐台，台布一般由两个人合铺，需要几块台布拼铺在一起。服务员可以从餐台一端铺起，直到另一端。两个人分别站在餐台两侧铺设台布。铺设时，台布与台布之间的折缝要吻合，连成一线。铺好的台布要做到折缝居中、平挺无皱，两端和两侧下垂部分都对边相等。

（二）中餐摆台

中餐摆台一般分为零点用餐和宴会两种，零点摆台以小餐桌为主，宴会摆台一般以大圆桌为主。一张布置妥当的餐桌必须事先准备好各种餐具备品，主要按照餐厅的规格和就餐的需要选择相应的餐具来摆设。

1. 摆台用具

（1）餐碟：又称为骨盘，主要用途是盛装餐后的骨头和碎屑等，在中式餐台摆台时也起到定位作用。

（2）筷子：以材质分类种类很多，有木筷、银筷、象牙筷等。

（3）筷架：用来放置筷子，可以有效提高就餐规格，保证筷子更加清洁卫生。有瓷制、塑胶、金属等各种材质，造型各异。

（4）汤匙：瓷制小汤匙（调羹）一般放在汤碗中，而金属长把汤匙或者是大瓷汤匙一般用作宴会的公用勺，应该摆放在桌面的架上。

（5）汤碗：专门用来盛汤或者吃带汤汁菜肴的小碗。

（6）味碟：中餐特有的餐具，用来为客人个人盛装调味汁的小瓷碟。

（7）杯子：包括瓷制的茶杯和玻璃制的酒杯等。

（8）转台：适用于多数人就餐的零点餐或者是宴会的桌面，方便客人食用菜品，一般有玻璃和木质。

（9）其他：根据不同餐饮企业的要求，桌面上可能还会添加其他东西，如：烟灰缸、调味瓶、牙签盅、花瓶、台号、菜单等。

2. 中餐便餐摆台

中餐便餐摆台多用于零点散客，或者是团体包桌，其餐台常使用小方台或者小圆桌，没有主次之分。客人在进餐前放好各种调味品，按照座位摆好餐具，餐具的多少，可以根据当餐的菜单要求而定。

3. 中餐宴会摆台

（1）宴会的场地布置。宴会的接待规格较高，形式较为隆重，中餐的宴会多使用大圆桌，由于宴会的人数较多所以就存在场地的布置问题，应该根据餐厅的形状和大小以及赴宴的人数多少安排场地，桌与桌之间的距离以方便服务人员服务为宜。主桌应该位于面向餐厅正门的位置，可以纵观整个餐厅或者宴会厅。一定要将主宾入席和退席的线路设为主行道，应该比其他的通道宽一些。不同的桌数的布局方法有所区别，但一定要做到台布铺置一条线、桌腿一条线、花瓶一条线、主桌突出、各桌相互照应。

（2）中餐宴会座次安排。在宴会上，席次具体是指同一张餐桌上席位的高低。中餐宴会上席次安排的具体规则有四：其一，面门为主；其二，主宾居右；其三，好事成双；其四，各桌同向。中餐宴会通常都有主人、副主人、主宾、副主宾及其他陪同人员，各自都有固定的座次安排。背对着餐厅重点装饰面、面向座席的是上首，主人在此入座，副主人坐在主人对面，主宾坐于主人右侧，副主宾坐于副主人右侧。主人与主宾双方携带夫人入席的，主宾夫人坐在主人位置的左侧，主人夫人坐在主宾夫人的左侧。其他位次不变。当客人在餐厅举行高规格的中餐宴会时，餐厅员工要协助客方承办人按位次大小排好座次，或将来宾姓名按位次高低绘制在平面图上，张贴到餐厅入口处，以便引导宾客入席就座。

（3）中餐宴会的餐具摆设。左手托盘，右手摆放餐具，从主位开始摆起。

个人席位上摆放餐具的宽度不应窄于40厘米或者餐椅宽度。在摆放餐具时如果宴会人数众多、餐具较多，也可以采用多人流水作业的方式摆放餐具，一个人摆一种，依次摆放。

在摆放餐具时还应注意一些小问题：调羹应该放入汤碗或者调味碟内；消毒的筷子应该用筷套封装；桌面上使用的花瓶或者台花，其高度应该以不阻挡视线为准；主位的口布花应该比其他座位上的口布略微高一点；每个餐桌的餐具应该多备出20%，以备使用。

（三）西餐摆台

西餐一般使用长方台，有时也使用圆台或者四人小方台。西餐就餐方式实行分餐制，摆台按照不同的餐别而做出不同的摆设。正餐的餐具摆设分为零点餐桌摆台和宴会摆台，同时西餐摆放的方式因不同的服务方式也有不同之处。

1. 西餐餐桌摆放用品

台布：颜色以白色为主。

餐盘：一般餐厅设计为12寸左右，可以作为摆台的基本定位。

餐刀：大餐刀（Dinner Knife）正餐使用。小餐刀（Small Knife）享用前菜和沙拉时使用。鱼刀（Fish Knife）享用海鲜或者鱼类时使用。牛排刀（Steak Knife）前端有小锯齿，享用牛排时使用。

餐叉：大餐叉（Dinner Fork）正餐时使用。小餐叉（Small Fork）享用前菜或者沙拉时使用。鱼叉（Fish Fork）享用鱼类或海鲜时使用。水果叉（Fruit Fork）享用水果时使用。蛋糕叉（Cake Fork）享用蛋糕时使用。生蚝叉（Oyster Fork）食用牡蛎时使用。

黄油刀（Butter Knife）：用来将黄油涂抹在面包上的重要工具，常会与面包盘搭配摆设。

面包盘（B.B.Plate）：用来摆放面包的，个体较小，一般大约 6 寸。

汤匙（Soup Spoon）：浓汤匙（Thick Soup Spoon）喝浓汤时使用。清汤匙（Clear Soup Spoon）喝清汤时使用。甜品匙（Dessert Spoon）食用点心和甜品时使用。餐匙（Table Spoon）不分清汤和浓汤时使用。

水杯（Water Goblet）：用来盛饮用水。

葡萄酒杯（Wine Glass）：分为红酒杯和白酒杯，一般红酒杯略大于白酒杯。

2. 西餐便餐摆台

西餐便餐一般使用小方台或小圆台，餐具摆放比较简单。

摆放顺序是：餐盘放在正中，对准椅位中线（圆台是顺时针方向按人数等距定位摆盘）；口布折花放在餐盘内；餐叉放在餐盘的左边，叉尖向上；餐刀和汤匙放在餐盘上方；面包盘放在餐叉上方或左边，黄油刀横放在餐盘上方，刀口向内；水杯放在餐刀尖的上方，酒杯靠水杯右侧呈直线、三角形或者是弧形；烟灰缸放在餐盘正上方，胡椒瓶和盐瓶放置于烟灰缸左侧，牙签盅放在椒盐瓶左侧；花瓶放在烟灰缸的上方；糖缸和奶缸呈直线放在烟灰缸的右边。

饮食文化及习俗差异不同，造就出不同的餐饮服务方式。西餐服务方式按照不同的国家可以分为多种，一般比较流行的服务方式有美式服务、英式服务、法式服务等，不同的服务方式摆台也有差异，下面我们分别简单介绍一下。

（1）美式服务摆台。首先在座位的正前方，离桌边约 2 厘米处摆放餐盘，盘上放餐巾折花；在餐巾左侧摆放餐叉和沙拉叉，叉齿向上，叉柄距桌边 2 厘米；在餐巾右侧摆放餐刀，刀口向左，接着摆放汤匙，再摆放咖啡匙，刀柄及匙柄距桌边约 2 厘米；在餐叉前方摆放面包盘；在面包盘上右侧摆放 1 把黄油刀，刀身与桌边平行；以餐刀刀尖为基准摆放水杯或者酒杯，杯口先向下倒扣摆放；摆放糖盅、胡椒瓶、盐瓶或者烟灰缸等。

（2）英式服务摆台。在座位的正前方离桌边 2 厘米处摆放餐盘，盘上放餐巾折花；在餐巾左侧摆放餐叉及鱼叉，叉齿向上，叉柄距桌边 2 厘米；甜品匙及汤匙依次摆放在鱼刀右侧，匙柄距离桌边约 2 厘米；在餐巾左上方摆放面包盘；在面包盘上右侧摆放 1 把黄油刀，刀身与餐刀平行；水杯及酒杯摆放在汤匙上方，杯口向上。

（3）法式服务摆台。在座位的正前方距离桌边约 2 厘米处摆放餐盘，餐盘上放置餐巾折花；在餐盘的左侧摆放餐叉和沙拉叉，叉齿向上，叉柄距离桌边约 2 厘米；在餐盘的右侧摆放餐刀，刀口向左，刀柄距离桌边约 2 厘米；在餐刀右侧摆放汤匙，匙柄距离桌边约 2 厘米；将面包盘放在沙拉叉的左侧，盘上右侧摆放 1 把黄油刀，与餐刀平行；在餐盘正前方摆放甜品匙及点心叉，匙在上方，匙柄向右，叉在下方，叉柄向左；以餐刀刀尖为基准摆放红酒杯，红酒杯的右下方摆放白酒杯，左上方摆放水杯，杯口向上；摆放糖盅、胡椒瓶、盐瓶。

3. 西餐宴会摆台

西餐宴会餐台是可以拼接的，餐台的大小和台形的排法，可根据人数的多少和餐厅的大小进行布置，一般为长台。人数较多时宴会的台形可有多种。

（1）西餐宴会座次安排。主人一般安排在面向餐厅正门的位置上，第一、第二客人排在主人的两侧。使用长台时，主人安排在长台正中位置或者长台顶端。使用圆桌则与中餐宴会座次安排相同。

（2）西餐宴会餐具摆设。左手托盘，右手摆放餐具，摆放的顺序是：按照顺时针的方向，按照人数等距定位摆盘，将餐巾放在餐盘中或者是将折花插在水杯中。面包、黄油盘放在叉尖左上方，黄油刀刀口朝向餐盘内竖放在餐盘上，在餐盘的左侧放餐叉，餐盘的右侧放置餐刀，在餐刀右边放汤匙，点心刀叉放在餐盘的正上方，酒杯、水杯共三只摆放在餐刀上方。酒杯的摆放方法多种多样，可以摆成直线形、斜线形、三角形或者圆弧形，先用的放在外测，后用的放在内侧；甜点叉的左上方放盐、胡椒瓶，右上方放烟灰缸。注意西餐的餐具按照宴会菜单摆放，每道菜应该换一副刀叉，放置时要根据上菜的顺序从外侧到内侧，一般不超过七件（即三叉、三刀、一匙），如果精美的宴席有多道菜，则在上新菜前追加刀叉。

任务四　斟酒服务

斟酒服务在餐饮服务工作中比较频繁，无论是中餐还是西餐，在就餐服务中都是由服务人员提供斟酒服务，尤其宴会服务中斟酒服务运用最多。斟酒服务要求不滴不洒、不满不溢。斟酒服务要求服务人员掌握正确的服务方法和相关的酒品知识，这对于提高餐饮服务质量十分重要。

（一）酒水准备与示酒

1. 酒水冰镇

许多酒品的饮用温度大大低于室温，这就要求对酒品进行降温处理，比较名贵的瓶装酒大都采用冰镇的方法来降温。冰镇的方法有加冰块、加碎冰和冷冻等方法。

2. 酒水加温

有些酒品的饮用温度高于室温，这就要求对酒品进行温烫。温烫有四种常用的方法：水烫、火烤、燃烧和冲泡。水烫，即将饮用酒事先倒入烫酒器，然后置入热水中升温。火烤，即将酒装入耐热器皿，置于火上烧烤升温。燃烧，即将酒盛入杯盏内，点燃酒液以升温。冲泡，即将沸滚饮料（水、茶、咖啡等）冲入酒液，或将酒液注入热饮料中去。其中以水烫最为安全。

3. 示酒

宾客点用的整瓶酒，在开启之前都应让主人先过目一下。示瓶的方法是：

（1）服务者站于主人的右侧，左手托瓶底，右手扶瓶颈，酒标面向客人，让其辨认。

（2）当客人认可后，才可进行下一步的工作。

（3）如果没有得到客人的认同，则去酒窖更换酒品，直到客人满意为止。

另外，餐厅服务员在为客人示酒之前，要将酒瓶瓶身、瓶口擦干净，检查一下酒是否过期、变质，是否是客人所需要的那种酒，酒瓶有没有破裂。

（二）开瓶

酒水在上餐台斟酒前，首先要将瓶盖或瓶塞打开。普通酒水开启瓶盖比较容易，但葡萄酒和香槟酒的开启应掌握正确的方法。

1. 开瓶的基本程序

（1）开塞前应避免酒体的晃动，否则汽酒会造成冲冒现象，陈酒会造成沉淀物窜腾现象。

（2）将酒水瓶揩拭干净，特别是将塞子屑和瓶口部位擦干净。

（3）检查酒水质量，如发现瓶子破裂或酒水中有悬浮物、浑浊沉淀物等质变现象，应及时调换。

（4）开启的酒瓶酒罐应该留在客人的餐桌上，下面须用衬垫，以免弄脏台布。

（5）开启后的封皮、木塞、盖子等物不要直接放在桌上，应在离开时一并带走。

2. 葡萄酒开瓶方法

（1）服务员先用洁净的餐巾把酒瓶包上。

（2）切掉瓶口部位的锡纸，并揩擦干净。

（3）用开酒钻的螺旋锥转入瓶塞，将瓶塞慢慢拔开，再用餐巾将瓶口擦干净。

在开瓶过程中，动作要轻，以免摇动酒瓶时将瓶底的酒渣泛起，影响酒味。开瓶前，应持瓶向宾客展示。

3. 香槟酒的开瓶方法

香槟酒因瓶内有较大的气压，故软木塞的外面套有铁丝帽以预防软木塞被弹出。

（1）首先将瓶口的锡纸剥除。

（2）用右手握住瓶身，以 45° 的倾斜角拿着酒瓶并用大拇指紧压软木塞，右手将瓶颈外面的铁丝圈扭弯，一直到铁丝帽裂开为止，然后将其取掉。同时，用左手紧握软木塞，并转动瓶身，使瓶内的气压逐渐地将软木塞弹挤出来。

（3）转动瓶身时，动作要既轻又慢。开瓶时要转动瓶身而不可直接扭转软塞子，以防将其扭断而难以拔出。

（4）注意开瓶时，瓶口不要朝向宾客，以防在手不能控制的情况下，软木塞爆出。

（5）如已溢出酒沫，应将酒瓶呈 45° 斜握。

4. 烈性酒开瓶方法

烈性酒的封瓶方式及其开瓶方法有两种：

（1）如果酒瓶是塑料盖或外部包有一层塑料膜，开瓶时先用火柴将塑料膜烧熔取下，然后旋转开盖即可。

（2）如果酒瓶是金属盖，瓶盖下部常有一圈断点，开瓶时用力拧盖，使断点断裂，便可开盖，如遇有断点太坚固，难于拧裂的，可先用小刀将断点划裂，然后再旋开盖。

5. 罐装酒品开罐方法

（1）一些带汽的饮品常以易拉罐的形式封装。

（2）开启时只要拉起罐顶部的小金属环即可。

（3）服务者在开启易拉罐时，应将开口方向朝外，不能对着客人，并以手握遮，以示礼貌。

（4）开启前要避免摇晃。

（三）斟酒

1. 斟酒方式

斟酒有两种方式，一种是桌斟，另一种是捧斟。桌斟采用得较多。

（1）桌斟。餐厅员工斟酒时，左手将盘托稳，右手从托盘中取下客人所需要的酒种，将手放在酒瓶中下端的位置，食指略指向瓶口，与拇指约成 60°，中指、无名指、小指基本上排在一起。斟酒时站在客人右后侧，既不可紧贴客人，也不可离客人太远。给每一位客人斟酒时都应站在客人的右后侧，而不能图省事，站在同一个地方左右开弓给多个客人同时斟酒。给客人斟酒时，不能将酒瓶正对着客人，或将手臂横越客人。斟酒过程中，瓶口不能碰到客人的杯口，保持 1 厘米距离为宜，同时也不拿起杯子给客人斟酒。每斟完一杯酒后，将握有瓶子的手顺时针旋转一个角度，与此同时收回酒瓶，这样可以使酒滴留在瓶口，不至于落在桌上，也可显得姿势优雅。给下一位客人继续倒酒时，要用干净布在酒瓶口擦拭一下，然后再倒。

（2）捧斟。手握酒瓶的基本姿势与桌斟一样，所不同的是，捧斟是一手握酒瓶，一手将酒杯拿在手中，斟酒的动作应在台面以外的地方进行。

2. 斟酒量与斟酒顺序

（1）斟酒量。中餐在斟倒各种酒水时，一律以八分满为宜，以示对宾客的尊重。

西餐斟酒不宜太满，一般红葡萄酒斟至杯的 1/2 处，白葡萄酒斟至杯的 2/3 处为宜。斟香槟酒分两次进行，先斟至杯的 1/3 处，待泡沫平息后，再斟至杯的 2/3 处即可。

（2）斟酒顺序。中餐斟酒顺序。宾客入座后，服务员及时问客人是否先喝些啤酒、橘子汁、矿泉水等饮料。宴会开始前 10 分钟左右将烈性酒和葡萄酒斟好。其顺序是：从主宾开始，按男主宾、女主宾、再主人的顺序顺时针方向依次进行。如果是两位服务员同时服务，则一位从主宾开始，另一位从副主宾开始，按顺时针方向依次进行。

西餐宴会的斟酒顺序。西餐宴会用酒较多，几乎每道菜有一种酒，吃什么菜跟什么酒，应先斟酒后上菜。其顺序为：女主宾、女宾、女主人、男主宾、男宾、男主人。

任务五　上菜与分菜服务

（一）中餐上菜

1. 上菜顺序

中餐上菜根据不同的菜系，就餐与上菜的顺序会有一点不同，但一般的上菜方式是先上冷菜便于佐酒，然后视冷菜食用的情况，适时上热菜，最后上汤菜、点心和水果。上菜时应该注意正确的端盘方法，端一个盘子时用大拇指紧贴盘边，其余四指扣住盘子下面，拇指不应该碰到盘子边的上部，更不允许留下手印或者手指进入盘中，这样既不卫生也不礼貌。

2. 上菜方法与要求

（1）上菜时，可以将凉菜先行送上席。当客人落座开始就餐后，餐厅员工即可通知厨房做好出菜准备，待到凉菜剩下 1/3 左右时，餐厅员工即可送上第一道热菜。当前一道菜快吃完时，餐厅员工就要将下一道菜送上，不能一次送得过多，使宴席上放不下，更不能使桌上出现菜肴空缺的情况，让客人在桌旁干坐，这既容易使客人感到尴尬，也容易使客人在饮过酒后，没有菜可供及时下酒，易于使客人喝醉。

（2）餐厅员工给客人提供服务时，一般要以第一主人作为中心，从宴席的左面位置上菜，撤盘时从宴席的右侧位置。上菜或撤盘时，都不应当在第一主人或主宾的身边操作，以免影响主客之间的就餐和交谈。

（3）凡是上带有调味佐料的热菜，如烤鸭、烤乳猪、清蒸蟹等菜肴要一同上桌，切忌遗漏忘记上桌，一次性上齐，并且可以略作说明。

（4）几种特殊性菜肴上桌的方法。锅巴虾仁应该尽快上桌，将虾仁连同汤汁马上倒入盘中锅巴上，保持热度和吱吱的声响；清汤燕菜这类名贵的汤菜应该将燕窝用精致盘子上桌后，由服务人员当着客人的面下入清汤中；上泥包、纸包、荷叶包的菜时，餐厅员工应先将菜拿给客人观赏，然后再送到操作台上，在客人的注视下打开或打破，然后用餐具分到每一位客人的餐盘中。如果先行打开或打破，再拿到客人面前来，则会失去菜的特色，并使这类菜不能保持其原有的温度和香味。上热菜时应坚持“左上右撤”的原则。“左上”即侧身站立在座席左侧用左手上菜；“右撤”即侧身站立于座席右侧用右手撤盘。

（5）菜肴上有孔雀、凤凰图案的拼盘应当将其正面放在第一主人和主宾的面前，以方便第一主人与主宾的欣赏。

（6）第一道热菜应放在第一主人和主宾的前面，没有吃完的菜则移向副主人一边，后面菜可遵循同样的原则。

（7）遵循“鸡不献头，鸭不献尾，鱼不献脊”的传统礼貌习惯，即在给客人送上鸡、鸭、鱼一类的菜时，不要将鸡头、鸭尾、鱼脊对着主宾。而应当将鸡头与鸭头朝右边放置。上整鱼时，由于鱼腹的刺较少，肉味鲜美腴嫩，所以应将鱼腹而不是鱼脊对着主宾，表示对主宾的尊重。

（二）西餐上菜

1. 西餐上菜的基本要求

（1）餐厅员工在提供西餐上菜服务中，总体顺序是先女主宾后男主宾，然后服务主人与一般来宾。

（2）餐厅员工应用左手托盘，右手拿叉匙为客人提供服务。服务时，员工应当站在客人的左边。

（3）西餐菜肴上菜也要“左上右撤”，酒水饮料要从客人的右侧上。法式宴会所需食物都是用餐车送上，由服务员上菜，除面包、黄油、色拉和其他必须放在客人左边的盘子外，其他食物一律从右边用右手送上。

2. 西餐上菜的方式

（1）法式上菜方式特点是将菜肴在宾客面前的辅助服务台上进行最后的烹调服务，法式服务由两名服务人员同时服务，一名负责完成桌边的烹调制作，另一名负责为客人上菜，热菜用加温的热盘，冷菜用冷却后的冷盘。

（2）俄式上菜方式与法式服务相近，但所有菜肴都是在厨房完成后，用大托盘送到辅助服务台上，然后顺时针绕台将餐盘从右边摆在客人面前。上菜时服务人员站立在客人的左侧，左手托盘向客人展示菜肴，然后再用服务叉、勺配合分菜至客人面前的餐盘中，以逆时针的方向进行分菜服务，剩余菜肴送回厨房。

（3）英式上菜方式是从厨房将菜肴盛装好的大餐盘放在宴会首席的男主人面前，由主人将菜肴分入餐盘后递给站在左边的服务员，由服务人员分给女主人、主宾和其他宾客。各种调料与配菜摆在桌上，也可以由宾客自取并互相传递。

（4）美式上菜方式比较简单，菜肴由厨房盛到盘子中。除了色拉黄油和面包，大多数菜肴盛在主菜盘中，菜肴从左边送给宾客，饮料酒水从右边送上，用过的餐具由右边撤下。

（三）分菜服务

分菜服务常见于西餐的分餐制服务中，现在随着影响的加大，在一些中餐的高级宴会上也在使用。分菜服务就是在客人观赏后由服务人员主动均匀地为客人分菜、分汤，也叫派菜或让菜。西餐中的美式服务不要求服务员掌握分菜技术，俄式服务要求服务员有较高的分菜技术，法式服务要求服务员有分切技术。分菜服务可以有效体现餐饮服务的品质，因此服务人员必须熟练掌握服务技巧。

1. 分菜的工具

①中餐分菜的工具：分菜叉（服务叉）、分菜勺（服务勺）、公用勺、公用筷、长把勺等。

②俄式服务的分菜工具：叉和勺。

③法式服务的分切工具：服务车、分割切板、刀、叉、分调味汁的叉和勺。

2. 分菜工具的使用方法

（1）中餐分菜工具的使用方法。

①服务叉、勺：右手握住叉的后部，勺心向上，叉的底部向勺心；在夹菜肴和点心时，主要依靠手指来控制；右手食指插在叉和勺把之间，与拇指酌情合捏住叉把，中指控制勺把，无名指和小指起稳定作用；分带汁菜肴时用服务勺盛汁。

②公用勺和公用筷：站在与主人成 90° 的位置上，右手握公用筷，左手持公用勺，相互配合将菜肴分到宾客餐碟之中。

③长把汤勺：分菜汤，汤中有菜肴时需用公筷配合操作。

（2）俄式分菜工具的使用方法。一般是匙在下，叉在上。右手的中指、无名指和小指夹持，拇指和食指控制叉，五指并拢，完美配合。这是俄式服务最基本的技巧。

（3）法式切分工具的使用方法。

①分让主料：将要切分的菜肴取放到分割切分板上，再把净切板放在餐车上。分切时左手用叉压住菜肴的一侧，右手用刀分切。

②分让配料、配汁：用叉勺分让，勺心向上，叉的底部向勺心，即叉勺扣放。

任务六　撤换餐用具

（一）餐盘撤换时机

（1）客人在用完冷菜之后，餐厅准备上热菜之前。

（2）荤菜与素菜交替食用之时。

（3）上甜点与水果之前。

（4）当客人吃过汤汁较为浓厚的菜后。

（二）撤换餐盘操作要求

（1）撤换餐盘时应注意礼貌，站在客人的右侧用右手将餐盘撤回放到托盘中。

（2）撤盘时不拖曳，不能当着客人的面刮擦脏盘，不能将汤水及菜洒到客人身上。

（3）如果客人还要食用餐盘中的菜，餐厅员工应将餐盘留下或在征得客人的意见后将菜并到另一个餐盘中。

（4）撤盘时，应将吃剩的菜或汤在客人右边用碗或盘装起来，然后将同品种、同规格的盘按直径由大到小的顺序自下而上摆放整齐。

第七单元

插花艺术实训

任务一 花材的识别、挑选及处理

一、实训目的

花材的识别、挑选与处理是插花的基础和前提。该实训旨在使学生直观了解并熟悉最常见的花材形态特征，帮助学生掌握花材的挑选和处理的基本技巧，从而巩固学生对有关花材的理论知识的掌握，同时加强学生对花材的识别、挑选和处理的实际操作能力。

二、实训所需材料

（1）工具：花剪、打火机、报纸、盆或桶、喷壶。

（2）花材：唐菖蒲、月季花、康乃馨、非洲菊、六出花、满天星、情人草、八角金盘、鱼尾叶、排草等常用鲜切花材料。

三、实训步骤

（一）花材品种识别、欣赏

观察所准备的新鲜切花的形态特征，填写品种名称及花语，从茎、叶、花等方面描述其特征。通过花材特征描述、记录进一步掌握花材的主要识别特征，学会欣赏每种花材的独特性和文化内涵。

品种名称	茎	叶	花	花语

（二）花材的新鲜度识别

为了制作出完美的插花作品，并且使作品能够具有较长的观赏期，选择新鲜的花材十分重要。识别花材的新鲜度应注意以下几点：

看切口：切口新鲜、无变色、异味和发黏；

看花的枝茎，新鲜的花茎挺拔有力，用手捏有弹性感；

看叶片：叶色翠绿为好；

看花朵：如唐菖蒲、金鱼草以下部刚开 3/5、部分开放 1/2，上部的待开为好；月季以整朵花开放 1/3 为好。

记录不同种及同种不同品种鲜切花的形态特征并评价其新鲜程度。掌握评价鲜切花新鲜程度的方法。

花材名称	花茎	叶片	花朵	剪切状况	评价

花材的处理：

在野地采集或从花店买的切花在回家时往往已经脱水，如果不作处理就插入花器，既不美观也不会保持长久。因此，对花材进行必要的修剪和补水保养处理十分重要。

（1）水中剪切。不论是草花还是枝条，最基本的方法就是“水中剪切”。将茎放入盛了水的钵中，在水中切去根部，为了扩大吸水面积，根茎要斜切，并且在剪切后约十秒钟内要始终让其浸在水中。如果不在水中切而在空中切，切口处会形成空气膜，变得难于吸收水分。

（2）烧根。依据花草的种类以及脱水的情况，有多种补水保鲜的方法。不易脱水的花草用“水中切”即可。对于那些容易枯萎的初夏草花，需要费点工夫，可用“烧根”的方法。即将根茎烧到完全变黑炭化后，马上放入冷水中。目的是防止切口腐烂，提高吸水效果。在进行烧根时要将根以外部分包起来，使花叶等与热气隔离。此方面适用于根茎坚硬以及剪切后经过了一段时间的花。

（3）枝条吸收水分。与草花相比，枝条要结实得多，无须太在意。如果是新绿时节的枝条，可将枝条根部剪切成两半或四半，再从末端几厘米处剥去皮，然后放入冷水中。

（4）补水之后的间拔处理。去掉受伤、脱水的叶子以及容易脱水的新芽，然后在花的背面喷上水雾，并细分成小束用报纸包上，放入装满冷水的深水中保养，注意要立着放，最后将报纸喷湿。至少要1小时，可能的话最好保养一个晚上，使花草恢复元气。

插花之前，处理叶片的褶皱。

任务二　花材的修剪、造型与固定

一、实训目的

花材的修剪、造型与固定是插花的基础，是学习插花必须具备的基本技巧。该实训旨在帮助学生掌握花材的修剪、造型、固定的基本技巧，增强学生花材处理的实际操作能力。

二、实训所需材料

（一）工具

花剪、绿铁丝、绿胶带、订书机、回形针。

（二）花材

月季花、康乃馨、非洲菊、百合花、满天星、松枝、散尾葵叶、背龟竹叶、蜘蛛抱蛋叶等。

三、实训步骤

（一）整形修剪

用花剪对鲜切花进行整形、修剪，掌握花材修剪的基本要领。

（1）马上拆除包装。
（2）去刺处理。
（3）修剪除去腐烂的枝叶和花瓣。
（4）去除百合花的花粉。
（5）剪除枯枝、交叉枝、平等枝或不必要的细弱枝条。
（6）重新修剪切口，并进行补水。

（二）花头的造型

1. 穿透法

对花梗柔软的花材，如月季，可用铁丝对花朵基部进行对穿或十字形穿透，将铁丝缠绕于花梗上，则可避免花头折断，而且花朵可以随意弯曲造型。

2. 穿莛法

非洲菊花容易弯折，严重影响插花使用和寿命，将绿铁丝弯成U形，从花头中心穿插，铁丝穿于花茎中，使非洲菊的花茎不易弯折，且可随意弯曲造型，延长观赏期。

3. 聚集法

情人草、勿忘我等散形花材，在插花使用中常需将几枝聚合起来使用，可将几枝花材剪成需要的大小，用铁丝缠成一束组合一起使用。这在制作花束或用花插固定花材时多见应用。可加强散形花材的效果。

（三）花枝的造型

（1）用缠绕铁丝法延长月季花花枝的长度。
（2）用插入茎干法把康乃馨的茎插入马蹄莲茎段，增粗或延长康乃馨的花枝。

（四）花叶的造型

（1）散尾葵剪成长尾状。
（2）巴西叶弯折。
（3）蜘蛛抱蛋叶撕裂。
（4）龟背竹叶背穿以金属丝后缠绕于叶柄上，则叶片可随意弯曲造型。

（五）花材的固定

1. 花泥固定

花泥上插放月季、康乃馨、百合、非洲菊、满天星等花材。

2. 剑山固定

用剑山固定松枝、月季、康乃馨、非洲菊、龟背竹等花材。

任务三　东方式瓶插制作

一、实训目的

在掌握和理解东方插花的风格特点及东方式瓶花的基本构思要求的基础上，在老师的指导下完成一件东方式瓶插作品。通过作品的制作，熟悉东方瓶插的基本创作过程，掌握制作技巧，并进一步巩固花材处理及花材固定的基本技巧。

二、实训所需材料

（1）花器：玻璃瓶。

（2）工具：花剪、绿铁丝、绿胶带、订书机、回形针、花泥等。

（3）花材：创作所需的时令花材。包括：焦点花，如百合、月季、非洲菊等。线条花，如银柳、唐菖蒲及其他木本枝条。补充花，如小菊、情人草、勿忘我等散状花。叶材，如肾蕨、龟背竹等。

三、实训步骤

（1）教师示范 3 步骤

步骤 1：运用固定技巧制作瓶口固定架；

步骤 2：按顺序插线条花、焦点花、补充花、叶材等花材；

步骤 3：整理、加水等。

（2）学生模仿：按操作顺序进行操作。

（3）对学生作品进行评价，评价标准如下：

序号	评分标准	分值	备注
1	立意准确，构思合理，具有意境美	20	
2	花材选择合理	15	
3	色彩配置合理	10	
4	花器选择正确	10	
5	花材修剪合理，方法正确，技术熟练	10	
6	花材造型处理准确，熟练；不露痕迹	10	
7	花材固定位置准确；方法正确，技术熟练	10	
8	命名贴切，符合主题	10	
9	现场清理干净、用具摆放整齐	5	
总计		100	

任务四　东方式盆插制作

一、实训目的

掌握东方插花的要点，使学生理解东方式盆花的构思要求，了解东方式盆插的基本创作过程，掌握制作技巧、花材处理技巧、花材固定技巧。在老师的指导下完成一件东方式盆插作品。

二、实训所需材料

（1）花器：浅盆花器。

（2）工具：花剪、绿铁丝、绿胶带、花泥等。

（3）花材：创作所需的时令花材。包括：焦点花，如百合、月季、非洲菊等。线条花，如银柳、唐菖蒲及其他木本枝条。补充花，如小菊、情人草、勿忘我等散状花。叶材，如肾蕨、龟背竹等。

三、实训步骤

（1）教师示范 3 步骤

步骤 1：运用固定技巧制作固定材料；

步骤 2：按顺序插线条花、焦点花、补充花、叶材等花材；

步骤 3：整理、加水等。

（2）学生模仿：按操作顺序进行插作。

（3）对学生作品进行评价，评价标准如下：

序号	评分标准	分值	备注
1	立意准确，构思合理，具有意境美	20	
2	花材选择合理	15	
3	色彩配置合理	10	
4	花器选择正确	10	
5	花材修剪合理，方法正确，技术熟练	10	
6	花材造型处理准确、熟练，不露痕迹	10	
7	花材固定位置准确，方法正确、技术熟练	10	
8	命名贴切，符合主题	10	
9	现场清理干净、用具摆放整齐	5	
总计		100	

任务五　西方式单面观插花制作

一、实训目的

为了更好地掌握西方式插花的要点，通过西方式单面观插花的实践，使学生理解西方式插花的构思要求，了解西方式单面观插花的基本创作过程，掌握制作技巧、花材处理技巧、花材固定技巧。在老师的指导下完成一件西方式单面观插花作品。

二、实训所需材料

（1）花器：塑料高脚花器。

（2）工具：花剪、绿铁丝、绿胶带、花泥等。

（3）花材：创作所需的时令花材。包括：焦点花，如百合、月季、菊花、非洲菊等。线条花，如银柳、唐菖蒲及其他木本枝条。补充花，如小菊、情人草、康乃馨、勿忘我等散状花。叶材，如肾蕨、龟背竹等。

三、实训步骤

（1）教师示范3步骤

步骤1：将花泥固定在花器中；

步骤2：利用线条花插成单面观插花作品的框架，然后按顺序插入焦点花、补充花、叶材等花材；

步骤3：整理、加水等。

（2）学生模仿：按操作顺序进行插作。

（3）对学生作品进行评价，评价标准如下：

序号	评分标准	分值	备注
1	构思合理、新颖	15	
2	花材选择合理	15	
3	色彩配置合理	10	
4	花器选择正确	10	
5	花材修剪合理，方法正确，技术熟练	15	
6	花材造型处理准确、熟练，不露痕迹	15	
7	花材固定位置准确，方法正确、技术熟练	15	
8	现场清理干净、用具摆放整齐	5	
总计		100	

第八单元

酒水技能实训

项目一　鸡尾酒实训

任务一　调酒设备及原料认知

一、实训目的

通过调酒设备及原料的认知实训，使同学们熟悉调酒所需设备及原料，积累相关理论知识，为调制鸡尾酒做好准备。

二、实训要求

熟悉各类调酒设备及基本原料，熟练掌握调酒设备的使用方法，按照训练内容规范准确操作，做到准确、正确、规范。

三、实训内容

（1）调酒设备认知。
（2）基酒认知。
（3）果汁认知。
（4）糖与糖浆认知。
（5）冰的认知。

四、实训步骤

（一）调酒设备

包括调酒壶、调酒杯、过滤器、吧匙、冰夹、冰铲、冰桶等。

1. 调酒壶（Shaker）

准备波士顿调酒壶和过滤器，同时也准备好三件套的摇酒壶，向学生讲解两者的不同，并且进行简单的用法介绍。

2. 吧匙（Bar Spoon）

这是用于搅拌饮料的工具，并可作为酒吧的量器（1 吧匙 =5 毫升）。同时演示一下基本用法。

3. 量杯（Measuring Cup）

用来掌握调酒配方的准确性，可以用水进行练习，把水倒出来，然后检查分量。常用的量杯有 Giger，让学生量一下清水，1 盎司和 1.5 盎司的水大概是多少。

4. 冰夹（Tongs）和冰桶

用冰夹卫生、优雅地取用冰块、方糖或水果装饰物。

5. 冰锥和冰铲（Ice Pick and Ice Scoop）

冰锥用来敲大冰块，将之逐渐分解成小的冰块。

6. 刀具（Knife）

与合适的砧板一起来完成切削、雕琢等任务。

7. 捣拌棒（Muddler）

一个专业的捣拌棒是一个长 30 厘米的木杵，是用来捣碎、混合水果，并用于碎冰。

8. 其他

包括喷雾器、磅子、榨汁器、搅拌机等。

9. 杯具

有小量杯（Small Beaker）、葡萄酒杯（Wine Glass）、海波杯（Highball）、鸡尾酒杯（Cocktail Glass）、长饮杯（Long Brink Glass）、茶杯（Tea Cup）、香槟杯（Champagne Flute）、古典杯或平底无脚酒杯（Old Fashioned Glass or Tumbler）、银壶和小茶杯（Silver Pot and Small Cup）、宾治碗（Punch Bowl）、银酒杯（Silver Goblet），介绍每种杯子的特点及用途。

（二）基酒（Basic Alcoholic Ingredients）

是鸡尾酒的酒底，构成了鸡尾酒的主体，决定了酒品风格及特色。常见的鸡尾酒基酒有以下几种：

1. 苦味酒（Bitters）

苦味酒相当于调酒师的盐，几乎每一款经典鸡尾酒都有这款酒。在现代调酒中，苦味酒通常是用在最后擦在杯子边缘提味的。有两个品牌在国际上使用甚广：性感苦味酒（Sexy Bitters）（辛辣的、温暖和烈性的）、Ok 滴剂（Ok Drops）（花香气、甘菊味、巧克力味）

2. 香槟（Champagnes）

用香槟酒作为基酒进行调制是干型和高质量的代表。

3. 金酒（Gin）

即杜松子酒。用各种各样的草药和植物包围着杜松子并注入中性酒精随后蒸馏，得到金酒。如果没有加香或者加糖，就得到伦敦干金酒，是当地最优质的金酒。

4. 朗姆酒（Rum）

朗姆酒是一种烈性酒，是从甘蔗汁或糖蜜中发酵和蒸馏出来的。通常是在橡木桶中陈酿，在世界各地都有生产，有很多的品种。调酒用的话，力推强劲、深色来自牙买加生产的拥有很好酒体的朗姆酒。

5. 白兰地（Brandy）

白兰地是果汁经过发酵后蒸馏而成的烈性酒，酒度在 30°~40° 之间。通常白兰地专指用葡萄酒蒸馏而成的酒，干邑、雅文邑是其中名品。

干邑（Cognac）是最著名的法国原产地名称的被保护的白兰地。在橡木桶中陈酿，通常混合不同年份的白兰地，比较年轻的干邑 V.S.O.P.（非常优质的陈酿淡色白兰地）在橡木桶中至少陈酿四年，XO（特级陈酿白兰地），最少陈酿十年。除了干邑，还可以选择在橡木桶中陈酿时间比较长的法国雅文邑（Armagnac）、西班牙白兰地或德国白兰地。

6. 特基拉酒（Tequila）

是墨西哥特有的烈性酒，原料是龙舌兰。特基拉酒酒度可达 45° 左右，口味烈而香味独特。根据酒的颜色和贮存年份可以分为白色特基拉、淡色特基拉、金色特基拉和香醇特基拉几类。

7. 威士忌（Whisky）

威士忌酒是以大麦、黑麦、燕麦、小麦、玉米等谷物为原料，经发酵、蒸馏后放入旧的橡木桶陈酿，再经过勾兑之后制成的烈性酒。通常度数在 40° 以上。以苏格兰威士忌、爱尔兰威士忌、美国威士忌和加拿大威士忌最为有名。各地威士忌各有特点。

8. 伏特加（Vodca）

伏特加是俄罗斯名酒，以马铃薯或玉米、大麦、黑麦为原料，酒度一般在 40°~50°，也有酒度高达 96° 未经稀释的酒精液。伏特加有中性伏特加和加味伏特加两类，中性伏特加无色、无味，加味伏特加则用香料加香加色。俄罗斯的伏特加多数是无色无味的中性伏特加。

让学生品尝每种基酒的味道，并且记录酒标内容及品尝感受。

（三）果汁（Juices）

介绍调配鸡尾酒的常用果汁：

橙汁、柑橘汁、柠檬汁、青柠汁、姜汁、菠萝汁、苹果汁、西红柿汁、椰汁等。介绍鲜榨的方法及使用供应商提供果汁时的主要品牌。

（四）糖和糖浆（Sugar and Syrup）

介绍白糖、棕糖、黑糖的区别，常用的糖浆（Syrup）品牌。

（五）冰（Ice）

介绍冰在鸡尾酒中的重要性。在酒谱中，冰块特指大、清晰，长约3厘米，边缘完美无损的冰块。锥孔、掘痕或碎片是不可以使用的，并确保在每个阶段的准备过程中保持最大的清洁度。了解冰块、碎冰、大冰块、冰球的区别与基本制作方法。

任务二　调酒基本方法

一、实训目的

通过调酒基本方法实训，使同学们熟练掌握摇和法、调和法、兑和法、搅和法的操作步骤，顺利运用各种方法完成鸡尾酒的调制。

二、实训要求

熟练掌握摇和法、调和法、兑和法、搅和法的操作步骤及技巧，按照训练内容规范准确操作，做到准确、正确、规范。

三、实训内容

（1）摇和法。
（2）调和法。
（3）兑和法。
（4）搅和法。

四、实训步骤

（一）兑和法

1. 定义

兑和法（Build）也称“建筑法”，是将配方中的酒水按照分量直接倒入杯内，不需搅拌或加冰块（或做轻微的搅拌）即可。

2. 具体操作方法

这种方法更多地用于调制彩虹鸡尾酒，其原理是利用各原料比重不同，密度大的先放入，密度小的依次放入，从而形成层次清晰的分层彩虹鸡尾酒。

3. 注意事项

配制彩虹酒的关键，一是要准确掌握各种酒的含糖量，含糖越高，其比重越大，反之则小。配制彩虹酒宜选用含糖比重各不相同、色彩各异的酒。二是注意操作时动作要轻，速度要慢，避免摇晃。为了减少倒酒时的冲力，防止混层，可用一酒吧匙斜插入杯内，吧匙背朝上，匙尖抵住杯内壁，酒倒在吧匙背上，使酒沿杯内壁缓缓流下。

（二）调和法

1. 定义

调和法（Stir）又称“搅拌法”，是采用调酒杯和吧匙调配鸡尾酒的方法。用此法调制的鸡尾酒大部分是由澄清的主、辅材料混合而成。

2. 具体操作方法

先将适量的冰块放入调酒杯中，然后依次放入所需的辅料，最后放入基酒。搅拌时，左手握住调酒杯，右手用吧匙靠杯内壁按顺时针方向搅动5~10秒，然后在调酒杯上盖上滤冰器，滤入事先备好的载杯。

调和法有两种，即调和、调和与滤冰。调和就是把酒水按配方分量倒入酒杯中，加进冰块，再用酒吧匙搅拌均匀。搅拌的目的是在最少稀释的情况下，把各种成分迅速冷却混合。这种调法调制的酒水多用柯林杯或海波杯盛放。调和与滤冰是把酒水与冰块按配方分量倒入调酒杯中用酒吧匙搅拌均匀后，用滤冰器过滤冰块，将酒水斟入酒杯中。这种方法调制的酒水一般使用鸡尾酒杯盛装。

3. 注意事项

使用调和法应注意搅拌的时间不可过长，搅拌不可过于剧烈，以保证酒的特性不被破坏。

（三）摇和法

1. 定义

摇和法（Shake）又称“摇动法”，是把酒水与冰块按配方分量倒进加入冰块的摇酒壶中摇荡，摇匀后过滤冰块，将酒水倒入酒杯中。用这种方法调制的酒水大多含有蛋、牛奶、奶油、果汁等辅料，载杯多使用鸡尾酒杯。

2. 具体操作方法

先放入适量的冰块于摇酒壶内，并依次放入辅料，最后放入基酒，然后手持摇酒壶，按照规定的摇酒动作进行快速的摇荡。

3. 注意事项

含有碳酸饮料的材料不能放在摇酒壶内摇动，应在调成斟入载杯后再注入碳酸饮料。

一次调制的量不可太多、太满，壶中要留有一定的空间。

摇和法分单手摇动和双手摇动，单手摇动法适用于小号和中号的调酒壶（250ml 和 350ml），双手摇动法适用于大号调酒壶（530ml）。摇动要快速、剧烈，使各种材料充分混合，时间为十几秒钟，摇动时间太长，会使冰块过多溶化而冲淡了酒液。摇动时姿势要优美，脸部表情要自然，体态要协调、大方。

（四）搅和法

1. 定义

搅和法（Blend）适用于基酒与某些固体实物混合的饮品。是用电动搅拌机来完成各种材料的混合。

2. 具体操作方法

把酒水与碎冰按配方分量放进电动搅拌机中，启动电动搅拌机运转 10~20 秒，连碎冰带酒水一起倒入酒杯中，即可得到冰融状鸡尾酒。一般含有新鲜水果的鸡尾酒用此法调制，载杯多使用柯林杯或长饮杯。

3. 注意事项

要使用碎冰，而且碎冰是最后放入机器中的。

水果放入电动搅拌机之前要切成碎块。

参考建议：各类方法的练习可以分别用彩虹酒、金汤力、玛格丽特及椰林飘香四种鸡尾酒。

任务三　鸡尾酒调制

一、实训目的

通过实训，使同学们熟练掌握彩虹酒、干马天尼、玛格丽特、金色卡迪拉克的制作方法。

二、实训要求

熟练掌握彩虹酒、干马天尼、玛格丽特、金色卡迪拉克制作的理论知识、配制方法及技巧，按照训练内容规范准确操作，做到准确、正确、规范。

三、实训内容

（1）彩虹酒的制作。
（2）干马天尼的制作。
（3）玛格丽特的制作。
（4）金色卡迪拉克的制作。

四、实训步骤

（一）彩虹酒（Pousse Café）

配方：
1/4 盎司　绿薄荷酒
1/4 盎司　黄甘草酒
1/4 盎司　樱桃白兰地
1/4 盎司　干邑白兰地
装饰：无
酒杯：利口酒杯或彩虹酒杯
兑和法

（二）干马天尼（Dry Martini）

干马天尼是马天尼鸡尾酒的鼻祖之一，在酒吧很受欢迎。

配方：
2 盎司　金酒
3/4 盎司　干味美思

装饰：橄榄
酒杯：鸡尾酒杯
调和法滤出

（三）玛格丽特（Margareta）

配方：
1 盎司　特基拉酒
1/2 盎司　橙皮甜酒
3/4 盎司　青柠汁
装饰：盐边、青柠角
酒杯：鸡尾酒杯或玛格丽特杯
摇和法滤出

（四）金色卡迪拉克（Golden Cadillac）

配方：
1/2 盎司　加里昂诺
1/2 盎司　白可可甜酒
1/2 盎司　炼乳
装饰：无
酒杯：鸡尾酒杯或香槟酒杯
搅和法或摇和法滤出
注意事项：
每种鸡尾酒对应一种基本鸡尾酒调制方法，可以让学生先用水练习，然后再用酒调制，并记录心得体会。

任务四　鸡尾酒创新

一、实训目的

通过鸡尾酒创新实训，引导学生注重鸡尾酒中蕴含的文化，并能将所理解的文化内涵以鸡尾酒的形式表达出来，达到学以致用的目的。

二、实训要求

介绍鸡尾酒的创新与发展，展示鸡尾酒调酒方法及创新鸡尾酒的步骤；引导大家能够用鸡尾酒来表达文化及情感。

三、实训内容

（1）自创鸡尾酒的基本要略。
（2）自创鸡尾酒尝试。

四、实训步骤

（一）基本要略

（1）基酒的选择。
（2）辅料的选择。
（3）载杯和装饰物的选择。
（4）口味的调试和酒单确定。
（5）方法的尝试。

（二）自创鸡尾酒

建议让学生分组进行自创鸡尾酒的文案选择、实践试调，反复确认，稳定配方，然后进行集体竞赛，选出最佳鸡尾酒，大家给出改进建议，再进行后续改进，最后调制定型、存档，并当成下一轮自创鸡尾酒的教学示范酒品。

项目二　咖啡实训

任务一　咖啡器具认知

一、实训目的

通过实训，使同学们了解各种咖啡器具，明确咖啡器具及设备的结构、操作要领，掌握咖啡设备及器具的日常维护方法。

二、实训要求

熟悉冲泡咖啡所用的器具及设备，并熟练掌握其使用方法，按照训练内容规范准确操作，做到准确、正确、规范。

三、实训内容

（1）咖啡机规格的认知。

（2）咖啡机的保养。

（3）磨豆机的认识。

（4）常用器具的认识和使用。

四、实训步骤

（一）咖啡设备认知

1. 咖啡机的规格

（1）手动咖啡机。

（2）自动咖啡机。又称为水量自动型咖啡机，内部装有电子控制系统，用来控制每杯咖啡的水量，系统在制作一杯咖啡时能决定何时中断水流（最简单）。

（3）半自动咖啡机。使用按钮或操作杆就能启动或停止咖啡制作过程，水泵连续将水抽上来并穿过咖啡粉，直到操作者将按钮关掉，比起手动咖啡机，这种咖啡机的优势在于整个制作过程中，水压是恒定的，也不需要更多的手动过程，在操作时，对操作者技术要求较高。

（4）全自动咖啡机。这种咖啡机能磨粉，填充咖啡和制作咖啡，全部免除了手的操作，有的机型甚至还能热牛奶，并把它按比例分配到咖啡里，全自动咖啡机是整个咖啡机行业里发展最快的。但是，对于它们的维护也需要更多的专门技术与服务，这种咖啡机最适用于机关或自助的环境。

2. 压粉器

用来将咖啡粉压实，在煮咖啡时使用。压粉器总体可分为圆弧面型与平面型两种。平面型的滤网与滤杯应搭配平面型的咖啡填压器，圆弧面型的滤网与滤杯应搭配圆弧面型的咖啡填压器。

提醒：经过填压出来的咖啡粉饼在吸收水膨胀后才能均匀地和滤网、滤器密合，才可均匀萃取咖啡的粉饼。

3. 冲咖啡器

冲咖啡器也叫冲茶器或压榨壶，在国内主要用来冲茶，而在西方国家被称为“Prench Press”，主要用来冲咖啡。这是一种传统浸泡的做法，咖啡粉和煮好的咖啡液体同在一个容器里，这个方法可以品尝咖啡的优点及缺点。

做法：将粗细程度与冲咖啡器相匹配的咖啡粉按 80 克 / 杯的量放在壶内，但不超过咖啡壶所煮制的限制。把 91~96℃的水倒入壶内，直到咖啡壶外边金属架顶端处，放好过滤杆，浸泡 3 分钟后将滤网推到底部，一壶咖啡就煮好了。

（二）咖啡机的保养

蒸汽管：使用蒸汽后应立即清洁。

咖啡出口：咖啡出口必须经常清洗，使用后用抹布擦拭。

每日保养：咖啡机排水盘与其出水槽必须每日清洗。

每周保养：以半升热水溶解3匙清洁粉，分解滤网及把手，浸泡约60分钟后以清水冲洗干净。

滤水器：每隔半年至一年更换一次，若水质较差或用量较大则必须提前更换。

（三）磨豆机

1. 古式房子磨豆机

也叫三方磨豆机，为木纹柔美的手摇磨豆机。把手的回转速度或力道增减若不均，则研磨咖啡豆不会匀称，此点必须注意。此款磨豆机的特点是磨豆快速、粗细均匀、可调节粗细。操作方法：把咖啡豆放在上端的容器里，轻轻摇动手柄，研磨出的咖啡粉就会掉入下面的抽屉。

2. 小电动磨豆机

手掌般大的电动磨豆机，磨140克的豆子只需10~15秒即成粉状，应注意的是所磨成的咖啡粉气味会随着时间的增长而慢慢消失，所以饮用前现研磨适量的咖啡豆才是重点。

3. 电动磨豆机

直桶形的浓缩咖啡器，适合初学者使用。半磅容量（1磅=0.4536千克），自动调节粗细，高转速；专业咖啡研磨工具，研磨的咖啡粗细达到专业水准。电动磨豆机适合咖啡需求量小、颗粒较大及赶时间的人士使用。

（四）其他调制咖啡时的常用器具

1. 牛奶壶

制作奶泡的专用壶。加入牛奶，用蒸汽喷嘴制成奶泡。材料采用不锈钢或耐热玻璃。

2. 奶泡器

用于手动打奶泡，由两部分组成。

操作方法：往杯里倒入鲜牛奶，拉动把柄把空气压下，即可制作出细小的奶泡，刮掉粗奶泡。

3. 拉花钢杯

拉花钢杯的分类如下。

（1）根据嘴型分为：尖嘴形与圆嘴形两种。

尖嘴形可画细线条图形，圆嘴形可画对称式图形。

（2）按沟槽形式可分：长沟形和短沟形。

沟槽越长汇集牛奶的作用越好，画图时容易控制；沟槽短的在刮奶泡时较好使用。

4. 拉花模具

用来制作各种形状的花式咖啡。

操作方法：只需选取合适的模具，加上巧克力，轻轻一扭，咖啡图案就做好了。

5. 奶油枪

奶油枪即奶油发泡器，用于专业制作各式冰、热花式咖啡。操作简单方便，只需冷藏即可最大限度地保持住奶油的新鲜度。

使用方法：

（1）打开盖子倒入液态鲜奶油（不要超过一半）后锁紧；

（2）拧开奶油枪上的气弹装置口，将气弹插入拧紧（要快速），然后上下快速摇混，多摇几下；

（3）最后套上花式喷嘴就可拉出不同的款式。

6. 宫廷细口壶

用来装开水，冲泡咖啡时用。

7. 咖啡杯

按容量分，可以分为小型、一般及专用杯。

100毫升以下的小型咖啡杯：多半用来盛装浓烈滚烫的意式或单品咖啡。一般喝意大利式咖啡都使用100毫升以下的小咖啡杯。

200毫升左右的一般咖啡杯：最常见的咖啡杯，清淡的美式咖啡多选择这样的杯子，有足够的空间，可以自行调配，添加奶精和糖，用于喝牛奶比例比较高的咖啡，如拿铁、法国牛奶咖啡。

300毫升以上的马克杯或法式欧蕾专用牛奶咖啡杯：加了大量牛奶的咖啡，像拿铁、美式摩卡，多用马克杯，才足以包容它香甜多样的口感。

咖啡杯多以白色瓷器为宜，这样比较能够体现咖啡的色彩美感。

咖啡杯要及时清洗，需要清除咖啡垢时可将杯子放入柠檬汁中浸泡后清洗，也可将中性洗碗剂沾在海绵上，轻轻地擦拭清洗，最后再用清水冲净即可。在咖啡杯的清洗过程中，严禁使用硬质的刷子刷洗，也要避免使用强酸、强碱的清洁剂，以避免咖啡杯的表面刮伤受损。

五、注意事项

（1）磨豆机研磨之后一定要清洗干净，因为咖啡豆内含有油脂，容易造成油脂积垢，产生陈腐味。

（2）使用完毕之后，一定要用湿布擦拭刀片和机台，并用温热水清洗塑料顶盖。美国流行的加味咖啡，添加的香料味道又浓又重，会残存很久，在清洗前最好先放两匙白砂糖进去搅打去味。最好是一个研磨机只研磨一种豆子，这样就不会很混味了。

（3）每天实训结束前取出豆槽中的剩余咖啡豆，并用干净的干抹布擦拭豆槽。

（4）刷扫磨刀表面，去除附着在上面的咖啡颗粒。

（5）清除分量器中的咖啡残余，并将其刷干净。

任务二　咖啡冲调实训

一、实训目的

通过实训，使学生掌握热咖啡的冲泡、冲煮方法及冰咖啡的冲调方法。

二、实训要求

熟练掌握咖啡冲泡、冲煮、冲调的理论知识、使用方法及技巧，按照训练内容规范准确操作，做到准确、正确、规范。

三、实训内容

（1）滤纸式冲泡法。

（2）虹吸式冲煮法。

四、实训步骤

（一）滤纸式冲泡法

滤纸式冲泡法是最简单的冲制方法。选择烘焙时间较长的咖啡豆磨成粉状，以 5 分钟的时间冲泡出咖啡里所含的成分。过滤器和滤纸可依照所冲的咖啡分量，选用大小不同的尺寸。

1. 准备器具

咖啡杯、咖啡匙、尖嘴壶、滤杯、滤纸、量匙、透明玻璃壶、磨豆机。

2. 咖啡粉用量及研磨度

咖啡豆 15 克（半匙）。研磨程度：中度。

3. 水量

热水 200 毫升。

4. 操作步骤

（1）将专业过滤纸折好，正确地放入冲泡杯中。

（2）用专业咖啡粉量勺将咖啡粉按人数倒入过滤纸中，再把咖啡粉表面拨平。

（3）将 95~100℃的开水放入专用尖嘴壶中，让热水慢慢将咖啡粉全部浸湿。

（4）当咖啡充分膨胀后第 2 次将热水注入咖啡粉表面，注意用水量。

（5）待咖啡差不多滴漏完毕后取掉冲泡器即可。

特点：方法调制简单，过滤纸使用一次必须换，干净卫生，还可以按自己口味调节水量。

5. 注意事项

（1）咖啡粉的用量依个人口味而定，喜欢清淡咖啡的人，粉量约 16 克 / 人；喜欢浓苦味的粉量约 24 克 / 人，充分地蒸烧后再慢慢地注入开水。

（2）过滤的抽出液不要滴到最后一滴，如果全部滴完可能有杂味或杂质等。

（3）将咖啡加温至不使其沸腾的程度再注入咖啡杯。

（4）刚开始可能冲出来的咖啡酸味会很重，原因是除了出水量控制不好之外，咖啡本身的品质，如新鲜度以及颗粒粗细也是重要因素。

（二）虹吸式咖啡冲煮法

虹吸式咖啡壶又称塞风壶，因为它是利用蒸汽压力的原理，所以又叫蒸汽式咖啡壶。它是最常见的咖啡制作方法，主要适用于单品咖啡。

特点：可看到咖啡豆冲成咖啡的全部过程，操作时着重工序。

虹吸式咖啡壶的构造分为两部分：玻璃上壶和玻璃下壶（即上下座），上下壶之间有密封塞，它能使上下壶紧密结合。

在下壶和支架上有一金属螺丝栓固定下壶，使之平衡。

过滤器及滤布：过滤器是由滤勺式的铁片，外包滤布和弹簧及挂钩组成的，它主要是起到过滤咖啡渣的作用，在煮咖啡的时候，咖啡和滤布是直接接触的，所以过滤器的保养很重要。

虹吸壶萃取咖啡时要有热源，通常是酒精灯或瓦斯火焰，商用的瓦斯加热速度较快，下壶的水沸腾后，会因虹吸原理上升冲泡上壶的咖啡粉，移开热源，煮好的咖啡就会自动下降，全过程约需 4 分钟，最好用滤过的生水加热冲泡，口感较佳。

1. 准备器具

虹吸壶、酒精灯或瓦斯灯、滤布、大咖啡杯 1 套、咖啡匙 1 个、量豆匙、磨豆机、竹片 1 个、奶粒 1 个。

2. 适用咖啡豆

浅烘焙至深烘焙咖啡豆。咖啡豆的种类如表 8–1 所示。

表 8-1 咖啡种类

中文名称	英文名称	火候	时间 / 秒
蓝山	Blue Mountain	大	0~45
摩卡	Mocha	中	50
哥伦比亚	Columbia	中	50

3. 咖啡粉用量及研磨度

15 克 / 杯（研磨程度：中度）。

4. 水量

开水 200 毫升。

5. 虹吸式咖啡壶煮咖啡的步骤

（1）检查虹吸壶上 / 下壶及过滤器，滤布是否完好，计时器、搅拌棒、咖啡量勺是否齐全。

（2）采用纯净水，按虹吸壶下壶上的刻度来加水。

（3）将磨好的咖啡粉倒入虹吸壶上壶，并轻拍，使咖啡粉表面平坦。

（4）使过滤器拉沟垂直向下，安装在上壶中心位置并且勾住玻璃导管。

（5）用布将虹吸壶上 / 下壶外部的水珠擦干。咖啡杯加入热水或者放在温杯器上进行温杯。点燃酒精灯，将虹吸壶放在火上。

（6）当水加热至小气泡冒出时，将虹吸壶上壶插入水中。

（7）水升至上壶翻腾时，关小火，计时，搅拌同时进行，顺时针搅拌 5~6 圈。

（8）经过 30 秒后，将木搅拌棒插入咖啡的 2/3 处，进行第一次搅拌。

（9）除蓝山、夏威夷可纳加热 45~50 秒关火外，其他咖啡均加热 60 秒关火。

（10）先将下壶内的压力释放，再将上壶摇晃取下。将咖啡倒入预热的咖啡杯中（8 分满），附上咖啡盘、咖啡匙、奶粒、糖包。

6. 虹吸式咖啡冲煮法的冲煮注意事项

（1）下壶内的水最好是热开水，可节省煮沸时间。

（2）注意水质，勿用矿泉水，用软水（自来水）。

（3）下壶一定要用干毛巾擦干，不能有水滴。

（4）中间过滤网下面的弹簧要拉紧，挂钩要钩住，且拨到正中央。

（5）温度宜在 80~90℃，插上壶时要往下插紧。

（6）咖啡杯要温杯，咖啡豆最好以现磨现煮为佳。

（7）冲煮时间应在 40~50 秒（勿超过时间太久）。

（8）咖啡粉量与水量要正确，煮咖啡时注意风向，勿直吹火源。

（9）竹片搅动时只要插入 2/3 处，勿刮到底下的过滤网。

（10）拔上壶时重点在于左手要抓紧下壶的把手，朝四周轻轻地旋转回正位往上拔，小心别打破。

（11）煮过的咖啡粉先拍打松散，倒掉后再用清水冲洗干净咖啡壶。

7. 冲煮咖啡的技巧

（1）下壶要擦干，不能有水滴；用湿布擦拭下壶，必须先擦底部，再擦左右两旁。

（2）过滤网要泡在清水中备用或放进冰箱冷藏，可延长滤布使用期限；中间过滤网下面的弹簧要拉紧，挂钩要钩住，且拨到正中央。

（3）咖啡豆要新鲜，勿受潮或放置太久。

（4）咖啡以现磨现煮者为佳；磨豆段数在 2.5~3.5 段。基本原则是：酸性豆粗磨，苦味豆细磨，新机段高，旧机段低。

（5）咖啡粉及水量要正确。

（6）咖啡杯要先温杯。

（7）下壶内的水最好用热开水，可节省煮沸的时间；一定要等水煮滚，才可插入上壶。

（8）插上壶时要往下插紧；拔开上壶时要朝右斜、回正往上拔，重点在左手要抓紧下壶的把手，切勿打破。

（9）煮咖啡时勿直吹火源。注意火源大小：强火、大火、中火、小火、微火。

（10）温度在 80~90℃。

（11）冲煮时间需要 50~60 秒，勿煮得太久。

（12）下壶的剩余清水最好倒掉，咖啡快下降完成时，剩余的泡沫也隔开。

（13）煮过的咖啡粉先拍打松散，倒掉后再用清水冲洗干净咖啡壶。

（14）在煮沸水的虹吸壶下壶中插入上壶时，如果水质够好，就不会有热水沸腾喷出；如果水质不好，热水就会喷出。

（15）当熄火让咖啡下降时，从伸入下壶中的上壶玻璃管冒出来的如果是大泡泡，说明咖啡油脂和胶状物充分，口感圆润爽滑，舒服而顺畅，如果泡沫细小，甚至浮着一层泡沫的则是油水混合。

（16）虹吸式咖啡的火源温度要控制好。

（17）在水刚上升及熄火时使用搅拌棒，焖煮过程中不要一直搅拌，以免破坏“焖”的过程。

（18）在第一次使用过滤器内部、滤布（纸类免）之前，切记加适量的盐于锅中，加热水煮沸后，洗涤清洁再使用，过滤套、滤布和竹匙洗干净后，应保持干燥。滤布每次使用过后，一定要洗干净，如果滤布上残留有咖啡粉，会影响往后煮咖啡时下流的速度，造成萃取过度。

（19）勿用清洁剂之类的清洁用品洗涤冲袋及过滤器。冲袋、滤布洗过后务必用清水泡之，或摆放于冰箱内，以免让冲袋、滤布过干，产生油垢味。

（20）冲洗蒸馏式（塞风）玻璃壶具时，慎防水龙头或水槽周围的杯子及它物，以避免玻璃壶具破损。清洗玻璃壶具上壶要握紧玻璃管，以免脱落打碎。

任务三　意式咖啡制作

一、实训目的

通过实训，使学生熟练掌握意式咖啡的制作方法。

二、实训要求

熟练掌握意式咖啡冲泡的理论知识、使用方法及技巧，按照训练内容规范准确操作，做到准确、正确、规范。

三、实训内容

意式咖啡的两种冲调方法。

四、实训步骤

（一）浓缩咖啡机冲调

浓缩咖啡机起源于意大利咖啡机，用高压、快速的冲煮方式，只需 20 多秒的时间，就可以将细磨、重度烘焙的咖啡粉调制成一杯香浓可口的 Espresso，并充分使咖啡豆中的油质、胶质乳化出来，在杯面上形成独特的深黄色。搭配所附的蒸汽管，还可以打出奶泡，做出像拉花、卡布奇诺的意大利花式咖啡，变化性十分丰富。

1. 准备器具

意大利咖啡机、压板、咖啡粉、水。

2. 适用咖啡豆

深烘焙咖啡豆，单品或综合豆。

3. 咖啡粉用量及研磨度

意大利香浓咖啡，咖啡粉 14 克 / 杯。研磨程度：较细。

4. 水量

60 毫升。

5. 操作步骤

（1）打开电源开关，待红灯熄灭后开始加热。暖机时间为 30~50 分钟，观察蒸汽压力表，指针指到 60~80 千帕时，咖啡机暖机结束。

（2）将咖啡机手柄放在咖啡出口处，将磨豆机刻度调至细磨。

（3）用磨豆机将咖啡磨成粉后，装入咖啡机手柄中。

（4）用填压器将咖啡粉压实，使咖啡粉分布均匀平整。

（5）填压后咖啡冲泡头处与机器正面成 90°。

（6）按下使用槽的咖啡键，咖啡开始流出，当数量达到要求时，再按下咖啡键即可停止。

6. 浓缩咖啡机冲煮秘诀

单颗按压不会轻易通过滤网，经过压挤填实，在 25~30 秒内完成萃取。

滤器内的咖啡水平填实才能均匀萃取，所以务必采用与滤器内径相符的平面型填压器，填压时至少施上 20 磅的垂直均匀力量，可以边敲边压让粉末密度更高。

同样使用滤净水，冲煮水温控制在 92~95℃。

锅炉压力不对会萃取过度或不足，适当压力是 8~9 帕，所用滤器面积最好有 58 平方厘米，才能控制相对压力在适当值。

用钢杯盛牛奶，注意容量因打奶泡会膨胀 3 倍；蒸热奶蒸汽管要放进钢杯底部蒸至 70℃；打奶泡蒸汽管接触牛奶表面即可，奶泡形成加热至 60℃就关机。

制作热奶或奶泡前后，都该让蒸汽管空转 1~2 秒，让冷水或奶垢流出。

（二）意大利摩卡壶冲调

摩卡（Mocha）为蒸馏式的一种，以摩卡壶所冲煮出的咖啡带着一种沉稳的浓度和香味，主要适用于意式咖啡，盛行于欧洲地区，与意大利咖啡机都属于利用高压蒸汽萃取咖啡的壶具。

摩卡壶的壶体有 3 层，下壶放水、中间篮子放咖啡粉而上壶空间留给蒸汽与咖啡，其中关键零件是不让蒸汽外泄的垫圈、可控制分量的减压板，至于过滤咖啡残渣的滤布则必须另行购买，剪成像下壶口一般大小，盖住咖啡粉即可。

用摩卡壶冲煮咖啡也需要热源，且加热速度要快才能产生足够的蒸汽，所以瓦斯炉或功率大的电磁炉比较适合，水沸腾后上壶充满蒸汽，加压让下壶水上升冲泡咖啡粉，当蒸汽孔不再冒出蒸汽，就表示手工意式咖啡已完成。

摩卡壶的设计较适合深烘焙的浓缩咖啡，如果要用来冲煮中、浅烘焙的单品咖啡也可以，只是要延后 1 分钟左右取出咖啡。若要做出意式咖啡特有的奶泡，需添购不锈钢打奶泡壶，用手将全脂鲜奶打成奶泡，颇为费时。

1. 准备器具

摩卡壶、滤纸或滤布、咖啡粉、水、电磁炉或瓦斯炉、酒精灯。

2. 适用咖啡豆

深烘焙咖啡豆。

3. 咖啡粉用量及研磨度

每杯咖啡粉 8 克（研磨程度：中至细）。

4. 水量

150 毫升。

5. 冲泡前准备

为了提高抽出效果，要将放入桶内的咖啡粉压硬，而上半部的水壶蒸汽不要使其漏掉，要好好地盖住。

（1）将水注入下壶中，水高不要超过出水孔，以免加热后滚烫的蒸汽由此喷出。

（2）将咖啡粉装入咖啡盛器中，用勺（匙）底部或压板轻压，使咖啡表面平顺。清掉咖啡盛器边缘多余的咖啡粉。

（3）将准备好的滤布沾湿，轻贴在咖啡盛器底部细孔上。

（4）将咖啡盛器置于下壶上方，并将两者锁紧。

（5）放在火源上加热。

（6）加热过程中会听到蒸汽上升与水滚的声音，或是打开壶盖观察，等到蒸汽不再冒出时，就表示咖啡已经煮好了。

（7）将煮好的咖啡倒入浓缩咖啡杯中。

6. 摩卡壶使用步骤

（1）将水倒入下壶，每杯约 150 毫升，水的高度不能超过出水孔，以免蒸汽喷出伤人。

（2）将咖啡放入咖啡盒内，把咖啡粉拍平。

（3）清除咖啡盒周围的咖啡粉，盖上滤布或滤纸。

（4）上下壶拧紧，放在热源处加热。

（5）当听到咕咕的声音时，关掉热源即可。

7. 摩卡壶的冲煮秘诀

（1）注意壶身容量，若水平面高过出水孔，就该分次冲煮，以免水沸腾后喷出。

（2）适用颗粒只比浓缩咖啡机粗些，一般将盛器填实即可；若喜欢浓些，可以压板轻压直到填满为止。

（3）上下壶锁紧，放在瓦斯炉或电磁炉上煮，煮好的咖啡开始上升时就该将炉火转小，咖啡才不会有焦味。

（4）当蒸汽孔不再冒出蒸汽，就表示冲煮完成；若用来冲煮浅烘焙或中烘焙单品咖啡豆，可延后约 1 分钟取出。

（5）也可以用手工打奶泡壶，将全脂牛奶打成奶泡，就可制作拿铁或卡布奇诺。

任务四　咖啡拉花的制作

一、实训目的

通过实训，使学生熟练掌握奶泡、拉花、鲜奶油的制作方法。

二、实训要求

熟练掌握奶泡、拉花、鲜奶油制作的理论知识、使用方法及技巧，按照训练内容规范准确操作，做到准确、正确、规范。

三、实训内容

（1）奶泡制作的两种方法。

（2）咖啡拉花的方式及制作方法。

（3）鲜奶油的制作。

四、实训步骤

（一）用蒸汽奶泡机制奶泡

1. 用具的选择

（1）专用钢杯：上窄下宽易于形成旋涡。

（2）温度计。

（3）奶泡匙：蛋形竖口，便于将上层粗奶泡刮掉，只留绵密奶泡，增加入口香滑感。

（4）干净布：保持蒸汽管清洁。

2. 奶泡的分量

将约 1/3 冰牛奶（初学者可增加至 1/2 杯冰牛奶量）倒入钢杯（750 毫升）中，通常应可打出 2~ 3 倍的奶泡。

3. 奶泡的制作过程

先打出足量的奶泡，再调整蒸汽管位置，降低声音或提升鲜奶温度。

4. 奶泡制作步骤

（1）牛奶要冰，温度为 2~4℃，量以倒入至奶泡壶约 1/3 处为宜。

（2）先放蒸汽的部分，蒸汽阀开 1~2 秒让冷水流出。

（3）将温度计插入容器中，然后将蒸汽管斜插入牛奶里，打开蒸汽开关。

（4）将蒸汽喷嘴位置调整到距离牛奶表面呈 45° 的地方，但不要高于液面，否则牛奶会溅得到处都是。当位置正确的时候会听到一种平稳的“嘶嘶”声，否则就会产生很大声响或是几乎没有声音。

（5）当奶泡充足之后，就可以将蒸汽管插入深一点，让蒸汽继续替牛奶加温。蒸汽管插入的角度最好是刚好可以使牛奶旋转。

（6）温度到达 60~70℃的时候就可以关掉蒸汽开关。

（7）用湿抹布将附着在蒸汽管上的牛奶擦干净，同时再放出蒸汽，以免牛奶干了之后难以清理。

（二）用奶泡壶制作手工奶泡

（1）将牛奶倒入奶泡壶中，分量不要超过奶泡壶的 1/2，否则制作奶泡的时候牛奶会因为膨胀而溢出来。

（2）将牛奶加热到 60℃左右，但是不可以超过 70℃，否则牛奶中的蛋白质结构会被破坏。注意！盖子与滤网不可以直接加热（如制作冰奶泡则将牛奶冷却至 5℃以下，当然，不要冰过头而让牛奶结冰了）。

（3）将盖子与滤网盖上，快速抽动滤网将空气压入牛奶中，抽动的时候不需要压到底，因为是要将空气打入牛奶中，所以只要在牛奶表面抽动即可；次数也不需太多，轻轻地抽动 30 下左右即可。

（4）移开盖子与滤网，用汤匙将表面粗大的奶泡刮掉，留下的就是绵密的热（冰）奶泡。

（二）咖啡拉花的制作

1. 拉花制作步骤

（1）直接将 Espresso 盛接在所需要的杯子中。

（2）接着打奶泡，完成后若是表面浮有较粗的奶泡请将其去除。

（3）再将打好的奶泡倒入刚完成的 Espresso 中。当倒入的奶泡与 Espresso 已经充分混合时，表面为浓稠状，这时候便是开始拉花的时机（通常此时杯子里已经半满了）

（4）拉花的开始动作便是左右晃动拿着拉花杯的手腕，重点在于稳定地让手腕做水平左右来回晃动。

（5）注意手腕的力量，不要整只手臂都跟着一起动。当晃动正确时，杯子中会开始呈现出白色的“之”字形奶泡痕迹（以树叶图案为例）。

（6）逐渐往后移动拉花，并且缩小晃动的幅度，最后收杯时往前一带顺势拉出一道细直线，画出杯中叶子的梗作为结束。

2. 咖啡拉花的 3 种制作方法

（1）直接倒入成型法。直接倒入成型法是咖啡拉花技巧中最难的方式，也是技术性最高的方式。它运用手部的晃动技巧使牛奶奶泡利用水纹波动的原理上浮在意式浓缩咖啡的表面上，并且利用不同的晃动控制技巧，而形成各式各样的图形，其形成的图形分为两大类：

①心形与叶子形状线条的组合图形；

②动物、植物线条图形。

这种方式必须注意各种细节，从意式咖啡的状态到奶泡的组织与细致程度及融合方式的技巧；另外，拉花图案成型时间十分的短。所以还需要非常流畅而且有节奏的动作和非常精确的手部晃动控制技术，由此可见必要的长时间练习尤为重要，想要成为真正的拉花高手就要不断地认真练习。

（2）筛网成型法。筛网成型法是咖啡拉花技巧中最简单的方式，也可以自己直接刻出筛网图形网板及搭配简单的手绘图形法加以变化创造出独具特色的图案。

操作原理简单，主要可分如下两种：

①将打好的奶泡静置 30 秒左右，让牛奶与奶泡在一定程度上分离，再用汤勺挡住部分奶泡，让牛奶与意式咖啡先融合，再使用奶泡覆盖在咖啡表层形成雪白的表面之后利用带有各种图形或字样的网板及筛网，放在距离咖啡表面 1 厘米处，撒上可可粉或玉桂粉（学名肉桂粉）使咖啡表面呈现出各种图形或字样。

②与上面做法相似，但不同之处在于奶泡做好后直接让奶泡与意式咖啡融合，在倒入时使其在咖啡表面不产生白色的奶泡，然后将刻有图形或文字的网板放置在距离咖啡表面 1 厘米处，隔着网板洒上白糖粉，使咖啡表面呈现各种图形或文字。

（3）手绘图形法。手绘图形法是在完成意式浓缩咖啡与奶泡融合后利用产生的白色圆点及不规则图形，使用牙签，蘸用可可粉或巧克力膏、果汁等材料，在咖啡表面勾画出图形。其图形构造分为以下两种。

①规则几何图形：使用各种颜色果汁、巧克力膏等，先在咖啡表面完成基本线条，再使用牙签勾画出各种规则几何图形。

②具象图案：如猫、狗、熊猫、蛇等动物图形，大部分都是在意式浓缩咖啡表面撒上可可粉，再倒入牛奶奶泡融合，在融合时轻微晃动手腕，使咖啡表面形成圆形波纹图形，再以圆形波纹图形为底，利用牙签或针状物蘸用可可粉或巧克力膏在其表面勾画出各种图形。

手绘图形比直接倒入法简单些，只要掌握住细节重点就可以十分得心应手地制作出漂亮的手绘图形了。

（三）鲜奶油的制作方法

材料：鲜奶、打蛋盆、打蛋器、香草粉、奶油花袋、砂糖。

（1）将适量（约 200 毫升）鲜奶倒入打蛋盆，用打蛋器低速搅打。

（2）当鲜奶打至起泡，加入砂糖、香草粉，用中速继续搅打。

（3）当鲜奶打成霜状，倒置不掉时即成。

（4）将打好的鲜奶油放入奶油花袋中即可。

任务五　花式咖啡制作

一、实训目的

通过实训，使学生了解花式咖啡的具体制作方法。

二、实训要求

熟练掌握花式咖啡理论知识、使用方法及技巧，按照训练内容规范准确操作，做到准确、正确、规范。

三、实训内容

（1）摩卡咖啡的制作。

（2）爱尔兰咖啡的制作。

（3）玛奇朵咖啡的制作。

四、实训步骤

（一）摩卡咖啡

摩卡是也门的一个港口，也门生产的摩卡咖啡享誉全球。

摩卡咖啡的制作：在杯中加入巧克力糖浆20毫升和很浓的深煎炒咖啡，搅拌均匀，加入一大匙奶油浮在上面，削一些巧克力末做装饰，最后再添加一些肉桂棒。

（二）爱尔兰咖啡

爱尔兰咖啡最早出现于爱尔兰达布林，却盛行于旧金山，最后遍布全世界，是非常有名的咖啡冲泡方式，通常是加入爱尔兰威士忌。

材料：现煮热黑咖啡140毫升、咖啡方糖两块、爱尔兰威士忌15毫升，发泡奶油。

器具：爱尔兰咖啡架一套、糖夹一把、火柴。

制作方法：先将咖啡、方糖、酒放入爱尔兰咖啡杯中，再将杯子放在爱尔兰咖啡架上，直至方糖熔化再将杯子取下，往杯中倒入咖啡并打上发泡奶油。

（三）玛奇朵咖啡

在意大利浓缩咖啡中，不加鲜奶油、牛奶，只加上两大勺绵密细软的奶泡即可完成玛奇朵的制作。

材料：现煮意大利浓缩咖啡 30 毫升、牛奶泡沫 60 毫升。

器具：玛奇朵咖啡专用杯（90 毫升意式浓缩咖啡杯）一套。

制作方法：将咖啡倒入杯中，再打上牛奶泡沫即可。

项目三　葡萄酒品鉴实训

随着葡萄酒文化在中国的流传，很多地方都开办了专业的红酒品鉴课程，了解与认识葡萄酒的一些基本知识，已成为酒店业的一项基本技能。

任务一　认识酒瓶与酒杯

一、实训目的

学生了解葡萄酒酒瓶与酒标的基本常识，学会初步辨别葡萄酒的真伪。学会葡萄酒杯的选择。

二、实训准备

开瓶器、醒酒器、瓶酒；ISO（International Standard Organization）标准酒杯、起泡葡萄酒品尝杯。

三、实训内容

（一）观察并了解葡萄酒瓶的形状与大小

尽管世界上有几十万种品牌的葡萄酒，但盛装葡萄酒的玻璃瓶主要有 5 种：波尔多型瓶、勃艮地型瓶、德国长笛型瓶（莱茵瓶）、香槟型瓶、波特酒型瓶。而目前世界上普遍接受并常见的为 750 毫升的标准瓶。除标准瓶外，其他少数还有比标准瓶小的或者比其大的酒瓶，如匈牙利的托凯甜葡萄酒就是用 500 毫升的酒瓶来装酒的。

（二）认识酒标中的基本信息

酒标一般会标注以下内容：商标、葡萄品种（所占比例）、生产地区、酿造年份、分装年份、葡萄酒名称、酒精度、酒瓶容量、酒的特性、特别设计、酿造厂名称和地址、分装厂名称和地址等。

（三）开瓶的步骤

为了让葡萄酒在饮用时的香味更香醇，可以预先开瓶，让葡萄酒先透透气，呼吸一会儿。其功效在于让酒稍微氧化，能使酒的味道柔顺一些，特别是还没到成熟期的红葡萄酒，先开瓶透气可避免饮用的时候单宁太强。

（1）用刀子沿着瓶口突起的上沿或下沿，将瓶口的封套割开。

（2）用擦布把瓶口擦拭干净。

（3）用开瓶器将软木塞拔出。

（4）闻一下软木塞是否有异味，以鉴别酒质。

（四）杯子的选择

适当的酒杯可使品酒时的准确性提高，无论是对酒的外观的判断，还是对气味的辨识，都比不适当的酒杯优越许多。

任务二　品酒的基本步骤

一、实训目的

学生掌握葡萄酒的正常风味特征，正确的品酒方法，葡萄酒常见缺陷风味。

二、实训准备

（1）教学葡萄酒 1 套 8 只酒：起泡酒、长相思干白、霞多丽白葡萄酒、利思桃红、赤霞珠葡萄酒、红葡萄酒干红、黑皮诺、西拉子。

（2）品酒杯：国际标准 ISO 品酒杯、法国酒鼻子套装 54 香。

（3）品评表。

三、实训要求

（一）斟酒的礼仪

检视完瓶塞，作为侍酒者应给点酒人斟上约 1/5 杯的酒，用来检验酒是否合格。如无问题，侍酒者便可先为客人上酒，最后方为点酒人或主人上。倒酒时只要倒满酒杯的 1/4~1/3 即可，杯子一般容积为 300~550ml，摇晃时酒与空气的接触面大，能让酒的香味更多地释放出来。至于香槟酒则最好采用较长型的高脚杯，而且要倒满酒杯的 2/3，以便观看酒色和气泡。

（二）评述

学会用适当的语言描述品鉴葡萄酒的感受与体验。

四、实训步骤

葡萄酒品鉴对于酒店管理专业从业人员及爱好者而言都是一项重要的技能，需要集中精力并且具备敏锐的感知能力。品鉴的顺序蕴含着逻辑性：先看、后闻、再尝，最后进行结构分析。在品酒过程中几乎要调动我们所有的感觉器官，眼睛、口腔上腭以及舌头，由此呈现出一个色、香、味俱全且丰富多彩的美酒世界。

（一）品鉴基本步骤

开瓶划线→擦瓶口→开瓶→擦瓶口→倒酒→观色→闻香→尝味→清洗。

（1）开瓶划线：小刀在接近瓶口顶部的下陷处将热收缩性胶帽的顶盖划开除去。

（2）擦瓶口：用干净细丝棉布擦除瓶口和木塞顶部的灰尘。

（3）开瓶：将开瓶器上的螺旋起子钻入木塞，用开瓶器将木塞拉出（注意钻入时不能过深或过浅，过深不小心会将木塞穿透，使木塞屑落进酒中；过浅起塞时易将木塞拉断）。

（4）擦瓶口：用干净细丝棉布从里向外将瓶口部的残屑擦掉。

（5）倒酒：首先应根据葡萄酒的类型选择不同的酒杯。品尝时倒酒量应为酒杯容积的 1/3，一般为 30~50 毫升，这样在摇动酒杯时不会将酒洒出，而且使酒杯空余部分充满葡萄酒的香气，便于对香气进行分析。

（6）观色：举高脚杯杯底或杯柱，防止手温影响杯中酒。选择一个白色的背景，将酒杯侧斜 45°，从杯侧看液面，观察酒的颜色和澄清度。

（7）闻香：第一次闻香：将酒杯中的葡萄酒在处于静止的状态下分析其香气。方法可以是将酒杯慢慢举起，或是将酒杯放置于台面，进行闻香。闻香时，集中注意力将酒表面空气慢慢吸入鼻腔，以初步分析香气的类型。第一次闻香只能闻到酒表面扩散性最强的这部分香气，香气较淡，所以第一次闻香只能作为香气评价时的参考。第二次闻香：摇动酒杯，使葡萄酒在杯中作圆周运动，当葡萄酒表面的静止“圆盘”被破坏后立即闻香。此时葡萄酒与空气接触，可促进香味物质释放。在摇动结束后再次闻香。由于酒体的圆周运动使杯内充满了挥发性物质，所以，对于香气质量好的葡萄酒，此时的闻香，其香气最为浓郁、优雅和纯正。对于香气质量不好的葡萄酒，此时闻香，其香气缺陷可以反映出来。第二次闻香可重复进行，以第二次闻香的结果作为评价葡萄香气的重要依据。

（8）尝味：含一小口酒在嘴中，用舌头搅动几下，让味道在口腔中扩散开来，然后轻张嘴唇吸气，让酒香进入鼻腔，最后将酒轻吞入喉，品其余韵。

（9）清洗：清洗酒杯，用温水洗净，立放或者挂起。

（二）葡萄酒的感官评价的四个阶段

（1）利用感觉器官（包括眼、鼻、口）对葡萄酒进行观察，以获得相应的感觉。

（2）对所获得的感觉进行描述。

（3）与已知的标准进行比较。

（4）进行归类分析，并做出评价。

五、葡萄酒品鉴技巧

葡萄酒具有多样性和复杂性，观其色、嗅其香、品其味，就把握了品酒最基本的技巧。眼睛、鼻子、嘴巴是品鉴过程的三要素，葡萄酒品鉴本质上就是“测量”，利用眼睛、鼻子、嘴巴作为测量工具，来判断葡萄酒颜色的深浅、香气的浓郁度、酸度的高低、酒体的轻重、单宁的高低及柔顺度等。在品鉴时应注意利用相同的品鉴标准来判断每一款酒，精确对比每款酒之间的不同。相对来说，品鉴的葡萄酒越多则经验越丰富，品鉴标准就越精确。

（一）观色：主要观察葡萄酒的色泽和澄清度

眼—视觉：品尝首先看酒，看其颜色，定出颜色范围，观察葡萄酒的外观看有无异物、透明度如何，行家不经品尝即能够从酒的颜色和挂杯情况中判断出许多东西来。一种葡萄酒的颜色可以显示酒的年龄、甜度、葡萄种类甚至是酿造工艺。一般酒在杯中的高度为1/4~1/3，起泡和加气起泡葡萄酒的高度为1/2。将品尝杯倾斜45°，观察酒的外观。

酒的色泽。端起酒杯，在白色的背景下观察葡萄酒的色泽。观察纯净度，浑浊的颜色说明这个酒是有问题的。评价酒的颜色。白葡萄酒可能是淡黄色的、柠檬黄色的或者是金色的。偏绿的颜色意味着酒的年份比较近，很年轻。深黄色或者金黄色说明酒已经有一定的年龄，比较成熟。对于红酒，紫红色的颜色是年轻葡萄酒的特征，带有棕色的则是成熟的葡萄酒。每种酒的色泽都代表酒的特制，尝试用描述性的词汇来评价葡萄酒的色泽。

酒的流动性。将葡萄酒倒入酒杯中，举杯摇转，观察酒液流动的状况。可用呈液状、流动状、正常、稠的、浓的、似油状、黏的、黏滞等术语来描述。

酒的气泡。酒的气泡指起泡葡萄酒、葡萄汽酒倒酒时产生的气泡。包括气泡的大小、数量、更新速度和颜色等。对于静酒而言，可用平静的、不平静、有少量气泡、多泡等术语。对于起泡葡萄酒或葡萄汽酒，可用起泡良好、持久、细致、连续、形成晕圈、暂时起涌、泡大而不持久等术语来描述。

酒的清、混。酒的清、混指葡萄酒是否透明、有无光泽、混浊程度。观察的方法是将酒杯举至双眼的高度进行观察。通常判断清浊状况的术语有：像晶体、有光泽、澄清透明、略失光、有悬浮物、轻微混浊、极混浊、有块状沉淀等。

液面观察的方法有两种：用食指和拇指捏着酒杯的杯脚，将酒杯置于腰高，低头垂直观察葡萄酒的液面，或者将酒杯置于品尝桌上，站立弯腰垂直观察。如果葡萄酒透明度良好，也可从酒杯的下方向上观察液面。正常葡萄酒的液面呈圆盘状，液面洁净、光亮、完整，透过圆盘状的液面，可观察到“珍珠”。“珍珠”即杯体与杯柱的连接处。

酒柱。倾斜酒杯或摇动酒杯，使葡萄酒进行圆周运动，使酒在杯内壁上形成无色酒柱，即挂杯现象。

（二）闻香：摇晃酒杯，释放香气

鼻—嗅觉：气味物质通过鼻腔通道和鼻咽通路两个通道进入鼻腔到达鼻黏膜。有年头的白葡萄酒通常更甜更醇，年轻的白葡萄酒通常被形容为有鲜花、水果和青草的新鲜香味。葡萄酒的香气极为复杂，300 余种呈香物质参与葡萄酒香气的构成。

1. 根据香气的来源与形成可分为三大类

（1）初级香气（果香或品种香）：是葡萄浆果本身的香气，主要和葡萄品种本身携带的香气有关，大多以果香为主，例如黑皮诺的黑樱桃香气、琼瑶浆的荔枝香气、赤霞珠的黑醋栗香气等。

（2）二级香气（酒香或发酵香）：为发酵过程中生成的香气，产生于酵母菌引起的酒精发酵过程中，例如霞多丽葡萄酒在苹果酸—乳酸发酵过程中，会产生黄油和奶油香气。

（3）三级香气（醇香或陈酿香）：在熟成过程中形成的香气，一方面为大容器中陈酿时在有控制的有氧条件下形成，为陈酿醇香；另一方面是在密封的瓶内无氧条件下储存时还原物质产生的芳香，为还原醇香。葡萄酒在熟成的过程中，香气变得更加细致和复杂，开始脱离果香向醇香转变，主要是单宁变化或溶解橡木成分形成的气味和香料气味等味觉及均衡性，常见的第三层香气包括李子干、蘑菇、松露、雪松、皮革、麝香等。

葡萄酒中经常呈现的类型及香气如表 8-2 所示。

表 8-2　葡萄酒中经常呈现的类型及香气

水果类香气	柑橘类	柠檬、葡萄柚、橘子、橙子
	浆果类	红色浆果（草莓、覆盆子、红醋栗）、黑色浆果（黑莓、黑醋栗）
	热带果	菠萝、杧果、荔枝、香蕉
	仁果	麝香葡萄、苹果、梨、温柠
	核果	樱桃、李子、杏、桃子
	干果	李子干、葡萄干、核桃、杏仁

续表

植物型香气	蔬菜	青椒、芦笋
	草本	青草、黑醋栗芽苞、百里香
	菌类	蘑菇、块菌、酵母
	香料类	香草、桂皮、丁香花蕾、藏红花、胡椒
	树木类	雪松、松树、甘草
动物类香气	皮革、麝香、黄油	
烘烤类香气	烤面包、烤榛子、焦糖、咖啡、巧克力、烟熏味	
花香	山楂花、洋槐花、椴花、蜂蜜、玫瑰、紫堇花、紫罗兰	
浊味	硫化氢（臭鸡蛋）、烂苹果、软木塞发霉、醋、过熟蔬菜、硫黄、新皮革	
橡木桶香气	橡木、新木、椰子、香草、烤面包、药剂、苦杏酒、新皮革、烟熏味	

2. 三次闻香

闻香识酒，轻轻地旋转酒杯，破坏酒液表面的张力，释放出挥发性物质及芳香物质，让酒的香气更好地展现出来。如果进行专业性的香气分析，需要进行第一次闻香、第二次闻香以及视需要进行的第三次闻香。

第一次静止闻香。端起酒杯，在摇动酒杯前，先在静止状态下分析葡萄酒的香气，一般只闻到扩散性最强的那一部分香气。将鼻置于杯口正上方，轻轻吸气，感受葡萄酒的主体香气。此时闻到的是葡萄酒中扩散性最强部分香气，为初级香气，又称品种香气，是葡萄浆果本身的香气。

第二次摇杯闻香。摇杯，将酒杯按照一个方向转动 3~5 次，使酒液沿着酒杯内壁做圆周运动，促进挥发性较弱的物质释放，然后将鼻子于酒杯内闻香。此时闻到的香气应该是比较丰富、浓郁、复杂。主要是酵菌引起的酒精发酵过程中形成的二级香气（发酵香气、橡木桶中培养以及瓶中陈酿形成的香气醇香）。第二次闻香可重复进行，以求获得准确的感受和描述。每两次闻香之间，要平静地呼吸 2~ 3 次，让嗅觉感觉器官休息调整后再进行下一次。记住，千万不能对着酒呼气。

第三次大力摇荡闻香。也称破坏式闻香，主要用于鉴别香气中的缺陷。剧烈摇荡酒杯时，用手掌盖住杯口，以防止酒液从酒杯里泼洒出来。这样可使葡萄酒中不良的气，如醋酸乙酯、氧化、霉味、硫化氢等充分释放出来，去印证不易显露出的气味。

3. 认识主要酿酒品种的典型性香气

（1）红葡萄。

品丽珠 Cabernet Franc：巧克力、黑醋栗、青椒、覆盆子。

赤霞珠 Cabernet Sauvignon：黑醋栗、柏木、薄荷、巧克力、烟草。

加美 Gamay：清新、草莓、樱桃。

歌海娜 Grenache：胡椒、覆盆子、药草、亚麻籽油。

美乐 Merlot：玫瑰、梅子、辛烈香。

黑比诺 Pinot Noir：红莓、玫瑰、紫罗兰、野生动物。

西拉 Syrah：覆盆子、黑莓、皮革、辛烈香。

（2）白葡萄。

霞多丽 Chardonnay：黄油、苹果、梨子、香草。

白诗楠 Chenin Blanc：杏子、苹果、果仁。

格乌兹塔明纳 Gewurztraminer：芬芳、荔枝。

蜜斯佳 Muscat：细致花香、清爽。

雷司令 Riesling：苹果、橘子、烤面包。

长相思 Sauvignon Blanc：草味、醋栗。

赛美容 Semillon：草味、橘子、蜜糖、烤面包。

白玉霓 Ugni Blanc：清新、细致。

4. 气味特征

通常说出 2~4 种主要类型即可。如果需要大脑识别香气，首先需要建立足够的香气数据库，可以通过多种方法来进行香气训练。

（1）使用酒鼻子，帮助在大脑里面建立一个含有 54 种全球葡萄酒典型香气的坐标。

（2）试着从花园、草地、牧场、果园、香料和调味品中不断收集新的香气，填充记忆库。

（3）积极参加品酒，尝试将大脑里面的香气和葡萄酒里面的香气一一对应。

（三）品味：利用舌头和面部肌肉的运动摇动葡萄酒

口腔—味觉：舌是味觉的主要感受器官之一，其次是颚，再次是口腔黏膜和唇。因此，与之有关的还有热感、刺激感、黏稠度等。为了证实视觉和嗅觉，也为了得到全面的感觉，我们还需要用舌头和口腔来体味葡萄酒。

1. 品味步骤

（1）入口：品尝时要喝入适量的酒，最好布满整个口腔；

（2）口腔分析：当葡萄酒进入口腔后，闭上双唇，头微向前倾，利用舌头和面部肌肉的运动对酒进行充分的搅动来体味酒的结构和香气，即以半漱口的方式，让酒在嘴中充分与空气混合且接触到口中的所有部位。也可将口微张，轻轻地向内吸气或通过鼻子的吸气可使酒的特征更加明显，将葡萄酒在口内保留 10~12 秒；

（3）鉴别余味：将样品咽下或吐出，用舌头舔牙齿和口腔内表面，再体味一下后味的长短。

此时可归纳、分析出单宁、甜度、酸度、圆润度、成熟度等。

2. 味道的基本元素

在品尝葡萄酒风味的过程中，尽管我们的鼻子能辨别很多种气味，但口腔中的味蕾只能分辨出四种基本味道：酸、甜、苦、咸。了解各种味觉间的相互关联以及它们在葡萄酒和食物中的相互作用，为餐酒搭配提供合理的依据，以使食物充分地烘托出葡萄酒的最佳风格特征。

（1）甜味（Sweetness）。葡萄酒中甜味的主要来源是葡萄糖、果糖、酒精和甘油，一方面来自未发酵的残留糖，主要是葡萄糖、果糖、阿拉伯糖、木糖等；另一方面来自包括酒精在内的醇类和甘油等，如乙醇、甘油、丁二醇、肌醇、山梨醇等，它们是在酒精发酵过程中形成的。葡萄酒中的甜味物质是构成柔和、肥硕和圆润等感官特征的要素，在尝味过程中舌头感觉不到甜的为干型葡萄酒，但如果酒中的甜度较高，却缺乏足够的酸度来平衡时，酒就会显得厚重而呆俗。但要注意的是，酸味往往会掩盖甜味，会使高酸度葡萄酒的甜味降低。

（2）酸味（Acidity）。葡萄酒中的酸味物质包括来源于葡萄浆果的酒石酸、草果酸和柠檬酸，以及酵母和细菌发酵时产生的琥珀酸、乳酸和耐酸等。酸度是葡萄酒的灵魂，让酒充满活力和新鲜，是维持白葡萄酒生命的主要支柱，如果酸度过低，则葡萄酒柔弱、平淡而乏味，但酸度过高也会使葡萄酒生硬、粗涩和枯燥。雷司令、长相思都是高酸度的白葡萄酒品种，红葡萄酒中含有较多发酵产生的乳酸因而酸度表现得更为柔和。酸度也可以让葡萄酒具有更佳的陈年潜力。另外，寒冷地区生产的葡萄酒比热带地区的葡萄酒通常酸度要更高一些。

（3）单宁（Tannin）。单宁为多酚类物质，来自葡萄的果皮、种子及果梗中（一些会来自橡木），单宁是红葡萄酒中最重要的元素，是维持红葡萄酒生命的骨架。从技术上来讲，白葡萄酒中也可能有单宁，但含量很少，几乎很难被感觉到。单宁在口腔的前端——舌头、牙龈和面颊内侧形成收敛的、发干、发涩的感觉，尤其在上颚和下颚的牙龈部分。单宁可以增加酒的酒体和结构感，同时还给口腔带来不同的质感。成熟细密的单宁在口中有天鹅绒、丝绸一般的柔滑感，不够成熟的单宁则表现得涩口，不过酸可以柔化单宁在口腔中的刺激。常用粗糙、干涩、柔滑来描述不同的单宁质感，较高的单宁能赋予葡萄酒更多的陈年潜力，是葡萄酒耐储藏性的保证。

（4）酒体（Body）。酒体是指葡萄酒在口腔中的重量，也称为口感（Mouth feel），常用轻、中、重来描述不同酒体在口腔中的感觉。葡萄酒的酒体取决于酒精度、残留糖分、可溶性风味物质（如果胶、酚类、蛋白质等以及酸度。）酒精度是判断酒体的主要依据，通常高酒精度葡萄酒的酒体也相对较重。高酒精含量的葡萄酒会在喉咙中出现灼热的感觉，在口腔中也会显得更加圆润饱满，有时还会带一点点甜味，热带地区生产的葡萄酒酒精含量往往较高。残留糖分、可溶性风味物质的含量越高，酒体也越重，而酸度高的葡萄酒酒体会更加轻盈。只有优质葡萄酒才能建立起均衡、和谐的酒体。

（5）风味物质（Flavour Character）。风味物质是指葡萄酒在口中的香味，是通过后鼻腔感受到的。口腔的温度能使葡萄酒的温度上升，增加葡萄酒中香气分子的挥发程度，香气在口腔中会变得更加的浓郁和复杂。

（6）回味（Length）。回味指葡萄酒喝下或者吐出后葡萄酒中的风味在口腔中持续的时间。长而复杂的香气是好酒的特征，高品质的葡萄酒通常风味浓郁集中，回味很长；低品质的葡萄酒尤其是来自高产量葡萄园的，一般口感寡淡、回味很短。回味在确定葡萄酒的等级和质量方面具有重要作用，通常好的干白葡萄酒回味香而微酸、清爽，能持续 8~10 秒，优质红葡萄酒在口腔留下醇香和丰满的单宁滋味，持续 12~15 秒，甜酒能长达 30 秒至 1 分钟。可用短、中、长来形容葡萄酒风味在口腔中的回味。

（7）平衡（Balance）。指葡萄酒中的酸度、甜度、单宁、酒精、风味物质以及回味等各种元素协调完美，给人以整体愉悦的享受，不管是红葡萄酒还是白葡萄酒只有各因素之间达到了一定的平衡才能称之为好的葡萄酒。例如，单宁是红葡萄酒的灵魂且能赋予葡萄酒更多的陈年潜力，如果想要酿造适合陈年的红葡萄酒，那么必须提高葡萄酒中单宁的含量，不过单宁有削弱果香的作用，因此如果想要酿造一款果香突出的葡萄酒，其单宁含量则不能过高。酒精量有柔化单宁的作用，但由于酒精本身带有甜味，过多的酒精也会影响酸度和甜度之间的平衡。而酒中这几大物质的平衡更会影响其回味的长短。白葡萄酒方面，对于干白来说，由于残糖含量不高，因此需要有比较高的酒精度，让酒精的甜味来平衡葡萄酒的酸味。但酒精也不宜过多，否则酒精的甜味就会被其本身的烈性口感所掩盖。而对于甜白葡萄酒来说，酸度和甜度的平衡更是至关重要。由于甜白葡萄酒本身的残糖含量较高，为使甜味不过于单调，通常会以酒精的灼热感来与之平衡，但由于酒精本身也带有甜味，因此甜白葡萄酒的酸度应当相应偏高，才能很好地平衡葡萄酒中的甜度，而酸度又有突出果香的作用，因此白葡萄酒中一般有着清新的果香，其余味自然也更干净爽脆。

（四）品酒笔记

品酒时嗅觉与味觉的反应速度远比我们想象中的更快，所以在品酒过程中要善于做好品酒笔记。利用感官对葡萄酒进行观察、描述，并与已知的标准进行比较，对品尝结果进行分析，最后对所品尝的葡萄酒的质量给出评语与记录。每款酒的品鉴方式是一样的，对每一款品鉴的酒，都应该有详细、规范的品酒笔记，来记录当时的体验。在这个过程的每一步，品鉴者都会对葡萄酒有新的认识。品酒笔记能帮助增加记忆，是积累经验很好的方式，它不仅可以见证品酒水平的成长，还记录了对世界葡萄酒的认知，对于品鉴者能力的提高至关重要。通过人的眼、鼻、舌等感觉器官对葡萄酒的色泽、澄清度、香气、滋味等内容进行感官体验描述，根据葡萄酒的评分标准写出分析结果。

1. 描述滋味的常用评语

口味醇厚、圆润、协调、柔和、爽口、醇和、绵延、柔顺、清新、怡爽、柔细、有余味。

有新鲜感、口味绵软、有浓厚感、细致柔谐、酸甜适当、回味悠长。

酒体完整、酒体丰满、酒体肥硕。

有酸、涩、苦味，酒性烈、较烈、较甜腻，有新酒味、酒精味、微苦涩味、异杂味、氧化味、焦糖味、异味、淡药味。

酒质平淡、清淡、淡薄、粗糙，酒体粗劣，有土壤味、肥料味、木桶味、软木塞味、H_2S 味。

2. 描述风格的常用评语

错格、偏格、特型的、风格独特、风格良好、典型性强、失本品典型性。

典型性，或称为风格，即葡萄酒色香味的综合体现，与葡萄品种密切相关。葡萄酒的风格是指一种葡萄酒区别于同类其他葡萄酒的令人舒适的独有特征和个性。

品尝评语必须清楚、准确。首先描述外观，然后依次描述气味、口感，最后给出综合评价。评语写时可简可详。

评语示例：

简略评语——色深；成熟果香，烟熏、黑加仑；丰满舒适。

正常评语——深宝石红色，色泽美丽；香气纯正，具成熟果香，带黑加仑及甘草香气；入口圆润，后味微苦涩、粗硬，芳香持续较长。属优良的赤霞珠干红葡萄酒，还可在瓶内陈酿。

品鉴评分的标准用语如表 8–3 所示。

表 8–3　葡萄酒品鉴评分的标准用语

葡萄酒评分	特点
90 分以上	具有该产品应有的色泽，悦目协调、澄清（透明）、有光泽；果香、酒香浓馥幽雅，协调悦人；酒体丰满，有新鲜感，醇厚协调，舒服，爽口，回味绵延；风格独特，优雅无缺
80–89 分	具有该产品应有的色泽，澄清透明、无明显悬浮物，果香、酒香良好，尚悦怡；酒质柔顺，柔和爽口，酸甜适当；典型明确，风格良好
70–79 分	具有该产品应有的色泽，澄清、无夹杂物，果香、酒香较少，但无异香；酒体协调，纯正无杂；有典型性，不够怡雅
65–69 分	与该产品应有的色泽明显不符，微浑，失光或人工着色；果香不足或不悦人，或有异香；酒体寡淡，不协调，或有其他明显的缺陷（除色泽外，只要有其中一条，则判为不合格品）
55–64 分	不具备应有的特征

无论葡萄酒的颜色多么漂亮、香气多么迷人，葡萄酒最终是用来喝的，因此通过品尝来感受葡萄酒在口腔中的质感是品鉴的重中之重。葡萄酒的口感构成元素通常包括甜味酸味、单宁、酒精和风味物质。喝一小口葡萄酒在口中，以整个舌面覆盖有一层酒液为标准，轻轻吸气，让酒液自舌尖沿舌面一次流入口腔。酒液进入口腔后，依靠舌与口腔壁搅动酒液。使之在口腔内转动，确保酒跟舌头、面颊、牙龈充分接触，感受酒体结构、平衡与回味长度。微微低头，将酒液集中于口腔前部、两唇间隙并轻轻吸气，依靠气体搅动酒液，感觉酒香。让葡萄酒在口内保持 12 秒左右，充分感受葡萄酒的滋味后，或咽下或吐掉酒液，体验收尾时的感受以及回味长度与质量。

葡萄酒以香气醇正、清雅、优美、具有和谐的果香和酒香为好。品酒过程中，尽可能从三方面来分析酒的香味：

强度（Intensity）：弱、适中、明显、强、特强。

质地（Quality）：简单，复杂或愉悦，反感。

特征（Character）：果味、骚味、植物味、矿物味、香料味。在葡萄酒的生命周期里，不同时期所呈现出来的香味也不同，初期的香味是酒本身具有的味道；第二期来自酿制过程中产生的香味，如：木味、烟熏味等；第三期则是成熟后产生的香味。整体而言，其香味和葡萄品种、酿制法、酒龄甚至土壤都有关系。

评述要求如表 8–4 所示。

表 8–4　葡萄酒评述要求

项目	要求		
外观	色泽	白葡萄酒	近似无色、浅黄色、禾秆黄色、绿禾秆黄色、金黄色、琥珀黄色
		红葡萄酒	紫色、深红、宝石红、鲜红、瓦红、砖红、黄红、棕红、黑红色
	澄清度	澄清透明、有光泽、无明显悬浮物	
香气	具有纯正、优雅、愉悦和谐的果香与酒香		
滋味	干、半干葡萄酒	酒体丰满、醇厚协调、舒服、爽口	
	甜、半甜葡萄酒	酒体丰满、酸甜适口、柔细轻快	
典型性	典型完美、风格独特、优雅无缺		

由于每款酒都会因品种和酿造方法的区别，从而造成酒中残糖、酸度、苦涩感、醇、香气等各影响品质的因素融合后有不同的感觉。

用于形容酒体的词汇有：成熟、圆润、柔和、怡悦、均衡、刺痛、气泡、丰满、厚重、轻盈、细致、年轻、寡淡、瘦弱、破败、苦涩、空洞等。

以上形容词汇仅供参考和借鉴之用，实际品尝过程中只要方法正确、用心体会；你就会沉浸于红酒的魅力之中，并得到最大的身心享受。可用于对比判定酒样的档次：优秀、良好、及格、不及格和低劣等。

3. 结论

通过观色、闻香、品味等程序品鉴葡萄酒后，需对葡萄酒的品质、平衡性、陈年潜力、葡萄品种特性、产区和价格等方面进行评价，并对葡萄酒质量进行综合描述。葡萄酒的品质（Quality）通常从葡萄酒的浓郁度、复杂度、平衡性、回味和典型性等角度来进行评价，可以分为差、一般、好、非常好、卓越这几个级别。如国际流行的杂志和著名的品酒师帕克则喜欢用百分制来区别，给出 95 分以上的酒就是卓越的葡萄酒品质，同时也代表了一款葡萄酒的相对价值，当葡萄酒的价值被认为高于它的价格时，这就是一款高品质的葡萄酒。

结论可填入表 8–5 的品鉴记录表中。

表 8–5　葡萄酒品鉴记录表

葡萄酒名称： Wine：	葡萄品种： Grape Variety：
产地： Region/Country：	价格： Price：
年份： Vintage：	品尝日期： Tasting Date：
外观（色泽、澄清度）Appearance：	
嗅觉（果香、醇香）Nose：	
味觉（甜、酸、苦涩、浓淡、后味）Palate：	
滋味、风格及香气 Flavor，Style and Aroma：	
结论及食物搭配 Conclusion and Food Match：	

六、注意事项

（一）注意品尝的顺序

正确的品尝酒的顺序为：先白后红、先干后甜、先淡后浓、先新后老、先低度后高度。

在品酒过程中我们往往不可能只品尝一支葡萄酒，通常会有不同品种特征的酒需要依次品尝；所以为了最小限度地避免酒之间味道的掩盖，品尝的次序也非常重要。

（二）品酒环境

品酒的环境最好是明亮舒适、清静幽雅，便于精神的集中，减少过多的外来干扰。不要有太重的气味，通风良好，温度维持在 18~20℃最佳。重点注意以下几方面：

（1）良好的自然光或白光。过于强烈的光线会影响视觉。

（2）干净无味的环境。品酒室内空气要新鲜、无异味，保持良好的通风和排气，空气温度 20~22℃，相对湿度 60%~70%。异味会影响嗅觉，例如香水、香烟、厨房的味道等。

（3）白色的背景。墙面颜色为令人轻松的乳白色或中性浅灰色，同时，品酒时要准备白色的背景，例如白桌面或白纸板，以便更准确地观察葡萄酒的颜色。

（4）干净的口腔。品酒之前要保持口腔清新，不应有烟草、咖啡、口香糖、牙龈等异味的出现，女士要避免口红的味道。

（5）良好的精神状态。品酒的时候需要集中注意力全身心投入，品酒时间一般应安排在上午，最佳时间应为 10：00~11：00，在该时段人的精神与身体都处于最佳状态，感受力也是最强的。当人有轻微的饥饿感时会增强嗅觉与味觉的灵敏度，所以晚上品酒也是一个不错的选择。大量的品尝是一件非常耗费体力的工作，个人感觉身体疲倦或者感冒生病时则不适合品酒，因为这时感官会变得迟钝，从而影响对酒的判断。在品酒过程中还要注意有间隔地休息，以避免降低嗅觉的敏感度。

（6）标准的 ISO 品酒杯。葡萄酒在不同形状的杯子里的表现会有所不同，香气和颜色也会根据倒入酒的多少而产生变化。标准 ISO 品酒杯为无色透明的玻璃高脚杯，无印痕和气泡。形状为郁金香形标准杯，杯口比杯身小，可凝聚酒香；杯子的高脚不仅方便摇动，也可避免手将酒温提高。郁金香形杯口比杯肚要窄，能够让香气聚拢并传至品评者鼻腔。杯肚较大，方便摇杯帮助释放葡萄酒中的香气，使酒杯空余部分充满香气并且不易将酒洒出，便于对香气进行分析。ISO 品酒杯在 1974 年由法国人设计，它不会突出酒的任何特点，直接地展现葡萄酒原有的风味。无论是哪一种葡萄酒，在 ISO 品酒杯里都是平等的。由于 ISO 品评杯的尺寸和形状被认为是最适合品鉴的，因而 ISO 品评杯被全球各个葡萄酒品鉴组织所推荐和采用。

除了杯子的设计合理性外，杯子的干净程度也非常重要。清洗酒杯的最佳方式是用温水漂洗干净，原则上，不能使用清洁剂，除非杯子有酒渍或口红印。洗后应认真用不起毛的布擦拭干净，擦干后立放或挂起，注意不要染上其他气味。

（三）酒的呼吸

品尝前通常要将葡萄酒转换至另一容器，这个过程即醒酒（Breathing），俗称“呼吸”。一是借此将陈置多年的沉淀物去除。虽然喝下这些沉淀物并无任何大碍，但有损葡萄酒的风味，所以必须去除。二是使年份较少的葡萄酒将其原始的风味从沉睡中苏醒过来。一般葡萄酒的呼吸时间根据酒的特征为 0.5 ~ 2 小时不等。在葡萄酒与清新空气完全接触后，得到充分的呼吸，葡萄酒中的单宁会逐渐氧化，其香味也会随着氧化的过程逐渐散发出来，红酒的口感就会变得更加醇厚与柔和。一般来说，年轻的、单宁较重的红葡萄酒都特别需要注意醒酒。例如：赤霞珠葡萄酒（Cabernet Sauvignon）、西拉葡萄酒（Syrah）、马尔贝克葡萄酒（Malbec）、意大利众多的葡萄酒如巴罗洛（Barolo）等。

那些酒体较轻的葡萄酒则不需要醒酒，如大部分白葡萄酒可以开瓶即饮。一般情况下，桃红葡萄酒、香槟及其他起泡酒也不需要醒酒。

（四）葡萄酒的适饮温度

葡萄酒饮用时的温度对酒香及味觉的影响很大，必须特别注意，以免错误评估了酒的品质。温度太低，香味被锁在酒中无法释放，温度过高不仅酒精味会太重，也有可能产生不当的香味化合。

酒温的标准依各类酒的特性而异，适当地调整酒温不仅可以使葡萄酒发挥它的优良特性，而且可以修正葡萄酒的不足和缺陷。主要的原则是：单宁越强酒温要越高，甜度或酒精度高则酒温要低一点。香味丰富的酒温度可稍微高一点，但红酒绝对不能超过 20℃，白酒则以 16℃为限（见表 8–6）。

表 8–6 葡萄酒的适饮温度

红葡萄酒	温度（℃）	白葡萄酒	温度（℃）	酒精强化葡萄酒	温度（℃）
年轻单宁重红葡萄酒	14~17	清淡型白葡萄酒	7~10	较清甜红葡萄酒	14~17
成熟红葡萄酒	15~18	浓郁型白葡萄酒	12~16	较浓郁甜红葡萄酒	15~18
年轻味淡红葡萄酒	12~14	半干型白葡萄酒	7~8	干型白葡萄酒	8~10
新酒	10~12	甜白葡萄酒	4~6	甜型白葡萄酒	4~6
玫瑰红葡萄酒	7~10	气泡酒、香槟	7~8	蜜思嘉甜白葡萄酒	5~7

（五）储存的条件

葡萄酒与蒸馏酒不同（即使是用葡萄做的白兰地和干邑亦然），葡萄酒在入瓶之后仍有生命及发展，像人一样会成熟与衰老，因此不同的条件对其成长有抑损或显扬的作用。恰当的储存方式对葡萄酒极为重要。

温度：最佳储存温度应保持在 15℃ ~20℃，可让藏酿的葡萄酒缓慢而稳定地发展；如果不能保持恒温或温度变化大，葡萄酒会很快未老先衰。应特别注意，葡萄酒放在阳光下密封而又没有空调的车厢里时间超过 30 分钟就会变坏。

湿度：湿度会影响软木塞的状态，如果软木塞因为干燥收缩，导致空气渗入瓶里会破坏酒质。所以酒瓶最好平放。环境湿度应保持在 50%~75%，低于 50% 会令软木塞干缩，高于 75% 瓶贴会发霉损坏。

亮度：光线会使酒质产生变化，游动的光线为害尤甚，最好将葡萄酒存放在黑暗的地方。

平稳：葡萄酒要在安静的条件下陈年，震动或震荡会对其产生不良影响。

气味：气味要清新，异味会透过软木塞渗入酒中。

项目四　茶艺实训

任务一　茶艺礼仪

一、实训目的

茶艺礼仪目的在于自省修身，多采用含蓄、温文、谦逊、诚挚的礼仪动作，不主张太夸张的动作及言语客套，尽量用微笑、眼神、手势、姿势等示意。以动作连贯、态度恭谦为准，教师示范、演示，学生模拟训练。

二、实训要求

按照训练内容规范准确操作，做到准确、正确、规范。

三、实训课时

2 课时。

四、实训仪器设备

茶艺实训室或多媒体教室，茶桌、茶杯、茶壶、椅子、烧水壶。

五、实训内容

茶艺礼仪不主张繁文缛节，但是和谐和礼仪动作应始终贯穿其中。一般不用幅度很大的礼仪动作，而采用含蓄、温文尔雅、谦逊、诚挚的礼仪动作。学习茶艺礼仪要静，尽量用微笑、眼神、手势、姿势等示意，不主张用太多语言客套。要求稳重，因此调息静气是关键。

（1）站姿礼仪。

（2）坐姿礼仪。

（3）走姿礼仪。

（4）鞠躬礼。

六、实训步骤

（一）站姿

优美而典雅的站姿，是体现茶艺服务人员自身素养的一个方面，是体现服务人员仪表美的起点和基础。

站姿的基本要求是：站立时直立站好，从正面看，两脚脚跟相靠，脚尖开度在45~60°。身体重心线应在两脚中间向上穿过脊柱及头部，双腿并拢直立、挺胸、收腹、梗颈。双肩平正，自然放松，双手自然交叉于腹前，双目平视前方，嘴微闭，面带笑容。

（二）坐姿

由于茶艺工作内容所决定，茶艺人员在工作中经常要为客人沏泡各种茶，有时需要坐着进行，因此工作人员良好的坐姿也显得尤为重要。

正确的坐姿是：茶艺表演时，挺胸、收腹、头正肩平，肩部不能因为操作动作的改变而左右倾斜。双腿并拢。双手不操作时，平放在操作台上，面部表情轻松愉悦，自始至终保持微笑。

（三）走姿

人的走姿是一种动态的美，茶艺人员在工作时经常处于行走的状态中。要通过对工作人员的正规训练，使他们掌握正确优美的走姿，并运用到工作中去。

走姿的基本方法和要求是：上身正直，目光平视，面带微笑；肩部放松，手臂自然前后摆动，手指自然弯曲；行走时身体重心稍向前倾，腹部和臀部要向上提，由大腿带动小腿向前迈进；行走线迹为直线，服务员在行走时要保持一定的步速，不要过急，否则会给客人不安静、急躁的感觉，一般不要求步幅过大，否则会给客人带来不舒服的感觉。

（四）鞠躬礼

分为站式、坐式和跪式三种。站立式鞠躬与坐式鞠躬比较常用，其动作要领是：两手平贴大腿徐徐下滑，上半身平直弯腰，弯腰时吐气，直身时吸气，弯腰到位后略作停顿，再慢慢直起上身。行礼的速度宜与他人保持一致，以免出现不协调感。

七、实训注意事项

学习过程要求表情自然，衣着大方得体。

任务二　茶席设计

一、实训目的

通过对本章节的学习，使学生了解茶席的概念和构成要素。

二、实训要求

要通过实训，使学生能根据主题进行茶席设计。

三、实训课时

2 课时。

四、实训仪器设备

茶席设计的九要素：茶品、茶具组合、铺垫、插花、焚香、挂画、相关工艺品、茶点茶果、背景。

五、实训内容

所谓茶席设计，就是指以茶为灵魂，以茶具为主体，在特定的空间形态中，与其他的艺术形式相结合，所共同完成的一个有独立主题的茶道艺术组合整体。茶席设计是由不同的因素结构而成的。由于人的生活和文化背景及思想、性格、情感等方面的差异，在进行茶席设计时可能会选择不同的构成因素，在这里，我们仅以一般的基本构成因素加以叙述。

（一）茶品

茶，是茶席设计的灵魂，也是茶席设计的思想基础。因茶，而有茶席。因茶，而有茶席设计。

（二）茶具组合

茶具组合是茶席设计的基础，也是茶席构成因素的主体。茶具组合的基本特征是实用性和艺术性相融合。实用性决定艺术性，艺术性又服务于实用性。因此，在它的质地、造型、体积、色彩、内涵等方面，应作为茶席设计的重要部分加以考虑，并使其在整个茶席布局中处于最显著的位置，以便于对茶席进行动态的演示。

（三）铺垫

铺垫，指的是茶席整体或布局物件摆放下的铺垫物。也是铺垫茶席之下布艺类和其他质地物的统称。铺垫的直接作用：一是使茶席中的器物不直接触及桌（地）面，以保持器物清洁；二是以自身的特征辅助器物共同完成茶席设计的主题。

（四）插花

茶席中的插花，是为体现茶的精神，追求崇尚自然、朴实秀雅的风格。其基本特征是：简洁、淡雅、小巧、精致。鲜花不求繁多，只插一两枝便能起到画龙点睛的效果；注重线条、构图的美和变化，以达到朴素大方、清雅绝俗的艺术效果。

（五）焚香

焚香，是指人们将从动物和植物中获取的天然香料进行加工，使其成为各种不同的香型，并在不同的场合焚熏，以获得嗅觉上的美好享受。焚香在茶席中，其地位一直十分重要。它不仅作为一种艺术形态融于整个茶席中，同时，它美好的气味弥漫于茶席四周的空间，使人在嗅觉上获得非常舒适的感受。气味，有时还能唤起人们意识中的某种记忆。从而使品茶的内涵变得更加丰富多彩。

（六）挂画

挂画，又称挂轴。茶席中的挂画，是悬挂在茶席背景环境中书与画的统称。书以汉字书法为主，画以中国画为主。

（七）相关工艺品

相关工艺品，不仅能有效地陪衬、烘托茶席的主题，还能在一定的条件下，对茶席的主题起到深化的作用。

（八）茶点茶果

茶点茶果，是对在饮茶过程中佐茶的茶点、茶果和茶食的统称。其主要特征是：分量较少、体积较小、制作精细、样式清雅。

（九）背景

茶席的背景，是指为获得某种视觉效果，设定在茶席之后的艺术物态方式。

茶席的价值是通过观众审美而体现的。因此，视觉空间的相对集中和视觉距离的相对稳定就显得特别重要。

六、实训步骤

（1）确定茶叶品种，根据茶叶属性综合考虑茶席设计的要素。

（2）确定泡茶用具，用适合的茶具搭配茶叶方能体现茶叶的本真。

（3）确定铺垫的材质，应与选择的茶具搭配。

（4）用当季、能体现茶叶属性的花、枝等烘托茶席主题。

（5）根据需要选择香味适宜的熏香品种。切忌选用香味刺鼻的劣质香。

（6）根据主题选择悬挂的字画及位置。

（7）根据需要选择相关工艺品烘托茶席主题。

（8）根据需要选择合适的茶点茶果，切忌喧宾夺主。

（9）背景的设计要体现茶席主题。

七、实训注意事项

主题的确定是关键。所有设计的元素要围绕主题和茶叶的属性来综合考虑。

任务三　绿茶茶艺

一、实训目的

通过玻璃杯冲泡绿茶流程的演示及茶艺表演，要求学生掌握绿茶品质特点、冲泡要求和操作要领。

二、实训要求

冲泡名优绿茶要求选用完好、无色、无花纹、透明、中型玻璃杯，水温控制在80℃，按1∶50茶水比配备茶叶和用水量。

三、实训课时

4课时。

四、实训仪器设备

玻璃杯3个、随手泡、绿茶10克、茶叶罐、茶荷、茶巾、茶道组、茶盘。

五、实训内容

（1）点香——焚香除妄念。

（2）洗杯——冰心去尘凡。

（3）凉汤——玉壶养太和。

（4）投茶——清宫迎佳人。

（5）润茶——甘露润莲心。

（6）冲水——凤凰三点头。

（7）泡茶——碧玉沉清江。

（8）奉茶——观音捧玉瓶。

（9）赏茶——春波展旗枪。

（10）闻茶——慧心悟茶香。

（11）品茶——淡中品致味。

（12）谢茶——自斟乐无穷。

六、实训步骤

（1）选用无色透明玻璃杯，可以欣赏绿茶芽叶及冲泡全过程。

（2）冲泡前先检查茶具数量、质量，并用开水烫洗茶杯，起到温杯、洁具的作用。

（3）用80℃~85℃水温冲泡名优绿茶，香气纯正，滋味鲜爽。

（4）每杯投茶量3克，冲泡时间应在3分钟，5分钟内饮用为好，时间过长过短都不利于茶香散发、茶汤滋味辨别。

（5）玻璃杯冲泡绿茶适用“上投法”“中投法”的置茶方法。上投法即先向玻璃杯中注入热水七分满，再投入所需茶叶，适合于紧实、易于下沉的茶叶置茶法（如碧螺春）；中投法指先向茶杯中注入少量热水后再投放茶叶，使茶叶充分吸收热量后舒展开来，再注入热水七分满即可，适合于条形纤细不易于下沉的茶叶（如黄山毛峰）；下投法即先将茶叶投入玻璃杯，再注入热水至七分满，适合于扁平光直、不易下沉的茶叶（如西湖龙井）。

（6）冲泡绿茶注水量一般到七分满为宜。

（7）奉茶。

（8）闻香。

（9）品饮。

七、实训注意事项

冲泡水温一般在80℃左右，温度不宜过高，冲泡时注意煮水器壶口不应朝向宾客，提壶手势一般采用内旋法。一般绿茶可续水2~3次，冲泡次数越多茶叶营养物质浸出越少。注意奉茶礼仪。

任务四　红茶茶艺

一、实训目的

通过瓷壶冲泡红茶流程的演示及茶艺表演，要求学生掌握红茶品质特点、冲泡要求和操作要领。

二、实训要求

冲泡红茶要求选用白瓷壶（或玻璃壶）、白瓷品茗杯，冲泡红茶也可选用白瓷盖碗，水温控制在90℃，按1∶50茶水比配备茶叶和用水量。

三、实训课时

4课时。

四、实训仪器设备

白瓷茶壶1个、白瓷品茗杯5~6个、玻璃公道杯、随手泡、红茶5克、茶叶罐、茶荷、茶巾、茶道组、茶盘。

五、实训内容

（1）“宝光”初现。
（2）清泉初沸。
（3）温热壶盏。
（4）“王子”入宫。
（5）悬壶高冲。
（6）分杯敬客。
（7）喜闻幽香。
（8）观赏汤色。
（9）品味鲜爽。
（10）再赏余韵。
（11）三品得趣。
（12）收杯谢客。

六、实训步骤

（1）备器：准备好冲泡红茶使用的主泡器具和辅助用具。

（2）赏茶：用茶匙将茶叶罐中红茶轻轻拨入茶荷供宾客观赏。

（3）温壶：品茗杯依次排列并向瓷壶内注入 1/2 容量的开水，轻轻摇晃瓷壶充分预热后将热水倒入水盂。

（4）置茶：用茶匙将茶荷中红茶轻轻拨入白瓷茶壶中，投茶量为 5 克茶叶。

（5）温润泡：用内旋法将开水壶中开水沿壶内壁缓缓注入茶壶至壶口，再迅速将茶汤倒入玻璃公道杯中用于洗杯。

（6）冲泡：用凤凰三点头方法提壶高冲水，使茶叶上下翻滚，开水应注满茶壶至壶口，用春风拂面的手法轻轻刮去茶汤表面的泡沫，使茶汤清澈洁净。

（7）分茶：瓷壶中的茶汤泡好后倒入有滤网的玻璃公道杯中，再将公道杯中的茶汤依次巡回斟入品茗杯至七分满，双手端起品茗杯放入杯托。

（8）奉茶：双手端起杯托，将泡好的红茶奉送到宾客面前，邀请来宾品饮。

（9）闻香、品饮。

（10）收具谢礼。

七、实训注意事项

冲泡时注意煮水器壶口不应朝向宾客，提壶手势一般采用内旋法。一般红茶可续水 5~6 次，冲泡次数越多茶叶营养物质浸出越少。注意奉茶礼仪。

任务五　乌龙茶茶艺

一、实训目的

通过紫砂壶冲泡乌龙茶流程的演示及茶艺表演，要求学生掌握乌龙茶品质特点、冲泡要求和操作要领。

二、实训要求

冲泡乌龙茶要求选用紫砂壶，白瓷品茗杯，冲泡铁观音可选用盖碗，水温控制在 100℃，按 1∶22 茶水比配备茶叶和用水量。

三、实训课时

4 课时。

四、实训仪器设备

紫砂壶1个、品茗杯5~6个、公道杯、随手泡、武夷岩茶8克、茶叶罐、茶荷、茶巾、茶道组、茶盘。

五、实训内容

（1）焚香静气，活煮甘泉。

（2）孔雀开屏，叶嘉酬宾。

（3）大彬沐淋，乌龙入宫。

（4）高山流水，春风拂面。

（5）乌龙入海，重洗仙颜。

（6）玉液回壶，再注甘露。

（7）祥龙行雨，凤凰点头。

（8）龙凤呈祥，鲤鱼翻身。

（9）捧杯献礼，敬奉香茗。

（10）鉴赏汤色，喜闻高香。

（11）三龙护鼎，初品奇茗。

（12）再斟流霞，二探兰芷。

（13）二品云腴，喉底留甘。

（14）三斟石乳，荡气回肠。

（15）含英咀华，领悟茶韵。

（16）君子之交，水清味美。

（17）名茶探趣，游龙戏水。

（18）以茶献福，尽杯谢茶。

六、实训步骤

（1）备器：准备好冲泡乌龙茶使用的茶具和辅助用具。

（2）赏茶：用茶匙将茶叶罐中乌龙茶轻轻拨入茶荷以供宾客观赏。

（3）温壶：品茗杯依次排列并向紫砂壶内注入1/2容量的开水，轻轻摇晃紫砂充分预热后将热水倒入水盂。

（4）置茶：用茶匙将茶荷中乌龙茶轻轻拨入紫砂壶中，投茶量为6~8克，茶叶约占茶壶容积的1/3。

（5）润茶：在15秒内用内旋法将开水壶中开水沿茶壶内壁慢慢注入茶壶至壶口，迅速将茶汤倒入公道杯中（用于洗杯）。

（6）冲泡：用凤凰三点头方法提壶高冲水，使茶叶上下翻滚，开水应注满茶壶至壶口，用春风拂面的手法轻轻刮去茶汤表面的泡沫，使茶汤清澈洁净。

（7）淋壶：加盖后再用开水浇淋茶壶的外表，内外加温有利于茶香的散发。

（8）分茶、点茶：紫砂中的茶汤泡好后倒入有滤网的玻璃公道杯中，再将公道杯中的茶汤依次巡回斟入品茗杯，然后点斟。

（9）奉茶。

（10）闻香、品饮。

（11）收具谢礼。

七、实训注意事项

冲泡时注意煮水器壶口不应朝向宾客，提壶手势一般采用内旋法。紫砂壶冲泡乌龙茶时投茶量一般为6~8克，即投茶量约为茶壶的1/3，头道茶汤迅速倒掉，再用悬壶高冲的方法冲水入壶，并用开水浇淋壶身。注意奉茶礼仪。

任务六　普洱茶茶艺

一、实训目的

通过盖碗冲泡普洱茶流程的演示及茶艺表演，要求学生掌握普洱茶品质特点、冲泡要求和操作要领。

二、实训要求

冲泡普洱茶要求选用盖碗，白瓷品茗杯，水温控制在100℃，按1∶50茶水比配备茶叶和用水量。

三、实训课时

4课时。

四、实训仪器设备

白瓷盖碗1个、品茗杯5~6个、公道杯、随手泡、普洱茶10克、茶叶罐、茶荷、茶巾、茶道组、茶盘。

五、实训内容

（1）孟臣沐淋，提高壶身温度。

（2）若琛出浴。

（3）鉴赏普洱干茶。

（4）普洱入宫。

（5）涤尘酝香，使茶叶充分舒展。

（6）注水。

（7）佛光普照。

（8）普降甘霖。

（9）敬奉佳茗。

（10）细闻幽香。

六、实训步骤

（1）备具：准备好茶具及普洱茶。

（2）温壶涤具：先用滚水烫热茶具，主要起温壶温杯的作用。

（3）投茶：将普洱茶小心置入盖碗中。

（4）润茶：冲入约茶具容量1/4的开水，然后快速倒去，以此清洗茶叶中的杂质，并且唤醒茶叶。

（5）冲茶浸润：根据实际情况掌握冲泡时间。

（6）分茶：头道，倒沸水冲泡10秒左右，出茶水到公道杯中，滤网放到公道杯上，过滤碎茶，然后再分别均匀地分入小杯中。

（7）奉茶。

（8）闻香、品饮。

（9）收具谢礼。

七、实训注意事项

每次泡好要倒入公道杯里慢慢喝，不能泡在壶里太长时间，否则焖熟茶叶不好。茶叶的浸泡时间，视茶叶的情况而不同，一般紧压茶可以稍短些，散茶可以稍长些，投茶量多可以稍短些，投茶量少可以稍长些，刚开始泡可以稍短些，泡久了可以稍长些。

第九单元

酒店康乐实训

任务一　健身运动服务实训

一、实训目的

（1）熟悉健身运动训练项目的分类。

（2）掌握健身房的布局要求。

（3）掌握健身房的服务流程。

（4）能够准确把握客人的消费心理；操作熟练、清洁和卫生；及时提供适时服务。

二、实训准备

饮料单、冰桶、冰夹、托盘、抹布、圆珠笔、计分表、登记表、毛巾、急救箱、氧气袋。

三、实训步骤

（一）预订服务

（1）要用规范语言主动、热情地接待客人预订。

（2）客人电话预订，铃响3声内接听，如因工作繁忙，则应向客人道歉并请其稍候。

（3）准确记录客人姓名、房号（针对住店宾客）、使用时间，并复述清楚，经客人确认。

（4）对已确认的客人预订，要通知有关服务人员提前做好准备。

（二）接待服务准备

（1）每日营业前整理好健身房、休息区、更衣室、沐浴室与卫生间的清洁卫生。

（2）将设备设施摆放整齐，检查健身器械、哑铃、踏板、软垫等有无损坏。

（3）正式营业前准备好为客人服务的各种用品，整理好个人卫生，准备迎接客人。

（三）迎宾服务

（1）服务台服务员要面带微笑，主动问候客人。

（2）问清是否有预订，向有预订的客人介绍保龄球场设施、租金、收费标准以及为客人提供的服务。

（3）对无预订的客人，如果场地已经占满，应礼貌地告知客人打保龄球需要提前预约，以免与其他客人在时间上发生冲突。

（4）场内服务员看到自己负责的球道上方的屏幕上出现空白计分表格时，说明有客人已经在收银台买局。这时，应当主动到专用鞋发放柜台迎接客人，面带微笑，主动问候客人。

（5）服务员将客人带领到他们球道边座椅后，提醒客人换上专用鞋，然后帮助客人把换下的鞋子及时摆放在鞋架上或是座椅下面。在冬天还要帮客人挂好大衣或者外套。

（四）健身服务

（1）协助健身教练为客人进行体能、体质测试及体形测量，根据客人健身目标和要求提出建议方案和锻炼计划。

（2）对初次来健身房的客人或新型的健身器械，服务员应提供示范，同时向客人讲明注意事项。

（3）客人选择好健身器械后，服务员应主动为客人调试健身器械，检查计量单位是否准确。

（4）在客人进行健身活动的过程中，服务员应设法采取一些安全保护措施，以防意外事故的发生。

（5）根据客人要求，适当播放背景音乐。

（6）服务员要适时询问客人需要何种饮料，并做好饮料服务工作。

（7）保持洗浴间的整洁，及时收拾香皂头、杂物，清洁摆放洗浴用品的台面、皂碟。

（8）保持卫生间的清洁，及时更换纸篓中的垃圾袋，清洁坐便器，补充厕纸，喷洒除异味剂。

（9）保持更衣室的清洁，及时收拾香皂头、杂物和拖鞋，发现更衣柜上有遗留的钥匙应立即交服务台并做好登记，以便客人遗失物品时查询。

（10）保持休息区的整洁，及时为客人更换烟灰缸、添加饮料等。

（11）服务员应随时注意客人的举动，以便及时提供服务。

（五）送别客人服务

（1）检查有无客人遗留物品，提醒客人将更衣柜钥匙等交回服务台。

（2）送客人至门口并礼貌地向客人道别。

（3）检查健身器械有无损坏，清洁整理烟灰缸、台面和更衣室等。

任务二　游泳项目服务实训

一、实训目的

（1）熟悉游泳训练项目的功能和分类，以及泳池的类型。

（2）掌握游泳的服务事项与流程。

（3）能够准确把握客人的消费心理；操作熟练、清洁和卫生；及时提供适时服务。

二、实训准备

合身的游泳衣裤、泳镜、游泳帽、浮体物品、耳塞、鼻夹、抹布、登记表、毛巾、救生圈。

三、实训步骤

（一）准备工作

（1）换好工作服。

（2）检查游泳池水质、水温。

（3）根据检查结果合理投放次氯酸钠，打捞水中杂物，用水下吸尘器吸除水底沉积物。

（4）整理池边座椅和躺椅，清理池边杂物。

（5）清理机房、泵房，保证地面无积水和杂物，机身无尘土，设备工具摆放整齐。

（二）迎宾工作

（1）客人到来时，服务员应面带微笑，主动、热情地问候客人。

（2）请客人出示票据，为客人记录时间，给客人发放更衣柜钥匙，并为客人指示更衣柜方位。

（三）游泳池服务

（1）提醒带小孩的客人注意照看自己的小孩，不要让小孩到深水区游泳。

（2）客人游泳时，服务员和救生员应时刻注视水中的情况，如果发现异常，应及时救护。

（3）根据客人需要，适量提供饮料和小食品，开好饮料食品单，用托盘送到客人面前，注意提示客人在游泳时不宜饮用烈酒。

（4）为需要救生圈的客人办理租用手续并交给客人。

（5）保持洗浴间的整洁，及时收拾香皂头、杂物，清洁摆放洗浴用品的台面、皂碟。

（6）保持卫生间的清洁，及时更换纸篓中的垃圾袋，清洁坐便器，补充厕纸，喷洒除异味剂。

（7）保持更衣室的清洁，及时收拾香皂头、杂物和拖鞋，发现更衣柜上有遗留的钥匙时，应立即交服务台并做好登记，以便客人遗失物品时查询。

（8）保持游泳池内的整洁，及时为客人更换烟灰缸，添加饮料，擦干躺椅和桌面上的水迹等。

（四）送别客人

（1）客人离开时，服务员应立即检查更衣柜里有无客人遗留物品，提醒客人将租用的救生圈交给服务台。

（2）送客人至门口并礼貌地向客人道别。

（3）做好更衣室的整洁工作。

（五）结束工作

（1）清场。

（2）收拾物品。

（3）清洁卫生。

任务三　台球项目服务实训

一、实训目的

（1）熟悉台球运动训练项目的分类，以及台球设备的类别和维护。

（2）掌握台球室的布局要求。

（3）掌握台球的服务流程，了解台球的基本规则，适时提供服务。

二、实训准备

台球设备、滑石粉、酒水单、冰桶、冰夹、托盘、抹布、圆珠笔、计分表。

三、实训步骤

（一）准备工作

（1）检查仪容仪表。
（2）召开班前会。
（3）做清洁卫生工作，打扫责任区域。
（4）班前准备工作。

（二）迎宾接待工作

（1）面带微笑，主动问候客人。
（2）询问客人是否预约，并向客人介绍台球场设施、收费标准等，为客人进行登记，开记录单，并收取押金。
（3）对无预约的客人，若场地已满，应安排其按顺序等候，并告知大约等候时间，为客人提供茶水和书报、杂志等。

（三）送客结账工作

（1）客人消费结束时，服务员应请客人到服务台结账。
（2）如果客人要求挂单，收银员要请客人出示房卡并与前台收银处联系，待确认后请客人签字并认真核对客人的笔迹，如果未获前台收银处同意或者认定笔迹不一致，则请客人以现金结账。
（3）客人离别时，服务员要主动提醒客人不要忘记带好随身物品，并帮助客人穿戴好衣帽。

（四）结束收尾工作

（1）清点、检查客人所用台球设备是否有损坏，有无客人遗留物品。
（2）送客人至门口并礼貌地向客人道别。
（3）将球杆摆在杆架上，将球码放整齐，用专用刷将球桌上的粉迹轻轻刷净，再用专用抹布将台边擦干净，并收拾整理水杯、烟灰缸和茶几，准备迎接下一批客人的到来。

任务四　网球项目服务实训

一、实训目的

（1）熟悉网球运动训练项目的分类，以及网球设备的类别和维护。

（2）掌握网球场的布局要求。

（3）掌握网球的服务流程，了解网球的基本规则，适时提供服务。

二、实训准备

（1）装备类：网球包和衣物包，网球鞋，网球拍，网球至少2桶或练习球10颗以上。

（2）衣着类：网球服，护腕，发带或帽子，袜子。

（3）补给类：水，运动饮料营养补充包或是最好带几根香蕉，因为打网球会耗费很多体力，香蕉补充体力很快。

（4）其他：防晒霜，手胶，避震器。

三、实训步骤

（一）班前准备

（1）做好网球场的准备工作，包括场地、休息区和球网架等。

（2）检查球场设施是否完好，如果发现问题设法修理或者报工程部门。

（3）将供客人租用的球具、球鞋准备好。

（4）将气温、湿度及日照情况填写在公告栏内。

（二）迎宾工作

（1）面带微笑，主动问候客人。

（2）询问客人是否预约，并向客人介绍网球场设施、收费标准等，为客人进行登记，开记录单，并收取押金，发放更衣柜钥匙等。

（3）对无预约的客人，若场地已满，应安排其按顺序等候，并告知大约等候时间，为客人提供茶水和书报杂志等。

（三）网球服务

（1）客人挥拍打网球时，应端正地站立于一旁，并提供捡球服务。

（2）客人要求陪打时，要认真发挥自己的球艺，视客人的球艺控制输赢，以提高客人兴趣。

（3）客人休息时，应及时递上毛巾，随时听候客人吩咐，做好小服务。

（4）客人打球结束，应主动征求客人意见，如需淋浴应引领至淋浴室，并备好浴巾和拖鞋。

（5）客人更衣完毕，准确为客人结账，并收回更衣箱钥匙和租借物品。

（四）结账服务

（1）客人消费结束时，服务员应当检查客用设备是否完好，提醒客人带好随身物品，并帮助客人戴上首饰和提拿球具、球鞋，请客人到收银台结账。

（2）如果客人要求挂单，收银员要请客人出示房卡并与前台收银处联系，待确认后请客人签字并认真核对客人的笔迹，如果未获前台收银处同意或者认定笔迹不一致，则请客人以现金结账。

（五）送别客人与收拾整理

（1）礼貌地向客人道别，并欢迎客人下次光临。

（2）对场地进行彻底清理，将卫生状况恢复到营业的标准，准备迎接下一批客人的到来。

任务五　高尔夫项目服务实训

一、实训目的

（1）熟悉高尔夫运动训练项目的分类，以及高尔夫的规则。

（2）掌握高尔夫的服务流程，适时提供服务。

二、实训准备

高尔夫球杆，手套，球，防晒霜，胶钉球鞋，服装，水。

三、实训步骤

（一）准备工作

（1）按规定的时间做好营业前的准备工作，清洁人造草皮、座椅、茶几、烟灰缸、地毯和太阳伞等。

（2）检查各项设施是否完好，如果发现问题设法修理或报工程部门。

（3）将供客人租用的球具等准备好。

（二）迎宾工作

（1）服务台服务员应面带微笑，主动问候客人。

（2）询问客人是否预约，并向客人介绍收费标准等，与客人确认开始计时的时刻。

（3）为客人进行登记，开记录单，并收取押金。

（4）对无预约的客人，若场地已满，应安排其按顺序等候，并告知大约等候的时间，为客人提供茶水和书报、杂志等。

（三）高尔夫球服务

（1）球场服务员应主动问候客人，并接过客人手中的球具袋，引领客人到座位旁。

（2）主动帮助客人将其球具袋内的球、球杆、手套和球鞋等取出，为客人摆放好。

（3）客人换下的鞋子应收拾到鞋柜里，并提醒客人如果需要擦鞋服务，可以通知服务人员。

（4）对于没有携带球具的客人，应主动询问他们喜欢什么样的球具和所需运动鞋的尺码，并迅速到服务台为其领取。

（5）在客人刚开始打球的一段时间，服务员要及时关注客人有什么需求，并及时给予解决，比如球鞋不合适、需要技术指导、需要陪打、场地和设备出现问题、需要调整座位区等。

（6）及时提供捡球、送球服务。

（7）如果客人是初学者，要认真、耐心和细致地向客人讲解高尔夫球运动的规则及技巧并做示范。

（8）如果客人需要陪打服务，陪打员应认真服务，并根据客人的心理掌握输赢尺度。

（9）服务员要适时询问客人需要何种饮料，并做好酒水服务工作。

（10）保持茶几、座椅和地面的整洁，客人的饮料剩余 1/3 时应及时添加，烟灰缸内烟蒂数不能超过 3 个。

（11）保持发球区地毯和草皮等的清洁。

（12）保持更衣室、淋浴间和洗手间的整洁。

（13）客人原定运动时间将结束时，在场地空闲的情况下应及时询问客人是否需要续时。

（四）结账服务

（1）客人消费结束时，服务员应帮助客人收拾球具或帮助客人归还租用的器材，提醒客人带好随身物品，请客人到收银台结账。

（2）如果客人要求挂单，收银员要请客人出示房卡并与前台收银处联系，待确认后请客人签字并认真核对客人的笔迹，如果未获前台收银处同意或认定笔迹不一致，则请客人以现金结付。

（五）送别客人

（1）礼貌地向客人道别，并欢迎客人下次光临。

（2）对场地进行彻底清理，将卫生状况恢复至营业的要求，准备迎接下一批客人的到来。

（3）按规定对客人租用的球鞋、球具等进行清洁，修理损坏的发球架和球具等。

任务六　歌舞厅项目服务实训

一、实训目的

（1）熟悉中国传统表演类节目和西方表演类节目的内容。

（2）了解舞厅的种类和歌舞厅重点区域设计与布局以及总体环境及卫生要求。

（3）了解歌舞厅的员工岗位职责及任职资格。

（4）掌握歌舞厅的经营特点和歌舞厅服务程序。

二、实训准备

工作表单、卫生专用品、客用品、酒水小吃。

三、实训步骤

（一）班前准备

（1）提前换好工作服，整理好专用品。

（2）每日营业前整理好舞厅、休息区和卫生间的清洁卫生。

（3）认真细致地检查舞厅的设施、设备。

（4）保持各种设备完好。

（5）试营业前准备好为客人服务的各种用品，整理好个人卫生，精神饱满地准备迎接客人。

（二）预订服务

（1）客人预订舞厅服务时，接待应主动热情。

（2）电话预约，应在电话铃响 3 次内接听。

（3）预约准确。

（4）准确记录客人姓名、房号（酒店宾客应登记房号）、电话、使用时间。

（5）及时通知有关人员做好准备，使客人有方便感。

（三）引领服务

（1）面带微笑，主动问候客人。

（2）询问客人是否预约，并向客人介绍收费标准等，为客人进行登记，开记录单。

（3）对无预约的客人，若场地已满，应安排其按顺序等候，并告知大约等候时间，为客人提供茶水和书报、杂志等。

（四）结账服务

（1）客人消费结束时，服务员应请客人到服务台结账。

（2）如果客人要求挂单，收银员要请客人出示房卡并与前台收银处联系，待确认后请客人签字并认真核对客人的笔迹，如果未获前台收银处同意或者认定笔迹不一致，则请客人以现金结账。

（五）送客服务

（1）客人离座，服务员应主动告别，并欢迎其再次光临。

（2）客人离座后，桌椅应在两分钟内清扫完毕，准备迎接下一批客人。

（3）清场收拾物品，以及清洁卫生。

任务七　卡拉 OK 项目服务实训

一、实训目的

（1）了解卡拉 OK 项目。

（2）了解卡拉 OK 的分类，熟悉卡拉 OK 厅的空间规划及布置，以及 KTV 的布局与设计的要求。

（3）掌握卡拉 OK 厅的日常服务程序以及 KTV 包房服务程序。

二、实训准备

工作表单、卫生专用品、客用品、酒水小吃。

三、实训步骤

（一）预约服务

（1）客人预订卡拉 OK 服务，接待时应主动热情。

（2）电话预约，电话铃响 3 次内接听。

（3）预订准确。

（4）准确记录客人姓名、房号（酒店客人应登记房号）、电话、使用时间，复述清楚，取得确认。

（5）及时通知有关人员做好准备，使客人有方便感。

（二）接待服务

（1）提前换好工作服，整理好服务台卫生专用品。

（2）每日营业前整理好卡拉 OK 厅、休息区和卫生间的清洁卫生。

（3）认真细致地检查卡拉 OK 厅的设施、设备。

（4）保证各种设备完好。

（5）正式营业前准备好为客人服务的各种用品，整理好个人卫生，精神饱满地准备迎接客人。

（三）歌厅服务工作

（1）客人来卡拉 OK 唱歌时，应主动迎接问候客人。

（2）客人入座后 1 分钟内开始服务，递送歌单、酒单、点歌卡，介绍歌单内容应主动及时，服务应周到、细致。

（3）快速递送酒水饮料，操作规范。

（4）大中型卡拉 OK 厅，客人点歌后，点歌卡 1 分钟内送到音响控制室。

（5）告知客人大致等候时间。

（6）客人演唱歌曲，音量调整适当，保证音质优美、图像清晰。

（7）单间歌厅客人点歌，电脑检索控制与传送设备完好，音像传送快速。

（8）歌厅服务过程中，根据客人需要及时补充酒水小吃。

（9）服务员要加强歌厅巡视，维持歌厅秩序。

（10）客人离座，服务员应主动告别，并欢迎其再次光临。

（11）客人离座后，桌椅应在两分钟内清扫完毕，准备迎接下一批客人。

任务八　棋牌类项目服务实训

一、实训目的

（1）了解游戏类项目及其分类。
（2）掌握游戏室和棋牌室员工岗位职责及服务程序。
（3）熟悉棋牌室和游戏室的设计与布局。

二、实训准备

棋牌、工作表单、卫生专用品、客用品、酒水小吃。

三、实训步骤

（一）预订服务

（1）棋牌室设服务台，配预约电话。
（2）客人预订棋牌游艺服务时，接待应主动热情。
（3）电话预约，应在电话铃响3次内接听。
（4）预约准确。
（5）准确记录客人姓名、房号（酒店宾客应登记房号）、电话、使用时间，复述清楚，取得确认。

（二）接待服务准备工作

（1）提前换好工作服，整理好服务台卫生专用品。
（2）每日营业前整理好棋牌室、休息区与卫生间的清洁卫生。
（3）认真细致地检查棋牌室设施、设备。
（4）正式营业前准备好为客人服务的各种用品，整理好个人卫生，精神饱满地准备迎接客人。

（三）棋牌室服务

（1）热情、主动地迎接客人，介绍棋牌室的服务项目及收费标准。
（2）根据客人需求引领客人到包厢，并准备好客人要玩的棋牌。
（3）根据客人要求讲解各种棋牌的活动规则及使用方法，必要时为客人提供示范。
（4）按客人的要求洗牌、砌牌、发牌及记分等。

（5）及时清理客人的台面，适时推销，按客人的要求提供烟酒、饮料、食品等。

（6）在客人玩牌时，应随时巡视包厢内的情况，注意客人的活动，如发生纠纷或异常情况须及时报告领班。

（7）对客人的消费进行登记，并及时向收银员递交客人的消费记录。客人示意结账后，带领客人到收银处结账。

（8）客人娱乐结束后，应礼貌地送别客人。

（9）客人离开包厢后，须立即清点棋牌，并将棋牌整理好放入盒内。

任务九　游戏厅项目服务实训

一、实训目的

（1）熟练掌握游戏厅工作内容、工作程序。

（2）运用准确规范的语言迎宾、问候、操作和告别服务。

（3）服务耐心、细致、周到、热情。

二、实训准备

游戏设备、工作表单、卫生专用品、客用品、酒水小吃。

三、实训步骤

（一）预订服务

（1）游戏厅设服务台，配预约电话。

（2）客人预订游戏厅服务时，接待应主动热情。

（3）电话预约，应在电话铃响 3 次内接听。

（4）预约准确。

（5）准确记录客人姓名、房号（酒店宾客应登记房号）、电话、使用时间，复述清楚，取得确认。

（二）接待服务

（1）提前换好工作服，整理好服务台卫生专用品。

（2）每日营业前整理好游戏厅、休息区与卫生间的清洁卫生。

（3）认真细致地检查游戏厅设施、设备。

（4）保持各种设备完好。

（5）正式营业前准备好为客人服务的各种用品，整理好个人卫生，精神饱满地准备迎接客人。

（三）游戏厅服务

（1）热情、主动、礼貌待客，并向客人介绍游戏厅的基本情况。

（2）耐心解答客人提出的问题，并向客人说明游戏机操作规范；根据客人需要引导、安排客人入座。

（3）在客人玩游戏的过程中，巡视游戏厅，并随时帮助客人解决问题。

（4）维护娱乐场所秩序，协助主管排解客人之间发生的纠纷，保证娱乐活动的正常开展。

（5）根据客人需要，适当推销其他游戏项目以及酒水、饮料、食品等。

（6）对客人的消费进行登记，并及时将记录交给换币员。客人结束游戏时，协助客人办理结账事宜，并礼貌地向客人告别。

（7）客人离开后，根据规范及时关闭、整理、清洁客人使用过的游戏机。

任务十　桑拿按摩保健类项目服务实训

一、实训目的

（1）了解桑拿按摩保健项目；

（2）了解桑拿按摩分类和操作方式；

（3）熟悉桑拿中心设计的依据，了解桑拿中心的各功能分区及布局；

（4）掌握桑拿保健类项目服务的基本要求，熟悉桑拿中心各岗位职责和服务程序。

二、实训准备

工作表单、卫生专用品、客用品、温度计、湿度计、地秤。

三、实训步骤

（一）预订的服务

（1）要用规范语言主动、热情地接待客人预订。

（2）客人电话预订，铃响3次内接听，如因工作繁忙，则请客人稍等。

（3）准确记录客人姓名、房号（酒店宾客应登记房号）、使用时间，并复述清楚，取得客人确认。

（4）对已确认的客人预订，要通知有关服务人员提前做好安排。

（二）接待服务准备工作

（1）每天提前 10~15 分钟上班，换好工作服，整理好服务台卫生专用品。

（2）每日营业前整理好桑拿浴室、更衣室、沐浴室与卫生间的清洁卫生。

（3）认真细致地检查桑拿浴室设施、设备，保证桑拿浴室设施的卫生。

（4）保持各种设备完好。

（5）浴室开启后，约 10 分钟室温将达到 80℃。

（6）所有木板不松动，无毛刺，温度计、湿度计、地秤指示准确。

（7）室内及各配套设施整洁、卫生、干净、无异味。

（8）正式营业前准备好为客人服务的各种用品，整理好个人卫生，精神饱满地准备迎接客人。

（三）接待服务

（1）客人到达，主动问好，热情地迎接客人，并询问有无预订。

（2）准确记录客人姓名（如酒店客人要登记房号）、到达时间和欲消费的服务项目种类。

（3）说明各项桑拿浴的费用标准，并按标准收费。

（4）细致地提供更衣柜号码、钥匙。

（5）主动及时地提供毛巾、服务用品。

（6）客人进入桑拿浴室前，做好开启桑拿、调好温度和沙漏控制器等准备工作。

（7）客人享用桑拿浴期间，每 10 分钟巡视一次，注意客人情况，若有呼唤，则随时服务。

（8）随时同前台人员保持联系，有情况及时同前台沟通。

（9）及时提供客人要求的各项服务。

（10）客人离开，应主动告别，并欢迎其再次光临。

（四）安全服务

（1）浴室门口明确公布“患心脏病、高血压、脑溢血等病症的客人不得使用桑拿浴”。

（2）客人使用桑拿浴期间，发现就浴客人有不适感觉或意外情况，应及时采取紧急救护措施，保证客人安全。

（3）注意保护衣物安全。

第三篇

管 理 篇

第十单元

酒店活动策划实务

为促进酒店进行活动与项目策划，营业推广活动必不可少，以确保新产品上市或在遇到各种机遇与挑战时，能迅速占领市场份额。

项目一　客房营销

任务一　长住客户客房营销

一、实训目的

客房是酒店核心产品，酒店必须做好客房营销工作。长住客人是酒店十分重要的客户群体，不仅能提高酒店经济效益，也能从长住客人的反馈中提高酒店声誉。

二、实训准备

实训场地、模拟小剧场、人员安排、人员着正装、合同或协议。

三、实训内容

（一）了解需求

（1）客户提出长期租用客房或写字间，应由营销代表负责接待，并通过洽谈了解客户的具体用房需求。

（2）根据客户提出租用客房的档次、规格、种类或写字间的使用面积等有关要求，陪同客户参观房间，介绍设备、环境、服务内容等。

（3）营销代表同时还应带领客人参观酒店内的综合服务设施，详细地展示酒店的住宿、办公环境与交通条件，并向客人提供酒店（包括写字间）平面图、报价表等资料。

（4）当客户连续租用客房三个月以上，或一次性租用写字间半年以上时，可视为常住客户。

（5）报价时，客房房租应按间 / 天报价，写字间应按每平方米 / 天报价。商谈房价时，客房按使用天数和房租缴纳周期洽谈，写字间应按每平方米 / 天的缴费周期洽谈，并计算出半年、年、季度、月租金。

（6）商定价格以一年内房价不变来落实。对一年以上的价格要根据市场规律进行预测。本着对酒店中长期经济效益有利的原则，对经过一年，届时房价有可能上升的应以一年一洽谈房价为宜。届时有可能降低的则将两三年的房价一次性确定，力争客房和写字间价格在较长时间内不会下调。

（7）在双方经过协商并达成租赁意向后，可与客户商讨租房合同细节。

（二）签订合同

（1）长住客房（含写字间）合同由营销部经理同客户协商明确后签订，报总经理批准后实施。

（2）租赁合同中应明确出房间间数（平方米数）、房租价格、租赁期限、相关项目计费标准、结算方式、双方的责任和义务、违约责任及签约时间等。

（3）租赁合同由营销部与客户各持一份，同时再复印三份，分送财务部、前厅部、保安部各一份。

（三）做好入住准备

（1）酒店有关部门应保证在客户入住前一天将房间清扫干净，各种设备要配套到位，电话、照明设备等要调试完毕。。

（2）财务部应根据租赁合同规定，按期结算客户在店的消费，并收缴一定的租房押金、电话押金等。

（四）入住接待

（1）营销部经理或营销代表要主动迎接客户入住，并陪同其到总台办理入住手续，帮助客人搬运家具或其他物品。

（2）客户入住后，要及时建立客户档案，详细记录客户名称、国籍、营业执照号码和客户主要负责人的姓名、性别、年龄、身份证、护照、工作证、联系电话、房间电话号码等资料，以便届时为客人提供有针对性的服务。

四、实训步骤

（1）模拟酒店前台人员工作场景，老师做好摄像记录。

（2）内容：在规定期限内入住酒店的客人累计入住 10 次，第 10 次入住房间免费。

①客人首次入住时由总台人员发放累计消费卡，客人填写累计消费卡的相关内容后呈交客人保管。

②每次填写累计消费卡须由当班收银员及领班签名后方可生效。

③客人第 10 次入住时，当班人员收回累计消费卡，由主管或经理签字后下免费单，免费单由总经理签字后，将免费单和消费卡一起上报财务部，并告知客人下次入住时送其新的累计消费卡。

（3）分小组模拟结束后，回看录像，老师作总结，各小组间评分，找出不足之处。

（4）得分最高小组，奖励一些文具用品。

任务二　商务客户客房营销

一、实训目的

商务客户一般多以追求高品质化为主，此类客户利润较大，做好商务客房营销，能较大提高酒店的利润率。

二、实训准备

实训场地、模拟小剧场、人员安排、人员着正装、合同或协议。

三、实训内容

（一）确定对象

根据酒店的具体情况，确定酒店商务客户的推销对象是以国内大中型公司为主，还是以国际大中型公司为主。

定位明确后，酒店营销经理要重点面向各类公司在各地的商务办事处、商业机构和各种社团等。

营销经理要定时召开销售分析会，由营销代表通报销售情况，统计实际数据，分析存在的问题，并做好统计报表。

（二）联系客户

营销代表应随时收集商务客户的信息，整理、汇集、筛选有消费需求的商务客户信息，并主动上门走访，建立客户联系网络，逐步建立酒店稳定的目标市场。

（三）客房预订

营销代表要了解和掌握客户的要求，并为其办理预订手续，如签订客房预订服务合同。

（四）客户接待

（1）商务客户住店，由前厅部负责接待，营销部负责协调配合。
（2）遇重要的商务客人住店，应及时报告总经理，并制订具体接待方案。

四、实训步骤

（1）模拟酒店前台人员和商业公司的互动场景，老师做好摄像记录。

①提前和商务公司、商务机构或商务人员做好联系，确认好入住人员信息和房间设备要求。

②为确保商务人员的商务活动顺利进行，提前为其安排好商务车辆接送等。

③当消费或入住房间数 / 次数达到一定量时，为商务客户送上免费的咖啡或酒水抵用券，以及做好衬衣熨烫、文件复印等工作。

（2）准备一些突发事件场景的模拟，考察学生的应变能力，并做出打分。

（3）模拟结束后，进行打分，得分最高组获得奖励。回看录像，各小组进行点评，老师总结。

任务三　会议客户客房营销

一、实训目的

会议客户客房群体基数较大，且多为一些重要人物，各方各界都有，酒店做好此类客户客房的营销，能给别人留下好印象，增加回头客的概率。

二、实训准备

实训场地、模拟小剧场、人员安排、人员着正装、合同或协议。

三、实训内容

（一）确定对象、联系客户

国际会议的销售对象以海外中型商业机构、公司社团、办事处等客户为主。

（1）由营销代表根据会议市场的客户情况及相关信息，主动上门联系，努力争取客户在本酒店组织举办会议。

（2）在与客户联系的基础上，可邀请会议组织者（包括来店洽谈会议的客户）参观酒店各类客房、餐厅、会议室、娱乐等服务设施，展示酒店的会议接待规模、规格和酒店住宿、用餐等内部环境及相关的交通条件，力争客户进店举行会议。

（二）销售洽谈

在客户参观后，并对本酒店各方面有充分了解的基础上，由营销代表与其进行业务洽谈，以进一步了解客户对会议用房、用餐等方面的需求。洽谈内容如下：

（1）用房种类、各类客房的数量、会议期限、分批进入酒店的时间、大致预测离店日期。

（2）各类客房的会议价格。

（3）各类会议室的使用次数、会议室租金、应配备的设备及有关接待要求。

（4）用餐起止日期、用餐标准、用餐人数和每日早、午、晚餐的时间安排。

（5）租用娱乐设施项目、次数、租金或收费标准。

（6）预付定金。

（7）结算方式。

（8）违约责任。

（三）签订协议

（1）营销部负责拟定会议销售协议书，经客户同意，并呈报酒店总经理审批后正式签署。

（2）根据协议书拟写会议通知书，并将协议书复印件作附件分送前厅部、客房部、餐饮部、财务部、保安部、康乐部等相关部门。

（四）用房控制

根据协议明确的内容，填写会议订房统计表。淡季的会议用房数量可控制在总客房的 30% 左右，平时可控制在 20% 左右，旺季要视市场状况和客房销售情况而定。

（五）用房更改

（1）在接到更改申请后，要找出原始预订单据，明确更改内容，包括房间数、抵达日期等。

（2）如不增加用房或延长住宿期，可直接填写更改单后请会议组织者签字确认。

（3）如会议组织者电话通知更改，应要求对方发送电传、特快专递等书面文件。

（4）如会议组织者在超过截止日期后要求更改，提出减少房数或住宿天数等，营销部人员应告知对方酒店将按协议的有关条款执行。

（5）如更改内容要求增加房数或延长住期，营销部人员应查阅预订统计表并与前厅部协商，在房态许可的条件下再接受与确认。如无法安排，要及时同会议组织者协商解决。

（6）更改后的会议订房统计、计算机输入均需及时进行修改，确保预订信息的准确性。

（7）将更改资料、更改单、原始订单等资料一并送至预订处存档。

（六）预订取消

（1）接到会议预订取消的通知后，应立即找出原预订资料，并加盖取消印章。

（2）取消资料与原始资料全部取出，另行存档备案。

（3）对已取消的订房要在订房统计和计算机中作取消处理。

（4）超过规定截止日期的预订取消，要按订房协议向对方收取取消预订手续费。

四、实训步骤

（1）做好会议客房情景的模拟，做好录像记录准备。

①带客户参观酒店各类客房、餐厅、会议室、娱乐等服务设施，展示酒店的会议接待规模、规格和酒店住宿、用餐等内部环境。

②双方洽谈对会议用房、用餐等方面的需求，并进行协议签署。

③当入住客房数量达到一定量时，对其提供免费的果盘或饮料服务。做好会议场地的布置工作等。

（2）模拟结束后，进行打分，得分最高组获得奖励。回看录像，各小组进行点评，老师总结。

任务四 旅行社客户客房营销

一、实训目的

旅行社团体人数较多，可作为酒店客房大批量消费群体，且能和餐饮、娱乐、旅游、交通等方面产生经济带动效益，有利于酒店综合效益的提升。

二、实训准备

实训场地、模拟小剧场、人员安排、人员着正装、合同或协议。

三、实训内容

（一）了解需求

（1）酒店营销部要经常与各类旅行社保持联系，掌握近期旅行社的团队出行情况。查阅旅行社近期订房情况。

（2）针对旅行社需求，宣传酒店优势，介绍酒店地理位置、硬件设施、服务项目等。

（3）详细介绍酒店最新销售政策，动员对方安排客人入住酒店。

（二）签订合同

酒店可以与有合作意向的旅行社签订合同，以建立长久合作关系。

四、实训步骤

（1）模拟好酒店方、旅行社方、游客等的角色扮演，做好录像和记录及打分准备。

①酒店方和旅行社进行洽谈合作，主动与外地各旅行社联系，了解团队信息，力争将本酒店作为本地区重点旅游团队的指定入住酒店。

②推出“住房消费积分卡”和“酒店前厅消费代金券”。

③实施全体员工揽客奖励，对成功揽客入住的员工，给予提成奖励。

④公交大巴广告投放。

⑤制作酒店的宣传册，摆放在各旅行社、车站、火车站的醒目位置。

（2）各小组进行场景表演完成后，群众和其他同学进行打分，得分最高小组发放奖励。

（3）回看录像，各小组相互点评，老师总结。

任务五　散客客户客房营销

一、实训目的

散客市场是酒店客房比较稳定的客源市场，且利润率较高，在酒店客房销售中，散客的客房房价通常是最高的。做好散客客房营销，有利于提高酒店经济效益。

二、实训准备

实训场地、模拟小剧场、人员安排、人员着正装、合同或协议。

三、实训内容

（1）酒店散客按其住店需求与构成来划分，大致可分为家庭型、情侣型、团体型、熟客型、临时商务型、旅游型等。

①家庭型。客人多以一家三口为主，他们讲求住店经济实惠。这种类型的客人，可作为普通经济型客房的推荐对象，并免费提供早餐。

②情侣型。客人往往喜欢一间有一张大床的房间，而早餐对他们来说不会有太大吸引力。如果改送他们两张西餐消费券或咖啡饮品券，他们会更喜欢。

③团体型。此类客人一来就是五六个人，目的是开间房在一起聊天。前台人员可向其推荐套房，一房一厅，厅房供其娱乐，卧室又可用于休息，这样可以最大限度满足这类人的需求。

④熟客型。这类客人是固定散客，个人随时可登记住店，无协议约束。酒店可给予这类客人比其他散客低 ×× 元的“熟客价”，这样做不但会使他们感到有面子，同时也能让他们感受到酒店对他们的重视。

⑤临时商务型。面对这类客人除了向其推荐商务楼层的各种设施外，更应注意细微化的服务。如免费赠送烫衣券，对其来说无疑是创造好印象的最佳服务。

⑥旅游型。酒店可向其推荐当地的各种套票消费（一定要注意调查套票质量，以免影响酒店的服务质量与声誉），吃、住、玩全包。酒店也可视季节时段，在旅游旺季提供免费观光旅游市内主要景点的服务项目，以获取客户的青睐。

（2）酒店联盟协议、酒店内部服务套餐的散客策略。

酒店需要加强与本地企事业单位的联系，稳定大客户，大力开发新客户。本地市场客户要逐一登门拜访，签订优惠协议书（通过一段时间的营业，根据客户的消费能力，优惠协议可分为 A、B 两种）。这样可以大量地吸收本地散客以及与本地企业有业务联系的外地客商，从而提高酒店的入住率。

（3）充分利用信用卡商业联盟、商盟散客捆绑销售等相关团体，提高酒店散客出租率。

此策略主要针对商务散客。商务散客是酒店所追求的理想客源之一，合理利用信用卡商业联盟、专业商业联盟等组织，等于是把一部分拥有真正消费能力和消费欲望的商务散客通过一定的方式组织起来，并且通过努力促使他们的商业活动在加盟酒店内进行，可以促进酒店提高出租率并改善客源结构。

酒店营销的散客策略基础还在于自身打造品牌来实现酒店知名度的提高，从而广揽五湖四海的散客资源。

四、实训步骤

（1）各小组依次做好模拟场景的展示，同学录像记录，做好评分表。

①实训活动主题：温馨享受午夜房，特价标间天天有，打折金卡新体验，会员充值任您选。

②做好宣传推广工作。

A. 人力推广。

B. 媒介推广。

大堂海报 1 张、电梯广告 1 个、巨幅喷绘 1 幅，并配上广告标题和广告内容。

（2）各小组展示完后，其他同学进行打分和投票，得分最高的小组，奖励一些学习用品。

（3）观看模拟录像，各小组间相互点评，老师做好总结。

项目二　宴会营销活动策划

任务一　酒店婚宴产品推介会策划

一、实训目的

让客户更加深入地了解酒店产品、文化。通过本次婚宴推介会赢得客户的口碑，促进酒店婚宴的销售。

二、实训准备

实训场地、现场气氛的营造、模拟房间和场地的装饰、模拟场景剧本、人员着正装、录像。

三、实训内容

（1）隆重迎接客户。

（2）参观婚宴房间、参观厨房、参观新婚套房、新婚商务房。

（3）主持人介绍酒店产品、婚庆产品。

（4）台面产品展示喜庆抽纸盒、一次性茶杯、各标准婚宴菜单、喜火烧、早生贵子、鲜花、天地同心等。

（5）参观酒店婚庆用品道具。

（6）参观婚庆公司外协项目。

（7）做好活动气氛的营造、宣传媒体的配合、活动所需物品及经费的预算。

四、实训步骤

（1）各小组依次做好模拟场景的展示，同学录像记录，做好评分表。

①模拟酒店人员到位，包括婚礼团队主持人、礼仪人员、演出队、军乐队等。

②活动现场接待，来宾登记。播放背景音乐，舞狮、演出团演出，烘托气氛。

③正式开始，由主持人开场白介绍来宾和活动的有关事宜。

④参观新婚套房、商务房、餐室、厨房等区域，由现场工作人员讲解。

⑤在宴会厅举行婚宴产品推介会，并接受现场预定，赠送礼品。届时主持人以 PPT 的方式详细讲解酒店婚宴、婚庆产品组合。同时赞助方 ×× 酒店业代表上台致辞。

（2）各小组展示完后，群众和其他同学进行打分和投票，得分最高的小组，奖励一些学习用品。

（3）观看模拟录像，各小组间相互点评，老师做好总结。

任务二　酒店团年宴活动策划

一、实训目的

“团年宴”历来是酒店餐饮在春节期间促销的重头戏，此活动方针将酒店各种产品充分组合整体打包销售，能提高酒店经济效益，进一步扩大酒店知名度。

二、实训准备

实训厅、餐桌摆盘、人员模拟剧场、相关人员礼仪着装准备、录像设备。

三、实训内容

（1）确定好宴会主题，新春纳福、品海鲜盛宴等。

（2）设计好团年宴菜单。如菜单一：前程似锦宴 988 元 / 桌；菜单二：龙凤呈祥宴 1988 元 / 桌；菜单三：吉祥如意宴 3888 元 / 桌。

（3）预订有礼。

①预订年夜饭即可每桌赠送 ×× 大酒店幸福团圆水饺 1 份。

②预订 2 桌以上（含 2 桌），每桌再送红葡萄酒 1 瓶。

③预订大厅年夜饭 9.5 折优惠。

（4）抽奖有礼。宴会与包厢均在现场组织抽奖活动，奖酒店贵宾卡、100 元代金券、酒水饮料等。（每桌限抽一张）

（5）消费预订。

①所有预订需提前收取订金，并交纳最低消费金额的 50%。

②所有未交预订金的预订只保留 24 小时，不交订金的预订及达不到最低消费额度的预订需请总经理批示。

③年夜饭菜单必须提前一个星期确认。

四、实训步骤

（一）前厅部

（1）自活动开始前起，电话接听及待客问候语改为：Happy New Year，新年好。

（2）大年三十起，16 点前做好礼品发放、补充的管理工作。

（3）安排一人协助楼面完成客人抽奖及登记工作。

（4）安排足够人员协助进行客人引领工作。

（二）餐饮部

（1）大年三十 16 点前完成团圆宴的摆台工作。

（2）规定期限前完成餐厅的新年装饰工作。

（3）确保大年三十团圆宴的服务人员安排充足，接待工作准确无误（包括酒水、布草工作等）。

（4）安排 4 名迎宾员，要求管理人员同时到位，做好现场客人的引领工作，以确保用餐现场秩序。

（5）服务员应随时关注用餐客人的随身物品，谨防偷盗事件发生。

（6）安排好包厢及大厅抽奖工作。

（7）负责新年抽奖箱的制作。

（8）负责酒店新年灯光的装饰工作。

（9）协助采购部完成宴会厅新年背景台的布置。

（三）行政部

（1）选拔好一名员工着龙服，在年三十晚，负责给客人发放糖果等小礼品并协助抽奖。

（2）负责协调各部门人员的安排工作。

（3）做好现场拍照及录像工作。

（4）做好此次活动的培训及检查工作。

（四）销售部

（1）做好团圆宴的 POP 温馨提示牌。

（2）做好所有赠券或代金券、宣传资料的印刷及发放工作。

任务三　酒店升学宴活动策划

一、实训目的

一年一度的高考对于许多考生来说是一生一次，很多家长都非常重视，必须抓住“高考经济”，借此提升酒店经济效益。

二、实训准备

实训厅或宴会厅、餐桌的摆放及装饰、房间的装饰、相关模拟人员的礼仪及着装、录像设备。

三、实训内容

（一）餐饮部

（1）布置宴会厅现场氛围。

（2）布置舞台背景。

（3）准备宴会背景音乐及宴会前播放的乐曲。

（4）提供升学宴菜单。

（5）检查设备设施是否正常运转。

（二）后勤部

（1）水牌制作。
（2）横幅制作。
（3）贺卡制作。
（4）现场摄像、拍照。
（5）升学宴菜单制作。

（三）营销部

（1）派营销代表到各学校及邮政局收集考生及家长信息资料，并筛选出意向客户。
（2）打电话对意向客户表示祝贺。
（3）跟意向客户充分沟通本次升学宴策划方案，并将客户预订信息及时反馈给前厅部、餐饮部及客房部、康乐部。

（四）采购部

（1）采购高档特色座位一张（摆放在舞台上）；
（2）采购签到簿、高级密码箱、品牌智能手机、派克钢笔、与本次活动相关的其他物料；
（3）联系影楼赞助或租赁黑白燕尾服和白色礼裙；
（4）联系赞助单位。

（五）康乐部

准备好 KTV 包厢的相关设施设备。

（六）客房部

负责做好当天举办升学宴客人赠送客房及优惠（7.5 折）客房的预留。

（七）行政人事部

各部门应在此方案出台后 3 天内对全体员工进行相关培训，行政人事部将在此方案下达 3 天后对各部门进行抽检。

（八）工程部

负责制作金榜（KT 板，摆放在大堂）。

四、实训步骤（模拟场景）

（一）9：30—10：30

考生来到酒店。

（二）10：30—11：50

（1）考生及家长端上糖果和香烟站在大堂迎宾，大堂播放轻柔喜庆的乐曲，摆放庆贺水牌。

（2）2楼宴会厅旁，工作人员就位。

（3）1楼上2楼的楼梯转角处摆上指示牌。

（4）宴会厅播放喜庆的乐曲及歌曲，供客人聆听。

（三）11：50

宴会正式开始，考生（男生穿上黑白配燕尾服，女生穿上白色礼裙）在主席宾就位。

（四）11：50—12：05

荣誉宝座问鼎仪式。宴会厅正中间过道铺上红地毯，红毯前设一个塑料鲜花拱门，考生站在拱门前，前面为两位礼仪小姐，身后为两名要好同学，四人每人捧一束鲜花持一张贺卡，由这四人伴着激昂的音乐将考生送上主席台荣誉宝座，红地毯仪式过程中喷七彩礼花。

（五）12：05—12：10

考生发表荣誉宝座感言（背景音乐《掌声响起来》）。

（六）12：10—12：20

花季感恩仪式。背景音乐《感恩的心》，请考生家长及两位老师代表上台，由考生分别为父母送上慰问鲜花及感恩贺卡，并向父母和老师三鞠躬，并发表感言。

（七）12：20—12：30

烛光许愿仪式。礼仪小姐将蛋糕推上主席台，考生对着蛋糕、烛光许愿，跟在座的亲朋好友分享蛋糕（背景音乐《明天会更好》）。

（八）12：30—12：38

家长开怀感言：邀请考生父母上台发表骄傲感言（背景音乐《明天会更好》）。

（九）12：39

开始午宴。

任务四　酒店中餐茶文化周活动策划

一、实训目的

随着人们物质生活水平的提高，越来越多的人开始追求精神方面的享受。饮茶、品茶已成为一种时尚。在酒店中餐厅举办茶文化周，以茶会友，让来酒店消费的客人一同感受茶文化，使茶文化周成为酒店的一大特色，以吸引更多的客人。

二、实训准备

实训厅、相关人员茶艺展示、茶品相关物料。

三、实训内容

茶艺的展示和茶叶的销售相结合，让客人体会到茶的魅力。

四、实训步骤

（一）场地布置

1. 横幅

悬挂在大厅的横幅是点出茶话会主题的重要直观物，因此要精心设计，不同场合用不同的词句，文字要简练。

2. 座席布置

（1）散席 . 在会场中设名茶或新产品的展示台。分设几处泡茶台，根据所泡茶的种类布置相应风格的环境，供应与茶性相配的茶食。由茶艺师作泡茶表演，并由客人自拿一次性杯子和碟子到各处泡茶台观看表演和品尝茶汤。

（2）固定席。适用于茶艺交流、名茶品尝。来宾都坐下，一起观看茶艺表演，仅少部分人能品尝表演者泡的茶，其他人均由专供茶水的服务员奉茶。

（二）促销活动

（1）凡来店客人用餐时可免费选择各种茶水，服务员根据客人所点茶品进行相应的免费的茶艺表演（如：客人选点铁观音，将进行铁观音泡制过程的展示）。

（2）活动期间凡在相应区域消费以下茶水的客人，酒店将在价格上给予 88 折优惠。

①特级观音王，原价 168 元（1 道），现价 148 元，附赠：酒店纪念卡。

②顶级观音王，原价 298 元（1 道），现价 262 元，附赠：酒店钥匙扣。

项目三　会议营销活动策划

任务一　会议营销基础知识

一、实训目的

会议市场是酒店营销的一个重要市场，做好会议市场营销不仅会为酒店带来盈利，更有可能为酒店做好的宣传，学习掌握会议营销的基础知识，为实际策划活动打基础。

二、实训准备

实训场地、相关人员的仪容礼仪准备、录像设备。

三、实训内容

（一）会议市场营销作用

（1）扩大企业的社会影响；

（2）调节淡季市场；

（3）创造可观的经济效益。

（二）会议市场营销目标

1. 企业会议

（1）企业会议的种类。管理者会议、股东会议、销售会议、技术会议、培训会议。

（2）企业会议客户开发的对策。酒店对企业会议业务的开发，必须将重点放在企业会议的决策者身上。对会议做出决定的权威人士，不仅每个企业不同，而且同一企业每年都可能有变化，这就要求酒店营销人员对企业内部与会议决策有关的部门有一定的了解。一般来说，企业的决策者有总经理、市场营销部主管、广告经理、其他管理者。

2. 协会会议

（1）会议类型。行业和科技协会会议、贸易性协会会议。

（2）会议开发的对策。大型协会组织，有专职或长期的协会管理成员。小型协会组织有秘书长、协会会长（理事长）、组委会。

（三）会议市场营销要求

1. 符合会议特征

酒店会议营销应根据会议规模大、规格高、要求多、更改频繁的特点来经营。

2. 满足会议消费需求

（1）显性开支。指较为明显的开支项目，具体为：交通费用的正常开支、视听设备的租赁费、餐饮开支、宴会及鸡尾酒会开支、广告宣传费、会议室场所租用布置费、工作人员加班费、小费及其他。

（2）隐形开支。如管理费用、偶然性开支、时间因素对开支的影响等。

（3）会议不同阶段的开支。会前、会中、会后。

（四）会议市场营销策略

（1）会议产品“客人化”。

（2）追求酒店品牌的知名度。

（3）寻求产品生命周期的延续。

（4）采用产品差别化销售策略。

（5）会议厅推广活动。

四、实训步骤

（一）前期准备

（1）提前给所有与酒店签约的企业、旅行社及会议、展览会、娱乐活动等组织机构寄送有关会议厅的宣传函件。

（2）通过与当地会展中心接触，保持与当地旅游协会、外商投资协会等各行业协会的紧密联系，收集有价值的市场信息。

（3）与当地旅游贸易机构、政府机构以及各地政府办事处建立良好的人际关系，争取举办招商会、展览会等。

（4）与各类培训机构、证券交易所、新闻机构等组织建立联系，提供专业会议服务建议，争取商机。

（5）宣传和促进当地大型的贸易展览，最大限度地激发客户对会议厅的兴趣。

（6）对国内外知名的企业进行常规销售拜访和电话促销，以获得潜在商机。

（二）确认及签订合约书

在预约时，营销经理应要求营销人员一定要记下客人所有的要求，但客人日后可能有变化，所以，营销人员必须将双方所同意的事项记录在合约书上并请客人签字，以保障双方的利益。

如果客人没时间亲自到酒店进行签约手续，营销人员可以通过书面、传真或邮寄方式，将文件交送至客人手上，请客人在合约书上签字，签妥后再传真或邮寄回以示慎重。

在签订合约时，酒店通常会要求收取费用的 10% 作为定金。

任务二　酒店会议团队促销活动策划

一、实训目的

学习了解酒店会议促销的技巧和优惠活动安排。

二、实训准备

实训室、相关人员的礼仪和着装准备、场景模拟剧、录像设备。

三、实训内容

（一）散客订房前台价（8 折）赠送欢乐大礼包

（1）赠送 100 元餐券（酒店餐饮部使用，不找零，不折现，不与其他优惠券同时使用）。

（2）价值 138 元温泉赠券 1 张。

（3）免费价值 25 元 / 位中西自助早餐 2 位。

（二）会议订房免费升级及免费娱乐项目（会议房价需达到 320 元 / 间以上）

（1）订房 30 间以上可免费升级入住行政套房 1 间。

（2）房间含机麻娱乐 4 小时，每桌限使用 1 张免费赠券，不叠加使用，限会议期间使用。

（3）30 元 / 人的温泉抵扣券 1 张。（限净桑游泳）

（三）订餐免场租费（限大会议室）

（1）订餐标准 120 元 / 人，100 人以上或 1200 元 / 桌，10 桌以上可免费使用大会议室半天。

（2）两餐以上标准可免费使用大会议室 1 天。

（3）综合会议团根据会议消费可单团单议。

（四）会议期间，惊喜连连看

限收费优惠：以下会议室，在以下价格之内可享受优惠：×× 府 4000 元 / 天，×× 厅 2600 元 / 天，×× 厅 1600 元 / 天。

（1）免费提供会标 1 副、指示牌 2 块。

（2）免费提供投影仪及投影幕布。

（3）免费提供纸、笔、白板、白板笔。

（4）免费提供茶或矿泉水。

（5）会议室免费无线网络 Wi-Fi。

四、实训步骤

（1）各小组依次按照顺序上台进行酒店会议促销方案的洽谈，模拟酒店营销人员和公司业务经理。

（2）做好优惠券、抵扣券发放的模拟及使用说明。

（3）做好会议促销的抽奖和免费活动体验的模拟。

（4）回看各组录像，老师进行总结点评。

项目四　主题活动策划

任务一　主题策划活动概述

一、实训目的

学习掌握酒店主题策划活动，抓住主题策划活动的时机，让消费者耳目一新，有利于增加酒店的知名度，从而提高酒店的营业额。

二、实训准备

实训场地、相关人员的仪容礼仪准备、录像设备。

三、实训内容

（一）庆典活动

庆典活动是酒店利用自身或社会环境的有关重大事件、纪念日、节日等所举办的各种仪式、庆祝会和纪念活动的总称，包括节庆活动、纪念活动、典礼仪式和其他活动。

通过庆典活动，可以渲染气氛，强化酒店的影响力，也可以使酒店广交朋友、广结良缘。

（二）开业庆典

（1）通过开业庆典活动，传递酒店隆重开业的消息，扩大知名度，提高美誉度，树立良好的企业形象。

（2）进一步加强与当地媒体的互动和交流，为在区域市场的销售和推广营造一个良好的舆论环境。

（3）开业的隆重运作，有利于增强员工对企业的信心，加强企业的凝聚力。

（4）庆典活动策划步骤。

①确定庆典活动主题思路，精心策划安排，并进行适当的宣传。

②拟定出席庆典仪式的宾客名单，确定来宾及发放请柬。

③拟定庆典流程。

④事先确定致贺词、答词的人名单，致辞人和剪彩人分己方和客方。

⑤安排各项接待事宜。

⑥形成策划方案。

（三）周年庆典

一般在酒店周年庆时，会举办周年庆典活动，以此来提高酒店人流量，最终达到推广销售的目的。

（1）确定庆典活动的对象。政府部门和酒店行业内的领导、各类新闻媒体、与酒店行业相关的人士、酒店员工、各类投资者、股东、社会公众等。

（2）庆典活动围绕酒店的文化进行。

（3）庆典活动把握三个关键环节：创意、宣传、组织。

（4）制订行之有效的周年庆典策划方案。

四、实训步骤

（1）老师讲解和播放酒店主题策划活动的相关学习知识，同学们进行学习。

（2）各小组间就主题策划活动知识进行提问和相互学习补充。

任务二　酒店开业庆典策划

一、实训目的

正式宣布酒店开业，引起酒店市场同行、目标消费者以及媒体朋友的关注，建立起与酒店市场的相关政府部门和合作伙伴的良性关系，让人们对本酒店有一个初步的了解、认识。

二、实训准备

实训厅、相关人员的礼仪和着装准备、场地的装饰和布置、录像设备。

三、实训内容

（一）开业主题

“同样的享受，不同的是回味，倾情 ×× 大酒店。”

×× 大酒店在试运营期间的运作，已经在很大程度上引领了 ×× 地区酒店业的发展趋势。酒店的开业不仅使全市的消费者更方便、更快捷地享受到本酒店提供的优质服务，并且更进一步综合提升酒店在该地区酒店业的知名度和影响力。

（二）店内布置

1. 店内 POP（吊旗、X 展架）

让设计印刷公司制作酒店的开业宣传 POP，在店内主要区域悬挂和首要位置展示，主要突出酒店的开业喜庆氛围。

吊旗的悬挂位置主要集中在前厅部及就餐大厅和贵宾楼层的走廊上。

X 展架的展示位置主要集中在一楼大厅入口和电梯入口处。

2. 许愿树

由公司设计提供一棵精美的许愿树，所有消费者在本店消费后，每人都可以免费获得一张精美的许愿卡片，在上面可以写下自己的美好愿望、祝福或对酒店的期望、意见、建议。

3. 签名幅

为了使酒店和广大消费者的关系更进一步的加深，采用一条签名幅。签名主题为“祝贺 ×× 酒店开业大吉”，凡当天来酒店消费或参加庆典的消费者都可以签名。

（三）店外布置

红色气冲拱形门、升空气球、三色气球拱门、专业音响营造喜庆氛围、专业主持人或主持仪式、开业全程摄像、放飞小气球、刀旗。

四、实训步骤

（1）活动各项准备工作就绪，播放喜庆音乐。

（2）礼仪小姐迎宾（为来宾佩戴贵宾花、请领导签名并引导相关领导和来宾至休息处）。

（3）主持人介绍相关活动情况，邀请领导和来宾至主席台签就位。

（4）主持人宣布 ×× 酒店仪式正式开始，介绍到场领导和来宾。

（5）鸣炮（电子礼炮）。

（6）邀请相关领导讲话（礼仪陪同、锣鼓配合）。

（7）邀请酒店董事长或总经理发言（礼仪陪同、锣鼓配合）。

（8）主持人邀请相关领导为酒店剪彩（礼仪陪同、放礼花炮、喜庆音乐升空彩烟）。

（9）主持人邀请相关领导及嘉宾随礼仪小姐的引领进入酒店参观。之后，庆祝酒会开始（气氛融洽又高雅），喜庆乐曲再次响起（礼仪小姐陪同，锣鼓配合）。

任务三　酒店周年庆活动策划

一、实训目的

庆祝酒店成立 × 周年，树立酒店新形象，提高酒店美誉度，并借此机会回馈老朋友。

二、实训准备

实训厅、相关人员礼仪及着装准备、场所布置及装饰、录像设备、宣传单。

三、实训内容

（一）客房部

（1）于 × 月 × 日起，将增加 × 千米内专车接送、衣服干洗、文件传真等软件服务。

（2）活动期间凡入住本店的客人，将得到周年纪念品 1 份。入住 2 天以上的客人另送精致的打火机、贵宾扑克牌等其中一样。

（二）餐饮部

活动期间一次消费满100元，赠送28元消费券；一次消费满300元，赠送88元消费券；一次消费满500元，赠送158元消费券；一次消费满800元，赠送268元消费券。

（三）宴会部

宴席满5桌，每桌赠送28元消费券；宴席满10桌，每桌赠送38元消费券；宴席满20桌，每桌赠送48元消费券。

（四）康乐部

活动期间一次消费满300元，赠送38元消费券；活动期间消费满500元的客人，再赠送周年庆纪念品1份。活动期间，前100名消费客人将得到××健身中心全年9.5折VIP贵宾办理卡。

四、实训步骤

（1）嘉宾签到，礼仪小姐迎宾，为嘉宾佩戴胸花并引领嘉宾到休息室（喜庆的背景音乐）。

（2）主持人开场，介绍主席台嘉宾（庄重的音乐）。

（3）酒店总经理致辞，礼仪小姐引位（音乐激昂）。

（4）开场：舞狮表演。

（5）鸣炮。

（6）剪彩开始，礼仪小姐引导领导到相应的位置（音乐庄重沉稳）。

（7）主持人宣布表演活动开始。

（8）歌舞表演。

（9）观众互动，礼仪小姐配合互动并发奖品。

（10）酒店视频秀，配合音频讲解。

（11）合影留念（所有参与人）。

（12）活动结束，礼仪引嘉宾就餐。

备注：礼仪小姐在各嘉宾离场时做好纪念品的分发工作；摄影、摄像跟踪并制成光盘宣传片存档。

任务四　酒店客户答谢会策划

一、实训目的

通过本次活动，希望能够进一步加深客户对酒店的印象、感情，使客户能更多地考虑与酒店进行业务上的合作，加深了解、提高认识、增进感情、加强合作。

二、实训准备

实训厅、相关人员礼仪及着装准备、场所布置及装饰、录像设备、宣传单。

三、实训内容

介绍酒店的目标、宗旨及发展前景，领导发言致辞，现场与客户互动问答。

四、实训步骤

（1）工作人员到位，做好一切活动准备。

（2）接待客户陆续进场。

（3）节目演出热场，主持人开场；舞蹈队开场舞、歌曲、变脸节目。

（4）活动正式开始。

①主持人开场白及介绍来宾和活动的有关事宜。

②公司领导致辞并介绍活动主要内容及相关情况。

③现场互动，客户问题的解答及客户问卷的填写，表格填写完毕将获得精美礼品一份。

④现场促销仪式。

（5）节目演出：舞蹈、歌曲、花式篮球。

（6）活动结束。

项目五 企业文化活动策划

任务一 企业文化活动基础知识

一、实训目的

星级酒店市场面对的不仅仅是散客，更重要的一部分市场是面对企业，抑或是旅游团队，如何针对不同企业做出不同方案的策划活动，也是酒店必须加以重视的一部分。

二、实训准备

实训场地、相关人员的仪容礼仪准备、录像设备。

三、实训内容

（一）企业文化活动的定义

企业文化活动是指企业根据企业经营、发展的需要，结合员工的需要和特点，所开展的各种文化活动。主要包括：

（1）为提高企业员工的文化素质和劳动技能，开展的学习培训活动。

（2）为开发企业员工智力，培养员工的创造性，开展的技术创新活动。

（3）为培养和提高企业员工艺术审美水平和艺术创造能力，开展的文学艺术活动。

（4）为丰富企业员工的精神生活，陶冶员工情操的娱乐活动、体育竞技活动、福利性活动、思想性活动等。

（二）企业文化活动的特点

1. 功能性

对发展物质文明的主导功能、对精神文明建设的主体功能、对智力开发的动力功能、对共同意识的凝聚功能。

2. 开发性

开发生活，拓展人的生活空间；开发人的素质，包括体质、智力、脑力等；生产、技术、工艺、产品等的开发。

3. 社会性

通过企业开展的各种文化活动，如歌舞晚会、舞会、各种球赛、报告会等，同社会各界加强联系，相互交流信息，提高企业的社会声望。

（三）企业文化活动的类型

（1）娱乐性活动。

（2）福利性活动。

（3）技术性活动。

（4）思想性活动。

四、实训步骤

（1）老师讲解和播放企业文化策划活动的相关学习知识，同学们进行学习。

（2）各小组间就企业文化策划活动知识进行提问和相互学习补充。

任务二 企业文化活动方案策划

一、实训目的

提升学生们对企业文化活动策划的掌握技巧，加强对酒店的管理技能，加强各项事宜的准备和安排训练，提升自身综合素质。

二、实训准备

实训场地、相关人员的仪容礼仪准备、录像设备、场地的布置及装饰、抽奖装置及礼品。

三、实训内容

酒店春节联欢晚会活动方案、×× 酒店 ×× 公司母亲节活动策划方案、×× 酒店 ×× 公司员工生日会方案。

四、实训步骤

（一）酒店春节联欢晚会活动方案

1. 活动目的

为员工提供一个展现自我的舞台，使员工感到家的温馨，增强酒店员工的凝聚力。

2. 活动地点

酒店大宴会厅。

3. 活动准备

抽奖设置及奖品准备、气氛的营造、节目的提前准备、费用预估。

4. 晚会议程

（1）酒店总经理上台新春致辞，拉开本次晚会序幕。

（2）酒店各部门负责人向全体员工拜年，送上新年祝福。

（3）文艺表演、互动游戏、幸运大抽奖。

（4）酒店全体员工共唱《明天会更好》。

（二）×× 酒店 ×× 公司母亲节活动策划方案

1. 活动目的

感谢母亲给了我们生命，感谢母亲给了我们温暖，在母亲的节日里，我们要为母亲讴歌情怀，弘扬中华传统美德。

2. 活动地点

酒店会议厅（宴会厅）。

3. 参加人员

公司主管以上及公司月度优秀员工代表的母亲、婆婆，共计 ×× 人。

4. 活动流程

（1）由公司总经理致辞，感谢各位母亲对公司工作的大力支持，向嘉宾介绍公司近期发展情况及愿景规划。

（2）由研发部员工演唱《感恩的心》，市场部员工演唱《妈妈的吻》。

（3）进行抽奖活动，奖品为藻泥足浴剂 20 盒，护肤套装 ×× 套。

（4）邀请参加“母亲节”的嘉宾及员工至西餐厅用餐，席间请公司领导及部门经理向各位母亲敬酒。

（三）×× 酒店 ×× 公司员工生日会方案

1. 活动目的

提升员工对公司的归属感和认同感，凝心聚力，使广大员工真正地融入公司大家庭中，更好地为公司创造收益，并进一步加深丰富公司的文化内涵。

2. 参加人员

公司当季度生日员工及所在部门经理、人力资源部所有人员。

3. 活动准备

（1）提前一周通知宴会销售部安排酒店宴会厅举办生日会并通报各部门，同时要求宴会服务部当天准备齐全活动所需幻灯片幕布。

（2）提前两天通知西餐厨房准备符合生日人数的生日蛋糕。准备足够的饮料、水果及小吃。

（3）提前两天通知工程部准备活动当天的音响及投影仪。

（4）提前两天发放参加活动人员的名单并将相关名单张贴在布告栏。

4. 活动流程

（1）开场白。

（2）×× 公司总经理致辞。

（3）赠送贺卡。

（4）×× 公司季度优秀员工颁奖。

（5）×× 公司两位优秀员工致谢并与相关部门经理及总经理合影。

（6）音乐响起，所有的灯光关闭，工作人员推点燃蜡烛的蛋糕上场，蛋糕到位后，邀请生日的员工上前吹蜡烛，蜡烛熄灭开灯。

（7）分享蛋糕，请领导与生日员工共同切生日蛋糕，拍照、摄影留念。

（8）分组游戏，分发奖品。

项目六　星级酒店假日营销活动策划

任务一　假日促销基础知识

一、实训目的

星级酒店假日促销要捉住各种机会甚至创造机会吸引客人，以增加酒店的客房销量。各种节日是难得的促销时机，因此要使节日的促销活动生动活泼、有创意，以取得较好的促销效果。

二、实训准备

实训场地、相关人员的仪容礼仪准备、录像设备。

三、实训内容

（一）假日促销现状

由于中国人的节日越来越多，使得促销活动的力度越来越大，加之外国的节日也融入了国人的日常生活，比如情人节、母亲节、父亲节、圣诞节等，再加上劳动节、中秋节、国庆节、春节等，利用这些特殊节日进行促销活动自然是花样满天飞。

（二）假日促销作用

通常，促销期间的业绩比非促销期间提升30%左右。节假日期间如何才能吸引消费者有限的注意力，做大做活节假日市场，已成为各大星级酒店营销任务的重中之重。

（三）假日促销注意事项

假日促销与一般的促销意义不同，节假日受传统文化的影响较大，所以更加需要注意节假日的各种风俗、礼仪、习惯等民族特点。

在星级酒店推出的众多促销手段之中，要精挑细选并品味假日促销的含义，而有些星级酒店促销是有目的的，有些是为了气氛等。

（四）365天假日循环图

每年的365天的节日都是一样的，通过365天假日循环图，可以看到每个季节主要的节日。

（1）春季，二、三、四月份。春节、元宵节、情人节、三八妇女节、清明节。

（2）夏季，五、六、七月份。劳动节、端午节、母亲节、儿童节、父亲节。

（3）秋季，八、九、十月份。七夕节、教师节、中秋节、国庆节、重阳节。

（4）冬季，十一、十二、一月份。圣诞节、元旦。

四、实训步骤

（1）老师讲解和播放假日营销策划活动的相关学习知识，同学们进行学习。

（2）各小组间就假日营销策划活动知识进行提问和相互学习补充。

任务二　假日促销活动策划方案

一、实训目的

加强学生对假日促销活动方案的策划锻炼和实务操作训练，熟悉了解相关环节和注意事项。

二、实训准备

实训场地、相关人员的仪容礼仪准备、录像设备、场地的布置及装饰、抽奖装置及礼品。

三、实训内容

酒店春节促销活动方案、酒店端午节促销活动方案、酒店七夕情人节促销活动方案、酒店国庆节促销活动方案。

四、实训步骤

（一）酒店春节促销活动方案

1. 活动目的

提高酒店在当地消费者心目中的知名度与美誉度，在激烈的市场竞争中站稳并有利于公司开拓新的市场。

2. 活动主题

优质的服务，美好的享受，新年赢祝福。

3. 活动方式

猜灯谜、对对联、抽奖小型歌舞秀、K 歌大赛。

4. 活动安排

（1）活动现场布置。利用各种道具在酒店内营造出春节的气氛。

（2）活动人员安排。礼仪小姐、服务员、表演人员、主持人都要经过培训，了解活动详情和酒店服务特点。

（3）活动流程。

18：00—19：00：安排 1 场小型除夕歌舞秀，时间控制在 30 分钟内。

19：00—21：00：礼仪小姐将灯谜拿出，开始猜灯谜活动，如果在场顾客猜中了就送价值 ×× 元的消费券。同时现场举行 K 歌赛，邀请顾客一起参加，所有参加的人都会获得 1 份礼包。

21：00—21：30：向所有来本酒店的顾客送一副对联。

21：30—22：00：由酒店总经理抽取获奖房号，一、二、三等奖各一个。

（二）酒店端午节促销活动方案

1. 活动主题

良粽盈香，醉端午。

2. 活动实施

（1）场地。

在门口或酒店醒目处放上广告牌。

将粽子堆满放在大厅活动处。

每日 12 点摆出电饭煲，23 点收回电饭煲。若在此时间段之外客人有需求，直接从厨房出货。

将特质打包纸袋放在桌子上，保持摆放美观。

（2）宣传品。

将活动宣传小卡片放置在酒店各个休息区桌子上。

宣传品半压在纸巾碟下，任由客人取看。

服务员在引领客人入座后，应主动向客人介绍促销活动，并取出小卡片给客人观看。

若有客人取走桌子上小卡片，服务员应该及时补充。

（3）粽子。

粽子主要是作为礼品请客人带走。所有粽子都是真空包装，当为客人打包时，放置一张宣传小卡片在袋内。

客人在本酒店内即时食用时，粽子必须熟透。

3. 宣传介绍

（1）宣传架放置于门口。

（2）电饭煲外部写明“赠品”字样。

（3）活动宣传小卡片用于发给到本酒店的客人、放置于粽子专用打包袋中。

（4）群发短信通知。内容如下：“亲爱的朋友，时值端午，××酒店特别为您奉上独具风味的精致良粽，伴您享受传统文化的时尚演绎。”

（三）酒店七夕情人节促销活动方案

1. 宣传背景

七夕情人节已率先吊起了消费者的胃口，只靠打价格战、搞单纯的优惠酬宾等这些促销策略已很难打动消费者的心，要想脱颖而出，就得独辟蹊径。就××酒店的独特宣传气氛而言，不妨尝试策划一场温馨浪漫的派对活动，以此来吸引众人的目光。当然，成功的活动策划离不开强大的媒体支持。

2. 宣传方法

（1）活动主题。相约××，情深意长。

（2）活动参与者。本市实力婚介及电视广告征集的情侣或者临时情侣。

（3）活动流程。

第一波：一见钟情。

针对在各大婚介报名的单身男女。单身男女们将事先准备好的卡片（里面写有接收人的姓名，匿名）交到主持人手中，再由主持人一张一张宣读，并递交给接收人。最后汇总收到卡片最多的前3名为大家表演节目。收到卡片的人可以要求知道是谁送出的卡片，并在双方都愿意的前提下，一起临时报名参加配对节目。

第二波：默契大考验。

针对已婚嘉宾。由主持人提问数十个问题，比如“你平时最喜欢什么颜色”“你心情不好的时候会做什么”等，然后由情侣嘉宾们在各自的题板上写下答案。最后相同答案最多者为默契情侣，可获得小礼品1份。

第三波：心花为谁怒放。

面对所有嘉宾，现场拍卖蓝色妖姬玫瑰1束和珍藏版葡萄酒1瓶，成功竞标者将获得特别礼物1份，寓意是“一心一意，天长地久，见证真爱”，最接近成功竞标的前5位参与者，将免费获得鲜花1束。

第四波：真情告白。

这是以上一系列互动活动之后的一个抒情环节，鼓励参加婚介约会的嘉宾勇敢地真情告白，提高现场速派的成功率，并强调最感人的真情告白将获得大奖。

通过此次活动推广和媒体造势，让更多的人了解 ××、爱上 ××，让 ×× 见证都市生活的浪漫与甜蜜。

（四）酒店国庆节促销活动方案

1. 活动目的

提升酒店品牌形象，吸引更多客人来本酒店消费，最终实现销售额的快速增长。

2. 活动内容

消费者在活动期间只要消费满 ×× 元，即可获得我们精心准备的多件商品中的任意1件。

3. 气氛布置

通过入口展板、酒店内海报营造活动现场的热烈气氛。

4. 活动实施

（1）酒店总负责人督促、指导各部门的工作。

（2）企划部负责活动宣传、策划、操作与跟进。

（3）采购部负责商品的采购和准备。

（4）财务部负责资金的管理和使用。

项目七　酒店公益活动策划

任务一　酒店公益活动基础知识

一、实训目的

掌握学习公益活动基本知识，为酒店开展公益活动做基础。

二、实训准备

实训场地、相关人员的仪容礼仪准备、录像设备。

三、实训内容

（一）认知公益活动

公益活动是指组织或个人向社会捐赠财物、知识等的活动。公益活动的内容包括社区服务、环境保护、知识传播、帮助他人、社会援助、社会治安、紧急援助、青年服务慈善、社团活动、专业服务、文化艺术活动等。

近年来，随着人们生活水平的提高，旅游业逐步兴起，酒店业成为当下极具潜力的投资项目，经营酒店带来的丰厚回报，吸引了大批投资者的目光。在获得收益的同时，酒店经营者不能忘记酒店的社会责任，应全力回馈社会，投身公益事业。

（二）公益活动的实施步骤

（1）确定活动形式；
（2）确定活动对象；
（3）明确活动内容；
（4）拟定活动流程；
（5）制订具体方案。

（三）公益活动应遵循的原则

透明原则、自愿原则、义务原则、平等原则、谨慎原则、广泛原则、信诺原则、包容原则、规范化原则、不违法原则。

四、实训步骤

（1）老师讲解和播放酒店公益策划活动的相关学习知识，同学们进行学习。

（2）各小组间就酒店公益策划活动知识进行提问和相互学习补充。

任务二　酒店公益活动策划

一、实训目的

掌握学习酒店公益策划的实际案例，学会宣传、接待、准备、财务、动员等方面的技能知识，为今后的从业做准备。

二、实训准备

实训场地、相关人员的仪容礼仪准备、宣传单、音响设备、录像设备。

三、实训内容

×× 公园环保志愿活动策划、×× 市酒店行业无偿献血活动策划。

四、实训步骤

（一）公园环保志愿活动策划

1. 活动目的

×× 公园免费开放后，管理面临新的问题。为了构建清洁美丽的环境，让游客感受到公园的舒适与温馨，向游客宣传环保意识、提升公园的和谐文明与人文气质，同时更好地展示 ×× 酒店的文明环保形象。

2. 活动对象

×× 酒店员工 60 人，分两批参加。

3. 活动形式

清扫垃圾、环保宣传、文明劝导。

4. 活动内容

（1）环保宣传（挂标志牌，口头宣传、宣读公园管理条例等）。

（2）清理公园小道上游客留下的垃圾。

（3）文明劝导。

5. 活动流程

（1）活动开展前和公园负责人确定好活动开展的事项。

（2）所有志愿者在酒店门口集合，由负责人清点人数，负责签到。

（3）乘车到公园。

（4）在公园门口宣誓。

（5）由负责人带本组组员到指定区域张贴海报、悬挂横幅，向游客做环保知识的宣传，制止不文明行为。

（6）前往公园小道清理白色垃圾。

（7）清点志愿者人数，收回小红帽，并集体拍照纪念。

（8）组织乘车回酒店。

6. 活动意义

通过这次志愿者活动，激起人们爱护公园的情怀，让我们的公园更加美丽。

建议：和公园管理处协商捐赠几十只垃圾箱，带 ×× 酒店名称、标识。垃圾箱造型、色彩别具一格，以吸引眼球，实现经济、环保、实用的目的。

（二）×× 市酒店行业无偿献血活动策划

1. 活动主题

×× 市酒店行业青年员工义务献血活动。

2. 活动目的

（1）通过无偿献血活动的开展，增进 ×× 市酒店行业间的行业交流，发扬广大青年员工的团结友爱、无私奉献的精神。

（2）无偿献血。拯救生命，增强 ×× 市酒店行业社会责任感。

（3）宣传无偿献血的知识，倡导广大青年员工关爱社会，增强道德修养。

3. 活动步骤

（1）前期准备。

①制定活动策划书、经费申请、所需器材申请等。

②制作宣传板、与血站联系、摆放关于献血的健康知识宣传板。

③制作无偿献血签名横幅。（内容为：×× 市酒店行业青年员工无偿献血活动）

④准备活动期间所需音响一套、条桌 6 张、签字笔 2 盒。

⑤联系各酒店献血活动负责人，确定到场人数及具体献血人数。

（2）献血宣传工作。

①在特定日期前发放无偿献血倡议书。

②联系电视台、广播电报等媒体对本次无偿献血活动进行全面宣传。

（3）现场义务献血。

①活动当天各酒店青年员工必须在活动开始前半小时到达现场，由各酒店负责人整

队入场，按事先划定的次序列队，等候活动开展。

②活动过程中各酒店献血活动负责人负责现场秩序及献血名单的统计。

③各酒店安排专人负责整个活动的安全秩序。

④活动结束后，各酒店安排专人负责场地的卫生清理。

4. 活动注意事项

（1）各酒店青年员工必须体现团队精神，严格服从安排。

（2）献血期间各酒店负责人要以身作则，维持好活动现场秩序。

（3）在献血期间注意现场环境卫生的维护，活动结束后收拾场地。

（4）献血现场设立一个健康咨询点，为各位青年员工提供健康咨询。

项目八　酒店内部员工活动策划

任务一　员工旅游活动策划

一、实训目的

（1）酒店的发展离不开员工，酒店组织员工旅游活动可以让员工放松精神，张弛有度地工作，体现酒店对员工的关爱。

（2）通过旅游活动，增进员工感情和团队凝聚力。

（3）使员工外出开阔视野，促进自身工作。

二、实训准备

参加人员名单、活动注意事项表、酒店相关标志物品、活动预算资金。

三、实训内容

（一）×× 酒店员工五一劳动节出游踏青活动策划

（1）向 ×× 小学捐助至少 ×× 套台凳（含运费约 ×× 元，提前统一收取），并亲手安装台凳。

（2）探访 3~5 名特困学生（送学习必需品各一套，统一采纳），各参加活动的员工可根据探访的情况自行向特困学生或其家庭捐助钱、物（自行采购）。

（3）泡温泉、野炊、上山探险。

（二）酒店员工外出旅游注意事项

（1）一切行动听指挥，不可擅自脱队，特殊情况需要离队的人员需报领队获批准。

（2）贵重物品随身携带，注意保管。

（3）为防止火灾，景区内、车内禁止吸烟。

（4）抵达景区游览时，谨记导游交代的集中的时间。地点、巴士车牌号。

（5）游览时经过一些危险区域景点，要结伴而行，禁止独自冒险前往。

（6）在高峻危险的山峰上拍照时，选好角度就不要移动，特别注意不要后退，注意安全。

（7）不要在任何建筑物、古迹、岩石、树木上题字刻画。

（8）为保护景区卫生，不要在景区内乱扔垃圾。

（9）出游人员要注意酒店形象和个人形象，做到文明旅行，遇事勿慌乱，勿惹是生非。

（10）外出期间注意饮食，切勿吃生食，不得暴饮暴食，禁止过量饮酒。

四、实训步骤

（一）活动时间

××年五一节（5月1—2日，星期六至星期天），共两天。

踏青地点：××市××县××镇。

（二）活动目的

目的：增进员工的热情，亲近大自然，体验野外生活。

助学：××市××县××镇××村××小学。

（三）活动行程

（1）第一天：早上8点在酒店门口集中出发，中午到达××村××小学（吃午饭）（该小学距镇中心约30千米，下午进行捐助、探访特困生家庭的活动），晚上住温泉酒店（泡温泉、晚餐）。

（2）第二天：早餐—上山探秘—午餐—返程。

任务二　员工拓展训练策划

一、实训目的

（1）组织员工参加拓展训练能进一步明确和认同组织目标，增强组织的凝聚力。

（2）树立相互配合、互相支持的团队精神和整体意识。

（3）改善人际关系，形成积极向上的组织氛围。

（4）改进组织内部的沟通与信息交流，增强员工对酒店的归属感。

二、实训准备

实训场地、拓展训练相关设备、安全防护措施和保险设备、录像设备。

三、实训内容

××星级酒店管理人员及骨干员工拓展训练策划。

四、实训步骤

（1）宣布活动开始。

（2）分组并选出组长，想好队名及口号。

比赛顺序为：

①无敌风火轮。

②珠行万里。

③勇往直前。

④七彩连环炮。

⑤链接加速。

⑥信任背摔。

⑦敢于说“我错了”。

每次的获胜方加一个“笑脸”。

（3）两组合并，组织各组组长进行信任背摔的活动（对方组来接），敢挑战的加一个“笑脸”，集体说“我错了”（10分钟）。

（4）分出胜负，请胜方组长选择奖励方式：100元现金还是所有人员一人一瓶可乐，并请失败方给胜利方每人一个熊抱（10分钟）。

（5）大家一起讨论今天的收获，每个人都发言，并请个别人分别发言（共40分钟），最后所有人员学习歌曲《团结就是力量》（10分钟），活动结束。

参考文献

［1］韩鹏，刘晓芬 . 酒店服务实训教程［M］. 2 版 . 北京：旅游教育出版社，2015.

［2］阎文实，满姝 . 旅游酒店服务与管理［M］. 沈阳：沈阳出版社，2011：22–85.

［3］汪群 . 旅游管理与经营［M］. 杭州：浙江大学出版社，2012：22–54.

［4］刘慧玉 . 酒店管理实训教程［M］. 大连：大连理工大学出版社，2011.

［5］薛永刚，孙勇兴 . 酒店员工培训教程［M］. 北京：化学工业出版社，2012：2–16.

［6］韩鹏，刘晓芬 . 酒店服务实训教程［M］. 北京：旅游教育出版社，2013：1–8.

［7］周耀进，齐丹 . 酒店服务心理学［M］. 上海：上海交通大学出版社，2017.

［8］刘纯 . 旅游心理学［M］. 3 版 . 北京：高等教育出版社，2011.

［9］姚儒国 . 酒店员工细节操作手册［M］. 北京：新华出版社，2010.

［10］王珺 . 旅游与酒店服务礼仪 .［M］. 北京：机械工业出版社，2018.

［11］周丽 . 酒店服务礼仪 .［M］. 2 版 . 桂林：广西师范大学出版社，2018.

［12］梁颖，陈杰峰 . 旅游礼仪 .［M］. 上海：上海交通大学出版社 .

［13］滕宝红 . 酒店管理实操从入门到精通 .［M］. 北京：人民邮电出版社 .

［14］王冬琨等 . 酒店服务礼仪［M］. 2 版 . 北京：文化发展出版社，2019.

［15］袁照烈 . 酒店前厅部精细化管理与标准化服务 .［M］. 北京：人民邮电出版社，2016.

［16］徐文苑 . 酒店前厅服务与管理 .［M］. 北京：高等教育出版社，2017.

［17］姚玉英 . 酒店前厅客房服务与管理 .［M］. 杭州：浙江大学出版社，2017.

［18］刘伟 . 酒店前厅与客房部运行与管理 .［M］. 北京：中国旅游出版社，2017

［19］宋雪梅，王东 . 酒店服务与管理实训教程［M］. 北京：科学出版社，2015：27–35.

［20］韩军，翟云涛 . 客房服务与管理［M］. 上海：上海交通大学出版社，2013：1–23.

［21］刘慧玉 . 酒店管理实训教程［M］. 大连：大连理工出版社，2001：48–78.

［22］薛永刚，孙勇兴 . 酒店员工培训教程［M］. 北京：化学工业出版社，2012：41–161.

[23] 范运铭 . 客房服务与管理 [M]. 北京：高等教育出版社，2002：43-157.

[24] 沈艳 . 客房服务实训教程 [M]. 北京：科学出版社，2007：1-104.

[25] 陈丹红 . 酒店服务技能与实训 [M]. 北京：中国旅游出版社，2016：20-105.

[26] 崔剑生，刘艳主编 . 酒店管理综合实训 [M]. 上海：上海交通大学出版社，2016：87-112.

[27] 杜建华 . 酒店餐饮服务技能实训 [M]. 北京：北京交通大学出版社，2009.

[28] 赵涛 . 餐饮店经营管理 [M]. 北京：北京工业大学出版社，2006.

[29] 王相惠 ."洛桑模式"对酒店餐饮管理实训中"角色扮演"法的运用研究 [J]. 商品与质量，2019（4）：79-80.

[30] 贾海芝 . 饭店服务基本功实训 [M]. 北京：清华大学出版社，2008.

[31] 汪春蓉 . 餐饮服务基本技能 [M]. 北京：中国劳动社会保障出版社，2005.

[32] 薛永刚 . 餐厅员工培训教程 [M]. 北京：化学工业出版社，2012.

[33] 贺政林 . 酒店服务人员礼仪培训大全 [M]. 北京：中国纺织出版社，2014.

[34] 吉根宝 . 餐饮服务管理 [M]. 北京：清华大学出版社，2009.

[35] 张水芳 . 饭店插花艺术 [M]. 杭州：杭州出版社，2008.

[36] 周武忠 . 插花创作与欣赏 [M]. 北京：中国农业出版社，2005.

[37] 川濑敏郎 . 四季花传书 [M]. 杨玲，译 . 长沙：湖南人民出版社，2015.

[38] 宛成刚 . 插花艺术 [M]. 上海：上海交通大学出版社，2005.

[39]（德）克劳斯·圣·莱纳 . 鸡尾酒调酒的艺术 [M]. 田芙蓉，译 . 北京：中国轻工业出版社，2017.

[40] 匡家庆 . 酒水知识与酒吧管理，[M]. 北京：中国旅游出版社，2017.

[41] 吴慧颖，刘荣 . 酒品调制与酒水服务 [M]. 上海：上海交通大学出版社，2012.

[42] 刘红专 . 酒水知识与酒吧管理 [M]. 上海：上海交通大学出版社，2012.

[43] 殷开明，田怡 . 酒水知识与酒吧管理 [M]. 桂林：广西师范大学出版社，2014.

[44] 杨真 . 调酒师 [M]. 2 版 . 北京：中国劳动社会保障出版社，2013.

[45] 陈苗 . 调酒师（5 级）[M]. 北京：中国劳动社会保障出版社，2013.

[46] 张海波，张铮 . 咖啡基础 [M]. 广州：暨南大学出版社，2015.

[47] 李伟慰，周妙贤 . 咖啡制作与服务 [M]. 广州：暨南大学出版社，2015.

[48] 郭光玲 . 咖啡师手册 [M]. 北京：化学工业出版社，2008.

[49] 杰西斯·罗宾逊 . 葡萄酒与烈酒 [M]. 英国：葡萄酒与烈酒教育基金会编制及出版，2014.

[50] 吴书仙 . 葡萄酒一本通 [M]. 北京 / 上海：世纪出版集团 & 上海人民出版社，2012.

［51］（奥）马特·斯金纳著．马特的葡萄酒快速入门［M］．王埩，译．广州：南方日报出版社，2017.

［52］逸香葡萄酒教育．逸香 ESW 品酒师初级课程自学指导［Z］．内部资料．

［53］（韩）李泰基．世界葡萄酒品鉴大全［M］．郝智慧，陈娴，译．广州：广东旅游出版社，2016.

［54］（英）马尼·奥尔德．葡萄酒品鉴课堂［M］．孙宵祎，译．北京：中国轻工业出版社，2017.

［55］刘晓芬，张祥鸿．茶艺实训教程［M］．天津：天津大学出版社，2019.

［56］张丽娜．茶艺实训教程［M］．北京：科学出版社，2018.

［57］饶雪梅，李俊．茶艺服务实训教程［M］．北京：科学出版社，2008.

［58］绿然花．一手好茶艺（入门篇）［M］．北京：中国铁道出版社，2018.

［59］黄安民．酒店康乐服务与管理［M］．重庆：重庆大学出版社，2016.

［60］人力资源和社会保障部教材办公室组织．酒店管理师（四级）（康乐经营类）［M］．北京：中国劳动社会保障出版社，2009.

［61］袁海霞．酒店康乐经营与管理［M］．郑州：河南大学出版社，2013.

［62］韩鹏，刘晓芬．酒店服务实训教程［M］．3 版．北京：旅游教育出版社，2018.

［63］江美亮．星级酒店营销模式与活动策划［M］．广州：广东经济出版社有限公司，2016.

［64］王益峰．酒店行业文书写作·讲稿撰写·活动策划［M］．北京：人民邮电出版社，2017.

［65］张素娟，宋雪莉．饭店主题活动的策划与执行［M］．北京：化学工业出版社，2012.

［66］罗旭东．酒店营销经典案例［M］．福州：福建人民出版社，2016.

［67］瑞亚酒店管理学院．经济型酒店开店策划与营销推广实战手册［M］．北京：人民邮电出版社，2020.

［68］蒋欣然．我国五星级酒店发展现状及前景研究［J］．中国市场，2017（22）：73–74.

［69］郭琳娜．关于高职酒店管理专业校内实训基地建设使用的几点建议［J］．林区教学，2012（10）：108–109.

［70］黄小浪．浅谈职业院校酒店管理专业模拟酒店管理实训室的管理与建设［J］．旅游纵览（下半月），2014（3）：106–107.

［71］周静波．旅游与酒店管理专业实训课设计［J］．中国职业技术教育，2002（13）：50.

［72］吴真真．高职院校酒店管理专业实训教学研究［J］．教学探蹊，2011（6）：

99–100.

[73] 苏炜，马卫. 面向创新创业能力培养的高职院校实训教学体系构建——以酒店管理专业为例[J]. 职教通讯，2016（27）：62–66，73.

[74] 白利芳. 浅议如何提高高职酒店管理专业实训课教学效果——以餐饮服务与管理课程实训为例[J]. 西南农业大学学报（社会科学版），2011（5）：194–195.

[75] 徐文苑，钱艳. 以工作过程为导向的课程设计中教师角色的重新定位——以酒店专业《餐饮实务实训》课程为例[J]. 和田师范专科学校学报，2009（1）：34–35.

[76] 王涛，马列坚. 虚拟现实技术在酒店管理专业的情景教学中的应用——以客房实训教学为例[J]. 电子商务，2014（5）：74–75.

[77] 李忠学. 客房服务与管理实训教学体系构建[J]. 中小企业管理与科技（上旬刊），2011（3）：140.

[78] 罗清德. 酒店管理校内生产性实训基地建设研究[J]. 旅游论坛，2010，3（5）：625–628.

[79] 徐立娣. 实训室中高职酒店英语情景教学模式探究[J]. 现代交际，2010（5）：171–173.

[80] 如何培养酒店员工服务意识_【快资讯】https://www.360kuai.com/pc/9a41984cc409ab926?cota=4&kuai_so=1&tj_url=so_rec&sign=360_57c3bbd1&refer_scene=so_1.

[81] https：//wenku.baidu.com/view 插花艺术实训指导书.

[82] https：//wenku.baidu.com/view/ 常见插花材料 40 种.

[83] https：//wenku.baidu.com/view/ 常见插花材料 130 种.

[84] https：//wenku.baidu.com/view 花艺术实训指导书.

[85] https：//jingyan.baidu.com/article 花材的修剪、养护与保鲜.

[86] https：//jingyan.baidu.com/article 插花花材的整理方法和加工技巧.

项目策划：段向民
责任编辑：张芸艳
责任印制：孙颖慧
封面设计：武爱听

图书在版编目（CIP）数据

酒店管理综合实训指导 / 大理大学经济与管理学院编. -- 北京 : 中国旅游出版社, 2021.4（2022.6 重印）
中国旅游业普通高等教育应用型规划教材
ISBN 978-7-5032-6581-5

Ⅰ. ①酒… Ⅱ. ①大… Ⅲ. ①饭店－商业企业管理－高等学校－教学参考资料 Ⅳ. ① F719.2

中国版本图书馆CIP数据核字(2020)第193549号

书　　名：酒店管理综合实训指导

作　　者：大理大学经济与管理学院
出版发行：中国旅游出版社
（北京静安东里 6 号　邮编：100028）
http://www.cttp.net.cn　E-mail:cttp@mct.gov.cn
营销中心电话：010-57377108，010-57377109
读者服务部电话：010-57377151
排　　版：北京旅教文化传播有限公司
经　　销：全国各地新华书店
印　　刷：北京明恒达印务有限公司
版　　次：2021 年 4 月第 1 版　2022 年 6 月第 2 次印刷
开　　本：787 毫米 × 1092 毫米　1/16
印　　张：16
字　　数：342 千
定　　价：49.80 元
I S B N　978-7-5032-6581-5
